U0089352

古代歷史文化研究輯刊

三一編

王明蓀 主編

第9冊

明代南直隸進士群體研究（第四冊）

管宏杰 著

國家圖書館出版品預行編目資料

明代南直隸進士群體研究（第四冊）／管宏杰 著 -- 初版 --
新北市：花木蘭文化事業有限公司，2024〔民113〕
目 4+262 面；19×26 公分
（古代歷史文化研究輯刊 三一編；第9冊）
ISBN 978-626-344-661-8（精裝）
1.CST：科舉 2.CST：文官制度 3.CST：明代
618 112022524

古代歷史文化研究輯刊
三一編 第九冊 ISBN：978-626-344-661-8

明代南直隸進士群體研究（第四冊）

作　　者　管宏杰
主　　編　王明蓀
總 編 輯　杜潔祥
副總編輯　楊嘉樂
編輯主任　許郁翎
編　　輯　潘玟靜、蔡正宣　美術編輯　陳逸婷
出　　版　花木蘭文化事業有限公司
發 行 人　高小娟
聯絡地址　235 新北市中和區中安街七二號十三樓
　　　　　電話：02-2923-1455／傳真：02-2923-1452
網　　址　http://www.huamulan.tw 信箱 service@huamulans.com
印　　刷　普羅文化出版廣告事業
初　　版　2024年3月
定　　價　三一編37冊（精裝）新台幣110,000元

明代南直隸進士群體研究（第四冊）

管宏杰 著

目次

第二冊

第三冊

第四冊

附錄二　明代南直隸進士上三代直系親屬履歷考證表

序號	姓名	中式科次	曾　祖	祖　父	父　親	史料來源
1	魏益	洪武四年	無任何功名、官號和捐銜	無任何功名、官號和捐銜	無任何功名、官號和捐銜	《洪武四年進士登科錄》
2	秦亨	洪武四年	無任何功名、官號和捐銜	無任何功名、官號和捐銜	無任何功名、官號和捐銜	《洪武四年進士登科錄》
3	胡濙	建文二年	元奉議大夫江浙儒學提舉	元常州路醫學錄	無任何功名、官號和捐銜	《建文二年殿試登科錄》載：「胡濙，貫直隸常州府武進縣縣民籍……曾祖庸；祖禎；父宗人」〔註1〕，該《錄》反映出胡濙上三代直系親屬的履歷俱為純平民，這是與事實不符的。據景泰二年探花王倎所撰《資德大夫禮部尚書贈太保謚忠安胡公行狀》載：「公姓胡氏，諱濙……上世宿遷人……

〔註1〕《建文二年殿試登科錄》，《明代登科錄彙編》第1冊，第30頁。

						遂占籍，為武進人……曾祖庸，元奉議大夫江浙儒學提舉，祖禎，為常州路醫學錄，考宗仁，皆以公貴，贈光祿大夫」〔註2〕。宣德八年進士李賢所撰《禮部尚書致仕贈太保諡忠安胡公神道碑銘》、正統七年進士姚夔所撰《故資德大夫正治上卿禮部尚書贈太保諡忠安胡公墓誌銘》也都載胡濙上三代直系親屬名諱及履歷為「曾祖庸，元奉議大夫江浙儒學提舉，祖禎，為常州路醫學錄，考宗仁，隱居不仕」〔註3〕。由上論證可知，胡濙上三代直系親屬姓名及履歷在《登科錄》中正確的寫法應為「曾祖庸，元奉議大夫江浙儒學提舉；祖禎，元常州路醫學錄；父宗仁」。
4	苗衷	永樂九年	元金玉府副使	無任何功名、官號和捐銜	無任何功名、官號和捐銜	《永樂九年進士登科錄》
5	金庠	永樂九年	無任何功名、官號和捐銜	無任何功名、官號和捐銜	任雲南歸化縣河伯所大使	《永樂九年進士登科錄》
6	盛衍	永樂九年	無任何功名、官號和捐銜	無任何功名、官號和捐銜	無任何功名、官號和捐銜	《永樂九年進士登科錄》
7	陳祚	永樂九年	無任何功名、官號和捐銜	無任何功名、官號和捐銜	無任何功名、官號和捐銜	《永樂九年進士登科錄》
8	郭震	永樂九年	無任何功名、官號和捐銜	無任何功名、官號和捐銜	無任何功名、官號和捐銜	《永樂九年進士登科錄》
9	朱約	永樂九年	無任何功名、官號和捐銜	無任何功名、官號和捐銜	無任何功名、官號和捐銜	《永樂九年進士登科錄》

〔註2〕〔明〕王倎：《思軒文集》卷二二《資德大夫禮部尚書贈太保諡忠安胡公行狀》，《續修四庫全書》集部第1329冊，第657頁。

〔註3〕〔明〕程敏政：《明文衡》卷八七《禮部尚書致仕贈太保諡忠安胡公神道碑銘》，《景印文淵閣四庫全書》1374冊，第569～570頁；〔明〕姚夔：《姚文敏公遺稿》卷九《故資德大夫正治上卿禮部尚書贈太保諡忠安胡公墓誌銘》，《四庫全書存目叢書》集部第34冊，第550～551頁。

10	具斌	永樂九年	無任何功名、官號和捐銜	無任何功名、官號和捐銜	無任何功名、官號和捐銜	《永樂九年進士登科錄》
11	邵聰	永樂九年	無任何功名、官號和捐銜	無任何功名、官號和捐銜	無任何功名、官號和捐銜	《永樂九年進士登科錄》
12	揚伸	永樂十年	無任何功名、官號和捐銜	無任何功名、官號和捐銜	無任何功名、官號和捐銜	《永樂十年進士登科錄》
13	蔣禮	永樂十年	無任何功名、官號和捐銜	無任何功名、官號和捐銜	無任何功名、官號和捐銜	《永樂十年進士登科錄》
14	檀凱	永樂十年	無任何功名、官號和捐銜	無任何功名、官號和捐銜	無任何功名、官號和捐銜	《永樂十年進士登科錄》
15	張思安	永樂十年	無任何功名、官號和捐銜	無任何功名、官號和捐銜	無任何功名、官號和捐銜	《永樂十年進士登科錄》
16	黃翰	永樂十年	無任何功名、官號和捐銜	無任何功名、官號和捐銜	無任何功名、官號和捐銜	《永樂十年進士登科錄》
17	徐俊	永樂十年	無任何功名、官號和捐銜	無任何功名、官號和捐銜	無任何功名、官號和捐銜	《永樂十年進士登科錄》
18	吳賜	永樂十年	仕元泰康縣倉副使	無任何功名、官號和捐銜	無任何功名、官號和捐銜	《永樂十年進士登科錄》
19	鞠祥	永樂十年	無任何功名、官號和捐銜	無任何功名、官號和捐銜	無任何功名、官號和捐銜	《永樂十年進士登科錄》
20	顏澤	永樂十年	無任何功名、官號和捐銜	無任何功名、官號和捐銜	無任何功名、官號和捐銜	《永樂十年進士登科錄》
21	陽清	永樂十年	無任何功名、官號和捐銜	無任何功名、官號和捐銜	無任何功名、官號和捐銜	《永樂十年進士登科錄》

22	史循	永樂十年	無任何功名、官號和捐銜	無任何功名、官號和捐銜	無任何功名、官號和捐銜	《永樂十年進士登科錄》
23	周常	永樂十年	無任何功名、官號和捐銜	無任何功名、官號和捐銜	無任何功名、官號和捐銜	《永樂十年進士登科錄》
24	史詠	永樂十年	無任何功名、官號和捐銜	無任何功名、官號和捐銜	無任何功名、官號和捐銜	《永樂十年進士登科錄》
25	彭容	永樂十年	無任何功名、官號和捐銜	無任何功名、官號和捐銜	無任何功名、官號和捐銜	《永樂十年進士登科錄》
26	劉濬	永樂十年	無任何功名、官號和捐銜	無任何功名、官號和捐銜	無任何功名、官號和捐銜	《永樂十年進士登科錄》
27	陳鎰	永樂十年	無任何功名、官號和捐銜	無任何功名、官號和捐銜	無任何功名、官號和捐銜	《永樂十年進士登科錄》
28	劉璉	永樂十年	無任何功名、官號和捐銜	無任何功名、官號和捐銜	無任何功名、官號和捐銜	《永樂十年進士登科錄》
29	方復	永樂十年	無任何功名、官號和捐銜	無任何功名、官號和捐銜	無任何功名、官號和捐銜	《永樂十年進士登科錄》
30	方勉	永樂十三年	無任何功名、官號和捐銜	無任何功名、官號和捐銜	無任何功名、官號和捐銜	《新安文獻志》卷九五《亞中大夫湖廣布政司右參議方公勉行實》載：「先君諱勉，字懋德，世居歙西潛裏……曾大父諱嘉甫，大父諱宏遠，父諱永進，隱德弗仕」〔註4〕。
31	高谷	永樂十三年	無任何功名、官號和捐銜	無任何功名、官號和捐銜	無任何功名、官號和捐銜	宣德八年進士李賢所撰《工部尚書謹身殿大學士兼東閣大學士致仕高公神道碑銘》：公諱谷，字世用，姓高氏，其先世居河南之懷慶。有仕宋者從高宗南渡，徙維揚，今為高郵

〔註 4〕〔明〕程敏政：《新安文獻志》卷九五《亞中大夫湖廣布政司右參議方公勉行實》，《景印文淵閣四庫全書》第 1376 冊，第 603 頁。

						興化人。曾祖諱明祖，諱椿，父諱焯，俱以公貴，累贈少保兼太子太傅、工部尚書、東閣大學士」〔註5〕。
32	楊寧	宣德五年	無任何功名、官號和捐銜	無任何功名、官號和捐銜	任直隸徽州府儒學教授	《宣德五年進士登科錄》
33	程憲	宣德五年	元江浙儒學提舉	無任何功名、官號和捐銜	無任何功名、官號和捐銜	《宣德五年進士登科錄》
34	盧瑛	宣德五年	兗州知州	禮部主事	無任何功名、官號和捐銜	《宣德五年進士登科錄》
35	羅寧	宣德五年	無任何功名、官號和捐銜	無任何功名、官號和捐銜	河南左參議	《宣德五年進士登科錄》
36	王復	宣德五年	無任何功名、官號和捐銜	無任何功名、官號和捐銜	監察御史	《宣德五年進士登科錄》
37	吳寧	宣德五年	無任何功名、官號和捐銜	無任何功名、官號和捐銜	無任何功名、官號和捐銜	《宣德五年進士登科錄》
38	柳華	宣德五年	無任何功名、官號和捐銜	無任何功名、官號和捐銜	無任何功名、官號和捐銜	《宣德五年進士登科錄》
39	湯鼎	宣德五年	元貴池教諭	無任何功名、官號和捐銜	無任何功名、官號和捐銜	《宣德五年進士登科錄》
40	沈翼	宣德五年	無任何功名、官號和捐銜	無任何功名、官號和捐銜	無任何功名、官號和捐銜	《宣德五年進士登科錄》
41	趙忠	宣德五年	元知州	無任何功名、官號和捐銜	無任何功名、官號和捐銜	《宣德五年進士登科錄》

〔註5〕〔明〕李賢：《古穰集》卷一二《工部尚書謹身殿大學士兼東閣大學士致仕高公神道碑銘》，《景印文淵閣四庫全書》1244冊，第605頁。

42	張柷	宣德五年	無任何功名、官號和捐銜	工部郎中	無任何功名、官號和捐銜	《宣德五年進士登科錄》
43	王通	宣德五年	無任何功名、官號和捐銜	無任何功名、官號和捐銜	無任何功名、官號和捐銜	《宣德五年進士登科錄》
44	馬諒	宣德八年	元鄉貢進士	無任何功名、官號和捐銜	無任何功名、官號和捐銜	《宣德八年進士登科錄》
45	范琮	宣德八年	無任何功名、官號和捐銜	無任何功名、官號和捐銜	無任何功名、官號和捐銜	《宣德八年進士登科錄》
46	沈讜	宣德八年	無任何功名、官號和捐銜	無任何功名、官號和捐銜	無任何功名、官號和捐銜	《宣德八年進士登科錄》
47	程序	宣德八年	無任何功名、官號和捐銜	無任何功名、官號和捐銜	無任何功名、官號和捐銜	《宣德八年進士登科錄》
48	梅森	宣德八年	無任何功名、官號和捐銜	無任何功名、官號和捐銜	無任何功名、官號和捐銜	《宣德八年進士登科錄》
49	吳昇	宣德八年	無任何功名、官號和捐銜	無任何功名、官號和捐銜	無任何功名、官號和捐銜	《宣德八年進士登科錄》
50	汪敬	宣德八年	無任何功名、官號和捐銜	無任何功名、官號和捐銜	無任何功名、官號和捐銜	《宣德八年進士登科錄》
51	陳璞	宣德八年	無任何功名、官號和捐銜	無任何功名、官號和捐銜	無任何功名、官號和捐銜	《宣德八年進士登科錄》
52	唐世良	宣德八年	無任何功名、官號和捐銜	無任何功名、官號和捐銜	無任何功名、官號和捐銜	《宣德八年進士登科錄》
53	陶元素	正統元年	無任何功名、官號和捐銜	無任何功名、官號和捐銜	無任何功名、官號和捐銜	《正統元年進士登科錄》

54	龔理	正統元年	無任何功名、官號和捐銜	無任何功名、官號和捐銜	無任何功名、官號和捐銜	《正統元年進士登科錄》
55	伊侃	正統元年	無任何功名、官號和捐銜	無任何功名、官號和捐銜	無任何功名、官號和捐銜	《正統元年進士登科錄》
56	韋觀	正統元年	無任何功名、官號和捐銜	無任何功名、官號和捐銜	無任何功名、官號和捐銜	《正統元年進士登科錄》
57	黃輿	正統元年	無任何功名、官號和捐銜	無任何功名、官號和捐銜	武進縣學教諭	《正統元年進士登科錄》
58	謝佑	正統元年	無任何功名、官號和捐銜	無任何功名、官號和捐銜	無任何功名、官號和捐銜	《正統元年進士登科錄》
59	李春	正統元年	無任何功名、官號和捐銜	無任何功名、官號和捐銜	無任何功名、官號和捐銜	《正統元年進士登科錄》
60	陳翌	正統元年	無任何功名、官號和捐銜	無任何功名、官號和捐銜	無任何功名、官號和捐銜	《正統元年進士登科錄》
61	顧確	正統元年	無任何功名、官號和捐銜	無任何功名、官號和捐銜	甲辰科進士	《正統元年進士登科錄》
62	康汝芳	正統元年	無任何功名、官號和捐銜	無任何功名、官號和捐銜	無任何功名、官號和捐銜	《正統元年進士登科錄》
63	史潛	正統元年	無任何功名、官號和捐銜	無任何功名、官號和捐銜	無任何功名、官號和捐銜	《正統元年進士登科錄》
64	方貴文	正統元年	無任何功名、官號和捐銜	無任何功名、官號和捐銜	無任何功名、官號和捐銜	《正統元年進士登科錄》
65	程思溫	正統元年	無任何功名、官號和捐銜	無任何功名、官號和捐銜	無任何功名、官號和捐銜	《正統元年進士登科錄》

66	楊鏞	正統元年	無任何功名、官號和捐銜	無任何功名、官號和捐銜	無任何功名、官號和捐銜	《正統元年進士登科錄》
67	周觀	正統元年	無任何功名、官號和捐銜	無任何功名、官號和捐銜	無任何功名、官號和捐銜	《正統元年進士登科錄》
68	施槃	正統四年	無任何功名、官號和捐銜	無任何功名、官號和捐銜	無任何功名、官號和捐銜	《正統四年進士登科錄》
69	倪謙	正統四年	無任何功名、官號和捐銜	無任何功名、官號和捐銜	無任何功名、官號和捐銜	《正統四年進士登科錄》
70	張和	正統四年	無任何功名、官號和捐銜	無任何功名、官號和捐銜	無任何功名、官號和捐銜	《正統四年進士登科錄》
71	錢溥	正統四年	無任何功名、官號和捐銜	無任何功名、官號和捐銜	無任何功名、官號和捐銜	《正統四年進士登科錄》
72	祝顥	正統四年	無任何功名、官號和捐銜	無任何功名、官號和捐銜	無任何功名、官號和捐銜	《正統四年進士登科錄》
73	夏遂	正統四年	無任何功名、官號和捐銜	無任何功名、官號和捐銜	無任何功名、官號和捐銜	《正統四年進士登科錄》
74	張𤅢	正統四年	無任何功名、官號和捐銜	無任何功名、官號和捐銜	無任何功名、官號和捐銜	《正統四年進士登科錄》
75	張穆	正統四年	無任何功名、官號和捐銜	無任何功名、官號和捐銜	無任何功名、官號和捐銜	《正統四年進士登科錄》
76	周賢	正統四年	無任何功名、官號和捐銜	無任何功名、官號和捐銜	無任何功名、官號和捐銜	《正統四年進士登科錄》
77	楊璿	正統四年	無任何功名、官號和捐銜	無任何功名、官號和捐銜	無任何功名、官號和捐銜	《正統四年進士登科錄》

78	莫震	正統四年	無任何功名、官號和捐銜	無任何功名、官號和捐銜	無任何功名、官號和捐銜	《正統四年進士登科錄》
79	呂困	正統四年	無任何功名、官號和捐銜	無任何功名、官號和捐銜	無任何功名、官號和捐銜	《正統四年進士登科錄》
80	王訥	正統四年	無任何功名、官號和捐銜	無任何功名、官號和捐銜	無任何功名、官號和捐銜	《正統四年進士登科錄》
81	成始終	正統四年	無任何功名、官號和捐銜	無任何功名、官號和捐銜	無任何功名、官號和捐銜	《正統四年進士登科錄》
82	牛吉	正統四年	無任何功名、官號和捐銜	無任何功名、官號和捐銜	無任何功名、官號和捐銜	《正統四年進士登科錄》
83	王璟	正統四年	無任何功名、官號和捐銜	無任何功名、官號和捐銜	無任何功名、官號和捐銜	《正統四年進士登科錄》
84	胡瑨	正統七年	元本縣教諭	丹陽知縣	陝西咸寧縣主簿	《正統七年進士登科錄》
85	胡淵	正統七年	無任何功名、官號和捐銜	無任何功名、官號和捐銜	無任何功名、官號和捐銜	《正統七年進士登科錄》
86	楊鏞	正統七年	無任何功名、官號和捐銜	無任何功名、官號和捐銜	無任何功名、官號和捐銜	《正統七年進士登科錄》
87	張瑄	正統七年	元滁州教諭	無任何功名、官號和捐銜	德清知縣	《正統七年進士登科錄》
88	朱驥	正統七年	無任何功名、官號和捐銜	無任何功名、官號和捐銜	無任何功名、官號和捐銜	《正統七年進士登科錄》
89	徐正	正統七年	無任何功名、官號和捐銜	無任何功名、官號和捐銜	桃源縣丞	《正統七年進士登科錄》

90	馬頊	正統七年	無任何功名、官號和捐銜	無任何功名、官號和捐銜	無任何功名、官號和捐銜	《正統七年進士登科錄》
91	陳浩	正統七年	無任何功名、官號和捐銜	無任何功名、官號和捐銜	石首知縣	《正統七年進士登科錄》
92	黃宗	正統七年	無任何功名、官號和捐銜	無任何功名、官號和捐銜	無任何功名、官號和捐銜	《正統七年進士登科錄》
93	魏貞	正統七年	無任何功名、官號和捐銜	無任何功名、官號和捐銜	鈞州州判	《正統七年進士登科錄》
94	黃鑒	正統七年	無任何功名、官號和捐銜	無任何功名、官號和捐銜	無任何功名、官號和捐銜	《正統七年進士登科錄》
95	楊愈	正統七年	無任何功名、官號和捐銜	無任何功名、官號和捐銜	無任何功名、官號和捐銜	《正統七年進士登科錄》
96	沈訥	正統七年	元醫學正	無任何功名、官號和捐銜	無任何功名、官號和捐銜	《正統七年進士登科錄》
97	章綸	正統十年	無任何功名、官號和捐銜	無任何功名、官號和捐銜	無任何功名、官號和捐銜	《正統十年進士登科錄》
98	錢博	正統十年	無任何功名、官號和捐銜	無任何功名、官號和捐銜	無任何功名、官號和捐銜	《正統十年進士登科錄》
99	全智	正統十年	無任何功名、官號和捐銜	無任何功名、官號和捐銜	無任何功名、官號和捐銜	《正統十年進士登科錄》
100	方杲	正統十年	無任何功名、官號和捐銜	封工部屯田司郎中	福建布政司左布政使	《正統十年進士登科錄》
101	宋栗	正統十年	無任何功名、官號和捐銜	無任何功名、官號和捐銜	無任何功名、官號和捐銜	《正統十年進士登科錄》

102	陳璉	正統十年	無任何功名、官號和捐銜	無任何功名、官號和捐銜	無任何功名、官號和捐銜	《正統十年進士登科錄》
103	葉盛	正統十年	無任何功名、官號和捐銜	無任何功名、官號和捐銜	無任何功名、官號和捐銜	《正統十年進士登科錄》
104	盛俊	正統十年	無任何功名、官號和捐銜	無任何功名、官號和捐銜	無任何功名、官號和捐銜	《正統十年進士登科錄》
105	項璁	正統十年	無任何功名、官號和捐銜	無任何功名、官號和捐銜	無任何功名、官號和捐銜	《正統十年進士登科錄》
106	浦清	正統十年	廣安府經歷	新昌縣知縣	無任何功名、官號和捐銜	《正統十年進士登科錄》
107	錢昕	正統十年	無任何功名、官號和捐銜	無任何功名、官號和捐銜	無任何功名、官號和捐銜	《正統十年進士登科錄》
108	羅紳	正統十年	無任何功名、官號和捐銜	無任何功名、官號和捐銜	無任何功名、官號和捐銜	《正統十年進士登科錄》
109	劉會	正統十年	無任何功名、官號和捐銜	無任何功名、官號和捐銜	無任何功名、官號和捐銜	《正統十年進士登科錄》
110	徐瑄	正統十年	無任何功名、官號和捐銜	無任何功名、官號和捐銜	無任何功名、官號和捐銜	《正統十年進士登科錄》
111	卞榮	正統十年	無任何功名、官號和捐銜	無任何功名、官號和捐銜	無任何功名、官號和捐銜	《正統十年進士登科錄》
112	劉昌	正統十年	無任何功名、官號和捐銜	無任何功名、官號和捐銜	無任何功名、官號和捐銜	《正統十年進士登科錄》
113	許仕達	正統十年	無任何功名、官號和捐銜	無任何功名、官號和捐銜	無任何功名、官號和捐銜	《正統十年進士登科錄》

114	金愷	正統十年	無任何功名、官號和捐銜	無任何功名、官號和捐銜	奉化縣學訓導	《正統十年進士登科錄》
115	許箎	正統十年	無任何功名、官號和捐銜	無任何功名、官號和捐銜	德清縣學訓導	《正統十年進士登科錄》
116	李友聞	正統十年	無任何功名、官號和捐銜	無任何功名、官號和捐銜	無任何功名、官號和捐銜	《正統十年進士登科錄》
117	張紳	正統十年	無任何功名、官號和捐銜	無任何功名、官號和捐銜	無任何功名、官號和捐銜	《正統十年進士登科錄》
118	胡深	正統十年	無任何功名、官號和捐銜	無任何功名、官號和捐銜	無任何功名、官號和捐銜	《正統十年進士登科錄》
119	唐維	正統十年	無任何功名、官號和捐銜	無任何功名、官號和捐銜	無任何功名、官號和捐銜	《正統十年進士登科錄》
120	陳璚	正統十年	無任何功名、官號和捐銜	無任何功名、官號和捐銜	無任何功名、官號和捐銜	《正統十年進士登科錄》
121	史敏	正統十年	無任何功名、官號和捐銜	無任何功名、官號和捐銜	無任何功名、官號和捐銜	《正統十年進士登科錄》
122	張讓	正統十年	無任何功名、官號和捐銜	無任何功名、官號和捐銜	無任何功名、官號和捐銜	《正統十年進士登科錄》
123	馬垸	正統十年	無任何功名、官號和捐銜	無任何功名、官號和捐銜	無任何功名、官號和捐銜	《正統十年進士登科錄》
124	戴珫	正統十年	無任何功名、官號和捐銜	無任何功名、官號和捐銜	無任何功名、官號和捐銜	《正統十年進士登科錄》
125	潘暄	正統十年	無任何功名、官號和捐銜	無任何功名、官號和捐銜	無任何功名、官號和捐銜	《正統十年進士登科錄》

126	毛玉	正統十三年	福建邵武府同知	無任何功名、官號和捐銜	本府陰陽學正術	《正統十三年進士登科錄》
127	陳錡	正統十三年	無任何功名、官號和捐銜	無任何功名、官號和捐銜	無任何功名、官號和捐銜	《正統十三年進士登科錄》
128	夏寅	正統十三年	無任何功名、官號和捐銜	無任何功名、官號和捐銜	無任何功名、官號和捐銜	《正統十三年進士登科錄》
129	梅倫	正統十三年	無任何功名、官號和捐銜	無任何功名、官號和捐銜	無任何功名、官號和捐銜	《正統十三年進士登科錄》
130	錢澍	正統十三年	無任何功名、官號和捐銜	無任何功名、官號和捐銜	無任何功名、官號和捐銜	《正統十三年進士登科錄》
131	王汝霖	正統十三年	贈通議大夫工部右侍郎	贈通議大夫工部右侍郎	工部右侍郎	《正統十三年進士登科錄》闕載王汝霖上三代直系親屬名諱及履歷信息〔註6〕。據景泰閣臣陳循為王汝霖父所撰《碑銘》載：「公諱永和，字用節，姓王氏，世為姑蘇之崑山人……公大父諱允吉，父諱子禎，皆以公恩贈通議大夫工部右侍郎」〔註7〕。王永和至遲於正統八年升任工部右侍郎〔註8〕，正統十年被賜予誥命，封贈其祖父母、父母、妻〔註9〕。嘉靖《崑山縣志》也載：「王允吉，以孫永和貴，贈工部右侍郎；王子禎，以子永和貴，累贈工部右侍郎」〔註10〕。由上可知，王汝霖上三代直系親屬名諱及履歷在《登科錄》中正確的寫法應為「曾祖允吉，贈通議大夫工部右侍郎；祖子禎，贈通議大夫工部右侍郎；父永和，工部右侍郎」。

〔註 6〕《正統十三年進士登科錄》，第 12 頁。

〔註 7〕〔明〕陳循：《芳洲文集》卷九《故工部右侍郎贈尚書王公合葬碑銘》，《四庫全書存目叢書》集部第 31 冊，第 257～258 頁。

〔註 8〕《明英宗實錄》卷一〇二「正統八年三月庚午」，第 2061 頁。

〔註 9〕《明英宗實錄》卷一三一「正統十年秋七月丁丑」，第 2601 頁。

〔註10〕嘉靖《崑山縣志》卷八《恩典》，嘉靖刊本。

132	楊宜	正統十三年	無任何功名、官號和捐銜	贈刑部右侍郎	教授，贈刑部右侍郎	《正統十三年進士登科錄》
133	倪敬	正統十三年	無任何功名、官號和捐銜	兵科都給事中	無任何功名、官號和捐銜	《正統十三年進士登科錄》
134	吳禮	正統十三年	無任何功名、官號和捐銜	無任何功名、官號和捐銜	無任何功名、官號和捐銜	《正統十三年進士登科錄》
135	沈琮	正統十三年	無任何功名、官號和捐銜	旗手衛百戶	無任何功名、官號和捐銜	《正統十三年進士登科錄》
136	汪回顯	正統十三年	無任何功名、官號和捐銜	無任何功名、官號和捐銜	無任何功名、官號和捐銜	《正統十三年進士登科錄》
137	謝環	正統十三年	無任何功名、官號和捐銜	無任何功名、官號和捐銜	無任何功名、官號和捐銜	《正統十三年進士登科錄》
138	蔣敷	正統十三年	無任何功名、官號和捐銜	無任何功名、官號和捐銜	太醫院御醫	《正統十三年進士登科錄》
139	朱永寧	正統十三年	無任何功名、官號和捐銜	無任何功名、官號和捐銜	無任何功名、官號和捐銜	《正統十三年進士登科錄》
140	劉清	正統十三年	無任何功名、官號和捐銜	無任何功名、官號和捐銜	無任何功名、官號和捐銜	《正統十三年進士登科錄》
141	謝騫	正統十三年	無任何功名、官號和捐銜	無任何功名、官號和捐銜	陝西按察司副使	《正統十三年進士登科錄》
142	沈瓛	正統十三年	無任何功名、官號和捐銜	無任何功名、官號和捐銜	無任何功名、官號和捐銜	《正統十三年進士登科錄》
143	吳淳	正統十三年	沅陵縣主簿	左副都御史致仕	無任何功名、官號和捐銜	《正統十三年進士登科錄》

144	李讃	正統十三年	無任何功名、官號和捐銜	無任何功名、官號和捐銜	無任何功名、官號和捐銜	《正統十三年進士登科錄》
145	張鎣	正統十三年	無任何功名、官號和捐銜	無任何功名、官號和捐銜	任紀善	《正統十三年進士登科錄》
146	鄭文康	正統十三年	無任何功名、官號和捐銜	無任何功名、官號和捐銜	無任何功名、官號和捐銜	《正統十三年進士登科錄》
147	汪真	正統十三年	無任何功名、官號和捐銜	永淳縣知縣	無任何功名、官號和捐銜	無任何功名、官號和捐銜
148	盛綸	正統十三年	無任何功名、官號和捐銜	無任何功名、官號和捐銜	無任何功名、官號和捐銜	《正統十三年進士登科錄》
149	沈祥	正統十三年	無任何功名、官號和捐銜	無任何功名、官號和捐銜	無任何功名、官號和捐銜	《正統十三年進士登科錄》
150	王璽	正統十三年	無任何功名、官號和捐銜	封戶部員外郎	戶部員外郎	《正統十三年進士登科錄》
151	任孜	正統十三年	無任何功名、官號和捐銜	無任何功名、官號和捐銜	無任何功名、官號和捐銜	《正統十三年進士登科錄》
152	朱瑄	正統十三年	無任何功名、官號和捐銜	無任何功名、官號和捐銜	無任何功名、官號和捐銜	《正統十三年進士登科錄》
153	孫瓊	正統十三年	無任何功名、官號和捐銜	無任何功名、官號和捐銜	國子生	《正統十三年進士登科錄》
154	王豪	正統十三年	無任何功名、官號和捐銜	無任何功名、官號和捐銜	無任何功名、官號和捐銜	《正統十三年進士登科錄》
155	瞿泰安	正統十三年	無任何功名、官號和捐銜	無任何功名、官號和捐銜	無任何功名、官號和捐銜	《正統十三年進士登科錄》

156	楊恕	正統十三年	無任何功名、官號和捐銜	無任何功名、官號和捐銜	無任何功名、官號和捐銜	《正統十三年進士登科錄》
157	王俱	景泰二年	無任何功名、官號和捐銜	延平府同知	兵部主事致仕	《景泰二年進士登科錄》
158	周輿	景泰二年	無任何功名、官號和捐銜	雄縣知縣	無任何功名、官號和捐銜	《景泰二年進士登科錄》
159	王祐	景泰二年	無任何功名、官號和捐銜	無任何功名、官號和捐銜	無任何功名、官號和捐銜	《景泰二年進士登科錄》
160	陳傑	景泰二年	贈資德大夫正治上卿兵部尚書	兵部尚書，贈榮祿大夫少保謚節愍	刑科給事中	《景泰二年進士登科錄》
161	袁凱	景泰二年	無任何功名、官號和捐銜	都轉運鹽使司判官	無任何功名、官號和捐銜	《景泰二年進士登科錄》
162	吳璘	景泰二年	無任何功名、官號和捐銜	無任何功名、官號和捐銜	無任何功名、官號和捐銜	《景泰二年進士登科錄》
163	孫仁	景泰二年	無任何功名、官號和捐銜	無任何功名、官號和捐銜	無任何功名、官號和捐銜	《景泰二年進士登科錄》
164	盛杲	景泰二年	無任何功名、官號和捐銜	無任何功名、官號和捐銜	無任何功名、官號和捐銜	《景泰二年進士登科錄》
165	唐瑜	景泰二年	無任何功名、官號和捐銜	無任何功名、官號和捐銜	無任何功名、官號和捐銜	《景泰二年進士登科錄》
166	朱華	景泰二年	無任何功名、官號和捐銜	無任何功名、官號和捐銜	無任何功名、官號和捐銜	《景泰二年進士登科錄》
167	陳僎	景泰二年	贈資德大夫正治上卿都察院左都御史	贈資德大夫正治上卿都察院左都御史	無任何功名、官號和捐銜	《景泰二年進士登科錄》

168	章格	景泰二年	無任何功名、官號和捐銜	無任何功名、官號和捐銜	前監察御史	《景泰二年進士登科錄》
169	顧珣	景泰二年	無任何功名、官號和捐銜	無任何功名、官號和捐銜	無任何功名、官號和捐銜	《景泰二年進士登科錄》
170	陸杲	景泰二年	無任何功名、官號和捐銜	無任何功名、官號和捐銜	無任何功名、官號和捐銜	《景泰二年進士登科錄》
171	童軒	景泰二年	無任何功名、官號和捐銜	無任何功名、官號和捐銜	無任何功名、官號和捐銜	《景泰二年進士登科錄》
172	李毓	景泰二年	無任何功名、官號和捐銜	無任何功名、官號和捐銜	無任何功名、官號和捐銜	《景泰二年進士登科錄》
173	周欽	景泰二年	無任何功名、官號和捐銜	無任何功名、官號和捐銜	無任何功名、官號和捐銜	《景泰二年進士登科錄》
174	吳琛	景泰二年	無任何功名、官號和捐銜	無任何功名、官號和捐銜	無任何功名、官號和捐銜	《景泰二年進士登科錄》
175	高禮	景泰二年	猗氏縣知縣	黎平府學教授	無任何功名、官號和捐銜	《景泰二年進士登科錄》
176	程宗	景泰二年	無任何功名、官號和捐銜	無任何功名、官號和捐銜	無任何功名、官號和捐銜	《景泰二年進士登科錄》
177	盛顒	景泰二年	無任何功名、官號和捐銜	無任何功名、官號和捐銜	無任何功名、官號和捐銜	《景泰二年進士登科錄》
178	劉觀	景泰二年	無任何功名、官號和捐銜	無任何功名、官號和捐銜	無任何功名、官號和捐銜	《景泰二年進士登科錄》
179	葉鸞	景泰二年	無任何功名、官號和捐銜	無任何功名、官號和捐銜	無任何功名、官號和捐銜	《景泰二年進士登科錄》

180	靳敏	景泰二年	無任何功名、官號和捐銜	無任何功名、官號和捐銜	無任何功名、官號和捐銜	《景泰二年進士登科錄》
181	龔謙	景泰二年	無任何功名、官號和捐銜	無任何功名、官號和捐銜	淳安縣知縣	《景泰二年進士登科錄》
182	繆樸	景泰二年	無任何功名、官號和捐銜	無任何功名、官號和捐銜	無任何功名、官號和捐銜	《景泰二年進士登科錄》
183	王惟善	景泰二年	無任何功名、官號和捐銜	無任何功名、官號和捐銜	無任何功名、官號和捐銜	《景泰二年進士登科錄》
184	潘鏞	景泰二年	無任何功名、官號和捐銜	無任何功名、官號和捐銜	無任何功名、官號和捐銜	《景泰二年進士登科錄》
185	章表	景泰二年	無任何功名、官號和捐銜	無任何功名、官號和捐銜	前監察御史	《景泰二年進士登科錄》
186	姚旭	景泰二年	無任何功名、官號和捐銜	無任何功名、官號和捐銜	無任何功名、官號和捐銜	《景泰二年進士登科錄》
187	王儀	景泰二年	本縣學訓導	無任何功名、官號和捐銜	無任何功名、官號和捐銜	《景泰二年進士登科錄》
188	莊歙	景泰二年	無任何功名、官號和捐銜	贈陝西按察司僉事	陝西按察司副使致仕	《景泰二年進士登科錄》
189	曹景	景泰二年	贈吏部右侍郎	封翰林院編修，贈吏部右侍郎	無任何功名、官號和捐銜	《景泰二年進士登科錄》
190	周清	景泰二年	元萬戶	元萬戶	無任何功名、官號和捐銜	《景泰二年進士登科錄》載周清上三代直系親屬名諱及履歷為「曾祖賢；祖興；父福」〔註 11〕。其中載「曾祖賢；祖興」俱為無任何官號的平民，不確。據景泰二年狀元柯

〔註 11〕《景泰二年進士登科錄》，第 55 頁。

						潛所撰《監察御史周君墓表》載:「君諱清……曾大父諱賢，大父諱興，皆仕元為萬戶。至國朝，父諱福，不得世其職，例以介胄之籍編戍南京江陰衛，生君於戍所……公年十六充應天府學生，正統丁卯得雋鄉闈，景泰辛未中進士第」〔註 12〕。由此可知，周清上三代直系親屬名諱及履歷應為「曾祖賢，萬萬戶；祖興，元萬戶；父福」。
191	張昪	景泰二年	無任何功名、官號和捐銜	無任何功名、官號和捐銜	前武昌縣知縣	《景泰二年進士登科錄》
192	鄭時	景泰二年	封南京刑部右侍郎	封南京刑部右侍郎	無任何功名、官號和捐銜	《景泰二年進士登科錄》
193	徐溥	景泰五年	贈戶部郎中	知府	無任何功名、官號和捐銜	《景泰五年進士登科錄》
194	徐鎋	景泰五年	無任何功名、官號和捐銜	無任何功名、官號和捐銜	正科	《景泰五年進士登科錄》
195	李清	景泰五年	無任何功名、官號和捐銜	無任何功名、官號和捐銜	教諭	《景泰五年進士登科錄》
196	高宗本	景泰五年	無任何功名、官號和捐銜	無任何功名、官號和捐銜	無任何功名、官號和捐銜	《景泰五年進士登科錄》
197	史瓘	景泰五年	無任何功名、官號和捐銜	無任何功名、官號和捐銜	無任何功名、官號和捐銜	《景泰五年進士登科錄》
198	杜宥	景泰五年	無任何功名、官號和捐銜	禮科給事中	無任何功名、官號和捐銜	《景泰五年進士登科錄》
199	張畹	景泰五年	無任何功名、官號和捐銜	主簿	無任何功名、官號和捐銜	《景泰五年進士登科錄》

〔註 12〕〔明〕柯潛：《竹岩集》卷一四《監察御史周君墓表》，《續修四庫全書》集部第 1329 冊，第 339 頁。

200	張祚	景泰五年	無任何功名、官號和捐銜	無任何功名、官號和捐銜	聽選官	《景泰五年進士登科錄》
201	浦鏞	景泰五年	無任何功名、官號和捐銜	無任何功名、官號和捐銜	無任何功名、官號和捐銜	《景泰五年進士登科錄》
202	朱倫	景泰五年	元推官	行省知事，贈工部侍郎	工部郎中	《景泰五年進士登科錄》
203	蔣絨	景泰五年	無任何功名、官號和捐銜	無任何功名、官號和捐銜	無任何功名、官號和捐銜	《景泰五年進士登科錄》
204	陳璧	景泰五年	無任何功名、官號和捐銜	無任何功名、官號和捐銜	無任何功名、官號和捐銜	《景泰五年進士登科錄》
205	楊集	景泰五年	無任何功名、官號和捐銜	無任何功名、官號和捐銜	無任何功名、官號和捐銜	《景泰五年進士登科錄》
206	吳節	景泰五年	元進士，任總管	知縣	無任何功名、官號和捐銜	《景泰五年進士登科錄》
207	郁文博	景泰五年	無任何功名、官號和捐銜	無任何功名、官號和捐銜	典史	《景泰五年進士登科錄》
208	趙昌	景泰五年	無任何功名、官號和捐銜	無任何功名、官號和捐銜	無任何功名、官號和捐銜	《景泰五年進士登科錄》
209	葉萱	景泰五年	無任何功名、官號和捐銜	無任何功名、官號和捐銜	無任何功名、官號和捐銜	《景泰五年進士登科錄》
210	鄭珪	景泰五年	府同知	無任何功名、官號和捐銜	無任何功名、官號和捐銜	《景泰五年進士登科錄》
211	鄭瑛	景泰五年	無任何功名、官號和捐銜	無任何功名、官號和捐銜	無任何功名、官號和捐銜	《景泰五年進士登科錄》

212	趙博	景泰五年	元醫學提領	醫士	無任何功名、官號和捐銜	《景泰五年進士登科錄》
213	汪霖	景泰五年	知縣	無任何功名、官號和捐銜	訓導	《景泰五年進士登科錄》
214	龍晉	景泰五年	無任何功名、官號和捐銜	無任何功名、官號和捐銜	無任何功名、官號和捐銜	《景泰五年進士登科錄》
215	顏正	景泰五年	元教授	無任何功名、官號和捐銜	訓導	《景泰五年進士登科錄》
216	劉永通	景泰五年	無任何功名、官號和捐銜	無任何功名、官號和捐銜	無任何功名、官號和捐銜	《景泰五年進士登科錄》
217	鍾珹	景泰五年	無任何功名、官號和捐銜	無任何功名、官號和捐銜	無任何功名、官號和捐銜	《景泰五年進士登科錄》
218	潘傑	景泰五年	元教諭	無任何功名、官號和捐銜	無任何功名、官號和捐銜	《景泰五年進士登科錄》
219	徐毅	景泰五年	無任何功名、官號和捐銜	無任何功名、官號和捐銜	無任何功名、官號和捐銜	《景泰五年進士登科錄》
220	寧珍	景泰五年	無任何功名、官號和捐銜	無任何功名、官號和捐銜	太醫院判	《景泰五年進士登科錄》
221	夏璣	景泰五年	無任何功名、官號和捐銜	無任何功名、官號和捐銜	無任何功名、官號和捐銜	《景泰五年進士登科錄》
222	蔣昂	景泰五年	無任何功名、官號和捐銜	無任何功名、官號和捐銜	無任何功名、官號和捐銜	《景泰五年進士登科錄》
223	孔鏞	景泰五年	無任何功名、官號和捐銜	無任何功名、官號和捐銜	進士，任知縣	《景泰五年進士登科錄》

224	孫璚	景泰五年	無任何功名、官號和捐銜	無任何功名、官號和捐銜	無任何功名、官號和捐銜	《景泰五年進士登科錄》
225	黃讓	景泰五年	無任何功名、官號和捐銜	無任何功名、官號和捐銜	無任何功名、官號和捐銜	《景泰五年進士登科錄》
226	羅淮	景泰五年	贈左副都御史	贈左副都御史	無任何功名、官號和捐銜	《景泰五年進士登科錄》
227	王績	景泰五年	無任何功名、官號和捐銜	無任何功名、官號和捐銜	醫士	《景泰五年進士登科錄》
228	章律	景泰五年	無任何功名、官號和捐銜	無任何功名、官號和捐銜	前監察御史	《景泰五年進士登科錄》
229	王魯	景泰五年	主簿	無任何功名、官號和捐銜	無任何功名、官號和捐銜	《景泰五年進士登科錄》
230	王瑞	景泰五年	無任何功名、官號和捐銜	無任何功名、官號和捐銜	無任何功名、官號和捐銜	《景泰五年進士登科錄》
231	蔣敞	景泰五年	無任何功名、官號和捐銜	無任何功名、官號和捐銜	御醫，贈戶部主事	《景泰五年進士登科錄》
232	楊壁	景泰五年	無任何功名、官號和捐銜	無任何功名、官號和捐銜	典史	《景泰五年進士登科錄》
233	王珪	景泰五年	無任何功名、官號和捐銜	無任何功名、官號和捐銜	無任何功名、官號和捐銜	《景泰五年進士登科錄》
234	趙敔	景泰五年	無任何功名、官號和捐銜	無任何功名、官號和捐銜	禮部員外郎	《景泰五年進士登科錄》
235	曹泰	景泰五年	無任何功名、官號和捐銜	無任何功名、官號和捐銜	無任何功名、官號和捐銜	《景泰五年進士登科錄》

236	陳孟晟	景泰五年	無任何功名、官號和捐銜	訓科	無任何功名、官號和捐銜	《景泰五年進士登科錄》
237	楊琛	景泰五年	無任何功名、官號和捐銜	無任何功名、官號和捐銜	無任何功名、官號和捐銜	《景泰五年進士登科錄》
238	張僖	景泰五年	無任何功名、官號和捐銜	無任何功名、官號和捐銜	訓導	《景泰五年進士登科錄》載張僖父子霈的履歷漫漶不清〔註 13〕。嘉靖《宿州志》、乾隆《靈璧縣志》皆載：「張子霈，中牟縣學訓導」〔註 14〕，而從漫漶不清的字跡來看，也似「訓導」二字。
239	王璘	景泰五年	無任何功名、官號和捐銜	無任何功名、官號和捐銜	無任何功名、官號和捐銜	《景泰五年進士登科錄》
240	吳玘	景泰五年	無任何功名、官號和捐銜	知縣	無任何功名、官號和捐銜	《景泰五年進士登科錄》
241	程泰	景泰五年	無任何功名、官號和捐銜	無任何功名、官號和捐銜	左長史	《景泰五年進士登科錄》
242	杜庠	景泰五年	無任何功名、官號和捐銜	無任何功名、官號和捐銜	無任何功名、官號和捐銜	《景泰五年進士登科錄》
243	金紳	景泰五年	無任何功名、官號和捐銜	無任何功名、官號和捐銜	知府	《景泰五年進士登科錄》
244	徐宗	景泰五年	無任何功名、官號和捐銜	無任何功名、官號和捐銜	無任何功名、官號和捐銜	《景泰五年進士登科錄》
245	張述古	景泰五年	無任何功名、官號和捐銜	無任何功名、官號和捐銜	無任何功名、官號和捐銜	《景泰五年進士登科錄》

〔註 13〕《景泰五年進士登科錄》，第 75 頁。

〔註 14〕嘉靖《宿州志》卷五《人物志・選舉・縣貢》，嘉靖刊本；乾隆《靈璧縣志》卷三《人物・選舉・封贈》，乾隆刊本。

246	方暕	景泰五年	無任何功名、官號和捐銜	贈湖廣按察司僉事	湖廣布政司右參議	《景泰五年進士登科錄》
247	沈黼	景泰五年	無任何功名、官號和捐銜	無任何功名、官號和捐銜	無任何功名、官號和捐銜	《景泰五年進士登科錄》
248	沈譓	景泰五年	無任何功名、官號和捐銜	無任何功名、官號和捐銜	無任何功名、官號和捐銜	《景泰五年進士登科錄》
249	胡寬	景泰五年	無任何功名、官號和捐銜	無任何功名、官號和捐銜	無任何功名、官號和捐銜	《景泰五年進士登科錄》
250	宋瑛	天順元年	無任何功名、官號和捐銜	無任何功名、官號和捐銜	無任何功名、官號和捐銜	《天順元年進士登科錄》
251	劉瀚	天順元年	教諭	贈中書舍人	詹事府少詹事	《天順元年進士登科錄》
252	柳瑛	天順元年	無任何功名、官號和捐銜	封監察御史	監察御史	《天順元年進士登科錄》
253	石澄	天順元年	無任何功名、官號和捐銜	無任何功名、官號和捐銜	無任何功名、官號和捐銜	《天順元年進士登科錄》
254	范純	天順元年	無任何功名、官號和捐銜	無任何功名、官號和捐銜	無任何功名、官號和捐銜	《天順元年進士登科錄》
255	黃憲	天順元年	無任何功名、官號和捐銜	無任何功名、官號和捐銜	無任何功名、官號和捐銜	《天順元年進士登科錄》
256	鄭鼒	天順元年	無任何功名、官號和捐銜	贈監察御史	無任何功名、官號和捐銜	《天順元年進士登科錄》
257	葉華	天順元年	無任何功名、官號和捐銜	無任何功名、官號和捐銜	無任何功名、官號和捐銜	《天順元年進士登科錄》
258	宋訥	天順元年	無任何功名、官號和捐銜	無任何功名、官號和捐銜	無任何功名、官號和捐銜	《天順元年進士登科錄》

259	朱貞	天順元年	元縣尉	大都督府宣使	無任何功名、官號和捐銜	《天順元年進士登科錄》
260	唐珣	天順元年	無任何功名、官號和捐銜	無任何功名、官號和捐銜	無任何功名、官號和捐銜	《天順元年進士登科錄》
261	張翥	天順元年	知縣	無任何功名、官號和捐銜	無任何功名、官號和捐銜	《天順元年進士登科錄》
262	夏志明	天順元年	無任何功名、官號和捐銜	無任何功名、官號和捐銜	無任何功名、官號和捐銜	《天順元年進士登科錄》
263	胡信	天順元年	無任何功名、官號和捐銜	封給事中	浙江右參政	《天順元年進士登科錄》
264	鄒和	天順元年	無任何功名、官號和捐銜	無任何功名、官號和捐銜	無任何功名、官號和捐銜	《天順元年進士登科錄》
265	端宏	天順元年	無任何功名、官號和捐銜	無任何功名、官號和捐銜	無任何功名、官號和捐銜	《天順元年進士登科錄》
266	孔宗顯	天順元年	無任何功名、官號和捐銜	無任何功名、官號和捐銜	無任何功名、官號和捐銜	《天順元年進士登科錄》
267	楊完	天順元年	鹽運司巡使	無任何功名、官號和捐銜	無任何功名、官號和捐銜	《天順元年進士登科錄》
268	白昂	天順元年	無任何功名、官號和捐銜	無任何功名、官號和捐銜	教諭	《天順元年進士登科錄》
269	談論	天順元年	無任何功名、官號和捐銜	無任何功名、官號和捐銜	無任何功名、官號和捐銜	《天順元年進士登科錄》
270	黃金	天順元年	無任何功名、官號和捐銜	無任何功名、官號和捐銜	無任何功名、官號和捐銜	《天順元年進士登科錄》

271	李澄	天順元年	無任何功名、官號和捐銜	無任何功名、官號和捐銜	教諭	《天順元年進士登科錄》
272	劉必賢	天順元年	無任何功名、官號和捐銜	無任何功名、官號和捐銜	無任何功名、官號和捐銜	《天順元年進士登科錄》
273	吉惠	天順元年	無任何功名、官號和捐銜	無任何功名、官號和捐銜	無任何功名、官號和捐銜	《天順元年進士登科錄》
274	莊澈	天順元年	無任何功名、官號和捐銜	贈主事	戶部主事	《天順元年進士登科錄》
275	朱檼	天順元年	無任何功名、官號和捐銜	無任何功名、官號和捐銜	無任何功名、官號和捐銜	《天順元年進士登科錄》
276	秦民悅	天順元年	縣丞	進士，刑部郎中	無任何功名、官號和捐銜	《天順元年進士登科錄》
277	湯琛	天順元年	無任何功名、官號和捐銜	無任何功名、官號和捐銜	無任何功名、官號和捐銜	《天順元年進士登科錄》
278	李祥	天順元年	無任何功名、官號和捐銜	醫學正科	教諭	《天順元年進士登科錄》
279	吳忱	天順元年	無任何功名、官號和捐銜	陝西參政	無任何功名、官號和捐銜	《天順元年進士登科錄》
280	淩文	天順元年	無任何功名、官號和捐銜	無任何功名、官號和捐銜	無任何功名、官號和捐銜	《天順元年進士登科錄》
281	顧以山	天順元年	無任何功名、官號和捐銜	無任何功名、官號和捐銜	無任何功名、官號和捐銜	《天順元年進士登科錄》
282	吳淵	天順元年	無任何功名、官號和捐銜	無任何功名、官號和捐銜	州同知	《天順元年進士登科錄》

283	盧雍	天順元年	知縣	無任何功名、官號和捐銜	無任何功名、官號和捐銜	《天順元年進士登科錄》
284	吳真	天順元年	無任何功名、官號和捐銜	無任何功名、官號和捐銜	無任何功名、官號和捐銜	《天順元年進士登科錄》
285	程廣	天順元年	無任何功名、官號和捐銜	無任何功名、官號和捐銜	無任何功名、官號和捐銜	《天順元年進士登科錄》
286	沈琺	天順元年	贈尚書	贈尚書	南京戶部尚書	《天順元年進士登科錄》
287	嚴萱	天順元年	無任何功名、官號和捐銜	無任何功名、官號和捐銜	無任何功名、官號和捐銜	《天順元年進士登科錄》
288	方佑	天順元年	行人	都司斷事	無任何功名、官號和捐銜	《天順元年進士登科錄》
289	畢玉	天順元年	無任何功名、官號和捐銜	無任何功名、官號和捐銜	冠帶官	《天順元年進士登科錄》
290	王徽	天順四年	無任何功名、官號和捐銜	無任何功名、官號和捐銜	無任何功名、官號和捐銜	《天順四年進士登科錄》
291	朱賢	天順四年	無任何功名、官號和捐銜	無任何功名、官號和捐銜	無任何功名、官號和捐銜	《天順四年進士登科錄》
292	張鼒	天順四年	無任何功名、官號和捐銜	無任何功名、官號和捐銜	無任何功名、官號和捐銜	《天順四年進士登科錄》
293	沈暉	天順四年	同知	無任何功名、官號和捐銜	無任何功名、官號和捐銜	《天順四年進士登科錄》
294	徐傅	天順四年	無任何功名、官號和捐銜	無任何功名、官號和捐銜	無任何功名、官號和捐銜	《天順四年進士登科錄》
295	吳宣	天順四年	無任何功名、官號和捐銜	無任何功名、官號和捐銜	無任何功名、官號和捐銜	《天順四年進士登科錄》

296	潘稹	天順四年	無任何功名、官號和捐銜	無任何功名、官號和捐銜	監察御史	《天順四年進士登科錄》
297	江豫	天順四年	無任何功名、官號和捐銜	無任何功名、官號和捐銜	無任何功名、官號和捐銜	《天順四年進士登科錄》
298	王震	天順四年	無任何功名、官號和捐銜	無任何功名、官號和捐銜	無任何功名、官號和捐銜	《天順四年進士登科錄》
299	沉鐘	天順四年	無任何功名、官號和捐銜	無任何功名、官號和捐銜	無任何功名、官號和捐銜	《天順四年進士登科錄》
300	王誼	天順四年	無任何功名、官號和捐銜	無任何功名、官號和捐銜	無任何功名、官號和捐銜	《天順四年進士登科錄》
301	張盛	天順四年	無任何功名、官號和捐銜	無任何功名、官號和捐銜	漳浦縣知縣	《天順四年進士登科錄》
302	黃瑮	天順四年	無任何功名、官號和捐銜	無任何功名、官號和捐銜	江西按察司僉事	《天順四年進士登科錄》
303	張悅	天順四年	無任何功名、官號和捐銜	無任何功名、官號和捐銜	無任何功名、官號和捐銜	《天順四年進士登科錄》
304	郭經	天順四年	無任何功名、官號和捐銜	無任何功名、官號和捐銜	無任何功名、官號和捐銜	《天順四年進士登科錄》
305	李宗羡	天順四年	無任何功名、官號和捐銜	無任何功名、官號和捐銜	無任何功名、官號和捐銜	《天順四年進士登科錄》
306	陳輝	天順四年	無任何功名、官號和捐銜	無任何功名、官號和捐銜	無任何功名、官號和捐銜	《天順四年進士登科錄》
307	謝潤	天順四年	無任何功名、官號和捐銜	無任何功名、官號和捐銜	無任何功名、官號和捐銜	《天順四年進士登科錄》

308	饒欽	天順四年	無任何功名、官號和捐銜	無任何功名、官號和捐銜	無任何功名、官號和捐銜	《天順四年進士登科錄》
309	談經	天順四年	無任何功名、官號和捐銜	贈監察御史	無任何功名、官號和捐銜	《天順四年進士登科錄》
310	秦夔	天順四年	無任何功名、官號和捐銜	無任何功名、官號和捐銜	無任何功名、官號和捐銜	《天順四年進士登科錄》
311	張溥	天順四年	無任何功名、官號和捐銜	無任何功名、官號和捐銜	南京國子監助教	《天順四年進士登科錄》
312	盛侅	天順四年	無任何功名、官號和捐銜	無任何功名、官號和捐銜	御醫	《天順四年進士登科錄》
313	金愉	天順四年	無任何功名、官號和捐銜	無任何功名、官號和捐銜	教諭	《天順四年進士登科錄》
314	劉釗	天順四年	無任何功名、官號和捐銜	無任何功名、官號和捐銜	戶部主事	《天順四年進士登科錄》
315	王霽	天順四年	無任何功名、官號和捐銜	無任何功名、官號和捐銜	無任何功名、官號和捐銜	《天順四年進士登科錄》
316	郭升	天順四年	無任何功名、官號和捐銜	無任何功名、官號和捐銜	無任何功名、官號和捐銜	《天順四年進士登科錄》
317	吳鉽	天順八年	無任何功名、官號和捐銜	無任何功名、官號和捐銜	無任何功名、官號和捐銜	《天順八年進士登科錄》
318	孫蕃	天順八年	無任何功名、官號和捐銜	無任何功名、官號和捐銜	教諭	《天順八年進士登科錄》
319	周源	天順八年	無任何功名、官號和捐銜	戶部郎中	無任何功名、官號和捐銜	《天順八年進士登科錄》

320	左燁	天順八年	訓科	訓科，贈監察御史	無任何功名、官號和捐銜	《天順八年進士登科錄》
321	陳讓	天順八年	無任何功名、官號和捐銜	無任何功名、官號和捐銜	無任何功名、官號和捐銜	《天順八年進士登科錄》
322	戴春	天順八年	無任何功名、官號和捐銜	無任何功名、官號和捐銜	無任何功名、官號和捐銜	《天順八年進士登科錄》
323	周瑄	天順八年	無任何功名、官號和捐銜	無任何功名、官號和捐銜	無任何功名、官號和捐銜	《天順八年進士登科錄》
324	張謹	天順八年	無任何功名、官號和捐銜	無任何功名、官號和捐銜	無任何功名、官號和捐銜	《天順八年進士登科錄》
325	葉琦	天順八年	無任何功名、官號和捐銜	無任何功名、官號和捐銜	無任何功名、官號和捐銜	《天順八年進士登科錄》
326	沈瑄	天順八年	無任何功名、官號和捐銜	無任何功名、官號和捐銜	無任何功名、官號和捐銜	《天順八年進士登科錄》
327	汪杲	天順八年	無任何功名、官號和捐銜	無任何功名、官號和捐銜	無任何功名、官號和捐銜	《天順八年進士登科錄》
328	張泰	天順八年	無任何功名、官號和捐銜	無任何功名、官號和捐銜	無任何功名、官號和捐銜	《天順八年進士登科錄》
329	董綸	天順八年	無任何功名、官號和捐銜	無任何功名、官號和捐銜	無任何功名、官號和捐銜	《天順八年進士登科錄》
330	陳道	天順八年	無任何功名、官號和捐銜	無任何功名、官號和捐銜	無任何功名、官號和捐銜	《天順八年進士登科錄》
331	陳賓	天順八年	無任何功名、官號和捐銜	無任何功名、官號和捐銜	知縣	《天順八年進士登科錄》

332	周觀	天順八年	無任何功名、官號和捐銜	無任何功名、官號和捐銜	無任何功名、官號和捐銜	《天順八年進士登科錄》
333	黃澄	天順八年	無任何功名、官號和捐銜	無任何功名、官號和捐銜	無任何功名、官號和捐銜	《天順八年進士登科錄》
334	何恂	天順八年	無任何功名、官號和捐銜	無任何功名、官號和捐銜	無任何功名、官號和捐銜	《天順八年進士登科錄》
335	汪進	天順八年	無任何功名、官號和捐銜	無任何功名、官號和捐銜	無任何功名、官號和捐銜	《天順八年進士登科錄》
336	夏時	天順八年	無任何功名、官號和捐銜	無任何功名、官號和捐銜	無任何功名、官號和捐銜	《天順八年進士登科錄》
337	葉贇	天順八年	無任何功名、官號和捐銜	無任何功名、官號和捐銜	無任何功名、官號和捐銜	《天順八年進士登科錄》
338	馬愈	天順八年	元千戶	無任何功名、官號和捐銜	欽天監博士	《天順八年進士登科錄》
339	朱瑄	天順八年	無任何功名、官號和捐銜	無任何功名、官號和捐銜	無任何功名、官號和捐銜	《天順八年進士登科錄》
340	陸簡	成化二年	無任何功名、官號和捐銜	教諭，贈戶部郎中	戶部郎中	《成化二年進士登科錄》
341	顏暄	成化二年	無任何功名、官號和捐銜	福建左參政	無任何功名、官號和捐銜	《成化二年進士登科錄》
342	張瓛	成化二年	無任何功名、官號和捐銜	無任何功名、官號和捐銜	無任何功名、官號和捐銜	《成化二年進士登科錄》
343	石渠	成化二年	知州	知縣	按察司檢校	《成化二年進士登科錄》
344	張弼	成化二年	無任何功名、官號和捐銜	無任何功名、官號和捐銜	無任何功名、官號和捐銜	《成化二年進士登科錄》

345	張文	成化二年	無任何功名、官號和捐銜	無任何功名、官號和捐銜	助教	《成化二年進士登科錄》
346	畢宗賢	成化二年	無任何功名、官號和捐銜	無任何功名、官號和捐銜	無任何功名、官號和捐銜	《成化二年進士登科錄》
347	李傑	成化二年	無任何功名、官號和捐銜	無任何功名、官號和捐銜	無任何功名、官號和捐銜	《成化二年進士登科錄》
348	錢山	成化二年	無任何功名、官號和捐銜	無任何功名、官號和捐銜	無任何功名、官號和捐銜	《成化二年進士登科錄》
349	徐容	成化二年	無任何功名、官號和捐銜	無任何功名、官號和捐銜	無任何功名、官號和捐銜	《成化二年進士登科錄》
350	楊理	成化二年	無任何功名、官號和捐銜	無任何功名、官號和捐銜	無任何功名、官號和捐銜	《成化二年進士登科錄》
351	柳琰	成化二年	無任何功名、官號和捐銜	無任何功名、官號和捐銜	無任何功名、官號和捐銜	《成化二年進士登科錄》
352	俞俊	成化二年	無任何功名、官號和捐銜	無任何功名、官號和捐銜	百戶	《成化二年進士登科錄》
353	徐完	成化二年	無任何功名、官號和捐銜	無任何功名、官號和捐銜	南京國子監助教	《成化二年進士登科錄》
354	薛為學	成化二年	無任何功名、官號和捐銜	無任何功名、官號和捐銜	無任何功名、官號和捐銜	《成化二年進士登科錄》
355	張誥	成化二年	無任何功名、官號和捐銜	無任何功名、官號和捐銜	無任何功名、官號和捐銜	《成化二年進士登科錄》
356	陳蕙	成化二年	無任何功名、官號和捐銜	無任何功名、官號和捐銜	封刑部主事	《成化二年進士登科錄》

357	丘俊	成化二年	無任何功名、官號和捐銜	無任何功名、官號和捐銜	無任何功名、官號和捐銜	《成化二年進士登科錄》
358	孔舉	成化二年	訓科	無任何功名、官號和捐銜	無任何功名、官號和捐銜	《成化二年進士登科錄》
359	馬岱	成化二年	無任何功名、官號和捐銜	無任何功名、官號和捐銜	無任何功名、官號和捐銜	《成化二年進士登科錄》
360	胡敬	成化二年	無任何功名、官號和捐銜	無任何功名、官號和捐銜	無任何功名、官號和捐銜	《成化二年進士登科錄》
361	柳淳	成化二年	無任何功名、官號和捐銜	無任何功名、官號和捐銜	無任何功名、官號和捐銜	《成化二年進士登科錄》
362	徐恪	成化二年	無任何功名、官號和捐銜	無任何功名、官號和捐銜	無任何功名、官號和捐銜	《成化二年進士登科錄》
363	芮畿	成化二年	無任何功名、官號和捐銜	無任何功名、官號和捐銜	無任何功名、官號和捐銜	《成化二年進士登科錄》
364	莊昶	成化二年	無任何功名、官號和捐銜	無任何功名、官號和捐銜	無任何功名、官號和捐銜	《成化二年進士登科錄》
365	江弘濟	成化二年	元朝議	無任何功名、官號和捐銜	教授	《成化二年進士登科錄》
366	陸潤	成化二年	無任何功名、官號和捐銜	無任何功名、官號和捐銜	無任何功名、官號和捐銜	《成化二年進士登科錄》
367	唐寬	成化二年	無任何功名、官號和捐銜	無任何功名、官號和捐銜	無任何功名、官號和捐銜	《成化二年進士登科錄》
368	李紀	成化二年	無任何功名、官號和捐銜	無任何功名、官號和捐銜	無任何功名、官號和捐銜	《成化二年進士登科錄》

369	王浩	成化二年	無任何功名、官號和捐銜	無任何功名、官號和捐銜	無任何功名、官號和捐銜	《成化二年進士登科錄》
370	曹鼐	成化二年	無任何功名、官號和捐銜	無任何功名、官號和捐銜	無任何功名、官號和捐銜	《成化二年進士登科錄》
371	程宏	成化二年	無任何功名、官號和捐銜	無任何功名、官號和捐銜	無任何功名、官號和捐銜	《成化二年進士登科錄》
372	胡琮	成化二年	無任何功名、官號和捐銜	無任何功名、官號和捐銜	無任何功名、官號和捐銜	《成化二年進士登科錄》
373	王昶	成化二年	無任何功名、官號和捐銜	無任何功名、官號和捐銜	無任何功名、官號和捐銜	《成化二年進士登科錄》
374	徐博	成化二年	無任何功名、官號和捐銜	無任何功名、官號和捐銜	無任何功名、官號和捐銜	《成化二年進士登科錄》
375	呂讃	成化二年	無任何功名、官號和捐銜	授監察御史	無任何功名、官號和捐銜	《成化二年進士登科錄》
376	沈海	成化二年	無任何功名、官號和捐銜	無任何功名、官號和捐銜	無任何功名、官號和捐銜	《成化二年進士登科錄》
377	陳策	成化二年	無任何功名、官號和捐銜	無任何功名、官號和捐銜	訓導	《成化二年進士登科錄》
378	吳黼	成化二年	無任何功名、官號和捐銜	無任何功名、官號和捐銜	醫士	《成化二年進士登科錄》
379	胡熙	成化二年	無任何功名、官號和捐銜	無任何功名、官號和捐銜	無任何功名、官號和捐銜	《成化二年進士登科錄》
380	石淮	成化二年	無任何功名、官號和捐銜	無任何功名、官號和捐銜	無任何功名、官號和捐銜	《成化二年進士登科錄》

381	吳璋	成化二年	無任何功名、官號和捐銜	無任何功名、官號和捐銜	無任何功名、官號和捐銜	《成化二年進士登科錄》
382	林符	成化二年	無任何功名、官號和捐銜	無任何功名、官號和捐銜	無任何功名、官號和捐銜	《成化二年進士登科錄》
383	李廷章	成化二年	無任何功名、官號和捐銜	無任何功名、官號和捐銜	無任何功名、官號和捐銜	《成化二年進士登科錄》
384	乙瑄	成化二年	無任何功名、官號和捐銜	無任何功名、官號和捐銜	無任何功名、官號和捐銜	《成化二年進士登科錄》
385	王達	成化二年	無任何功名、官號和捐銜	無任何功名、官號和捐銜	無任何功名、官號和捐銜	《成化二年進士登科錄》
386	張瓛	成化二年	無任何功名、官號和捐銜	無任何功名、官號和捐銜	無任何功名、官號和捐銜	《成化二年進士登科錄》
387	華秉彝	成化二年	無任何功名、官號和捐銜	無任何功名、官號和捐銜	推官	《成化二年進士登科錄》
388	汪直	成化二年	無任何功名、官號和捐銜	封主事	知府	《成化二年進士登科錄》
389	莫讙	成化二年	無任何功名、官號和捐銜	無任何功名、官號和捐銜	無任何功名、官號和捐銜	《成化二年進士登科錄》
390	汪奎	成化二年	無任何功名、官號和捐銜	無任何功名、官號和捐銜	無任何功名、官號和捐銜	《成化二年進士登科錄》
391	戴仁	成化二年	無任何功名、官號和捐銜	無任何功名、官號和捐銜	無任何功名、官號和捐銜	《成化二年進士登科錄》
392	金澤	成化二年	無任何功名、官號和捐銜	無任何功名、官號和捐銜	無任何功名、官號和捐銜	《成化二年進士登科錄》

393	蔣誼	成化二年	元進士	院判，贈院使	無任何功名、官號和捐銜	《成化二年進士登科錄》
394	陶永淳	成化二年	無任何功名、官號和捐銜	無任何功名、官號和捐銜	無任何功名、官號和捐銜	《成化二年進士登科錄》
395	丁溥	成化五年	無任何功名、官號和捐銜	無任何功名、官號和捐銜	無任何功名、官號和捐銜	《成化五年進士登科錄》
396	費誾	成化五年	無任何功名、官號和捐銜	無任何功名、官號和捐銜	無任何功名、官號和捐銜	《成化五年進士登科錄》
397	張習	成化五年	無任何功名、官號和捐銜	無任何功名、官號和捐銜	無任何功名、官號和捐銜	《成化五年進士登科錄》
398	李秉衷	成化五年	縣主簿	贈南京欽天監副	南京欽天監副	《成化五年進士登科錄》
399	白玢	成化五年	無任何功名、官號和捐銜	無任何功名、官號和捐銜	無任何功名、官號和捐銜	《成化五年進士登科錄》
400	王纓	成化五年	無任何功名、官號和捐銜	無任何功名、官號和捐銜	教諭	《成化五年進士登科錄》
401	王瑞	成化五年	無任何功名、官號和捐銜	無任何功名、官號和捐銜	無任何功名、官號和捐銜	《成化五年進士登科錄》
402	徐尋	成化五年	無任何功名、官號和捐銜	無任何功名、官號和捐銜	無任何功名、官號和捐銜	《成化五年進士登科錄》
403	李蕙	成化五年	無任何功名、官號和捐銜	刑部主事	無任何功名、官號和捐銜	《成化五年進士登科錄》
404	喬維翰	成化五年	無任何功名、官號和捐銜	無任何功名、官號和捐銜	無任何功名、官號和捐銜	《成化五年進士登科錄》

405	鄧存德	成化五年	無任何功名、官號和捐銜	無任何功名、官號和捐銜	無任何功名、官號和捐銜	《成化五年進士登科錄》
406	冀琦	成化五年	府同知	無任何功名、官號和捐銜	無任何功名、官號和捐銜	《成化五年進士登科錄》
407	侯方	成化五年	無任何功名、官號和捐銜	無任何功名、官號和捐銜	府同知	《成化五年進士登科錄》
408	趙祥	成化五年	無任何功名、官號和捐銜	無任何功名、官號和捐銜	無任何功名、官號和捐銜	《成化五年進士登科錄》
409	陸奎	成化五年	無任何功名、官號和捐銜	無任何功名、官號和捐銜	無任何功名、官號和捐銜	《成化五年進士登科錄》
410	王鼎	成化五年	無任何功名、官號和捐銜	無任何功名、官號和捐銜	無任何功名、官號和捐銜	《成化五年進士登科錄》
411	謝恭	成化五年	無任何功名、官號和捐銜	無任何功名、官號和捐銜	無任何功名、官號和捐銜	《成化五年進士登科錄》
412	沈璐	成化五年	無任何功名、官號和捐銜	無任何功名、官號和捐銜	無任何功名、官號和捐銜	《成化五年進士登科錄》
413	邵珪	成化五年	無任何功名、官號和捐銜	無任何功名、官號和捐銜	無任何功名、官號和捐銜	《成化五年進士登科錄》
414	奚昌	成化五年	無任何功名、官號和捐銜	無任何功名、官號和捐銜	無任何功名、官號和捐銜	《成化五年進士登科錄》
415	瞿俊	成化五年	無任何功名、官號和捐銜	無任何功名、官號和捐銜	無任何功名、官號和捐銜	《成化五年進士登科錄》
416	楊惇	成化五年	無任何功名、官號和捐銜	知州	無任何功名、官號和捐銜	《成化五年進士登科錄》

417	李璡	成化五年	無任何功名、官號和捐銜	良醫正	醫學正科	《成化五年進士登科錄》
418	汪正	成化五年	無任何功名、官號和捐銜	無任何功名、官號和捐銜	無任何功名、官號和捐銜	《成化五年進士登科錄》
419	沈純	成化五年	贈戶部尚書	無任何功名、官號和捐銜	無任何功名、官號和捐銜	《成化五年進士登科錄》
420	宋驥	成化五年	縣丞	無任何功名、官號和捐銜	縣主簿	《成化五年進士登科錄》
421	張和	成化五年	元知縣	無任何功名、官號和捐銜	無任何功名、官號和捐銜	《成化五年進士登科錄》
422	張銳	成化五年	無任何功名、官號和捐銜	無任何功名、官號和捐銜	無任何功名、官號和捐銜	《成化五年進士登科錄》
423	李昊	成化五年	無任何功名、官號和捐銜	無任何功名、官號和捐銜	無任何功名、官號和捐銜	《成化五年進士登科錄》
424	高銓	成化五年	無任何功名、官號和捐銜	無任何功名、官號和捐銜	無任何功名、官號和捐銜	《成化五年進士登科錄》
425	黃著	成化五年	無任何功名、官號和捐銜	教諭	布政司經歷	《成化五年進士登科錄》
426	談綱	成化五年	無任何功名、官號和捐銜	無任何功名、官號和捐銜	無任何功名、官號和捐銜	《成化五年進士登科錄》
427	曹時中	成化五年	無任何功名、官號和捐銜	贈監察御史	無任何功名、官號和捐銜	《成化五年進士登科錄》
428	李良	成化五年	無任何功名、官號和捐銜	無任何功名、官號和捐銜	無任何功名、官號和捐銜	《成化五年進士登科錄》
429	黃文琰	成化五年	無任何功名、官號和捐銜	無任何功名、官號和捐銜	無任何功名、官號和捐銜	《成化五年進士登科錄》

430	俞祿	成化五年	無任何功名、官號和捐銜	無任何功名、官號和捐銜	無任何功名、官號和捐銜	《成化五年進士登科錄》
431	奚昊	成化五年	無任何功名、官號和捐銜	無任何功名、官號和捐銜	州同知	《成化五年進士登科錄》載「奚昊，貫直隸松江府華亭縣民籍……曾祖興盛，祖文政，父盛，知州」〔註15〕。按，「知州」當為「州同知」之誤。據天順八年進士李東陽所撰《刑部郎中奚君昊墓誌銘》載：「刑部郎中奚君時亨勘獄瑞州，還至杭州，得疾卒……諸君囑予銘……且聞諸元勳及馮郎中佩之知君賢為詳，乃序而銘之。君諱昊……姓奚氏，世為松江華亭人……考諱盛，歷霸、合二州同知，贈承德郎刑部主事……公舉成化戊子鄉薦，連捷己丑進士第」〔註16〕。成化二年進士屠滽所撰《奉議大夫刑部郎中奚君行狀》、何三畏所撰《奚比部干東公傳》皆載奚盛「始以明經同知霸州事，終於四川合州」〔註17〕。萬曆《合州志》、崇禎《松江府志》及乾隆《合州志》、乾隆《華亭縣志》、光緒《重修華亭縣志》等方志也都載奚盛仕至「州同知」〔註18〕。綜上，確認「父盛」履歷當為「州同知」。

〔註15〕《成化五年進士登科錄》，第56頁。

〔註16〕〔明〕焦竑：《國朝獻徵錄》卷九三《刑部郎中奚君昊墓誌銘》，《明代傳記叢刊》第111冊，臺北：明文書局，1991年，第291頁。

〔註17〕〔明〕焦竑：《國朝獻徵錄》卷九三《刑部郎中奚君昊墓誌銘》，第292頁；〔明〕何三畏：《雲間志略》卷九《奚比部東幹公傳》，《明代傳記叢刊》第111冊，第651頁。

〔註18〕萬曆《合州志》卷三《職官》，《日本藏中國罕見地方志選刊》第32冊，北京：書目文獻出版社，1990年，第300頁；崇禎《松江府志》卷三五《選舉下・封贈》，《日本藏中國罕見地方志從刊》第23冊，第920頁；乾隆《合州志》卷三《職官志》，《故宮珍本叢刊・四川府州縣志》第11冊，海南：海南出版社，2001年，第124頁；乾隆《華亭縣志》卷一一《選舉下・封贈》，《中國方志叢書・華中地方》第462號，第468頁；光緒《重修華亭縣志》卷一三《人物二・選舉下・歲貢》，《中國地方志集成・上海府縣志輯》第4冊，第571頁。

432	丁鏞	成化五年	無任何功名、官號和捐銜	無任何功名、官號和捐銜	無任何功名、官號和捐銜	《成化五年進士登科錄》
433	姚倫	成化五年	無任何功名、官號和捐銜	無任何功名、官號和捐銜	教諭	《成化五年進士登科錄》
434	邵暉	成化五年	無任何功名、官號和捐銜	無任何功名、官號和捐銜	無任何功名、官號和捐銜	《成化五年進士登科錄》
435	張衎	成化五年	無任何功名、官號和捐銜	無任何功名、官號和捐銜	無任何功名、官號和捐銜	《成化五年進士登科錄》
436	顧竑	成化五年	無任何功名、官號和捐銜	無任何功名、官號和捐銜	無任何功名、官號和捐銜	《成化五年進士登科錄》
437	吳傑	成化五年	無任何功名、官號和捐銜	無任何功名、官號和捐銜	無任何功名、官號和捐銜	《成化五年進士登科錄》
438	顧佐	成化五年	無任何功名、官號和捐銜	贈知州	治中	《成化五年進士登科錄》
439	李濬	成化五年	無任何功名、官號和捐銜	無任何功名、官號和捐銜	知縣	《成化五年進士登科錄》
440	吳寬	成化八年	無任何功名、官號和捐銜	無任何功名、官號和捐銜	無任何功名、官號和捐銜	《成化八年進士登科錄》
441	邵賢	成化八年	無任何功名、官號和捐銜	無任何功名、官號和捐銜	無任何功名、官號和捐銜	《成化八年進士登科錄》
442	卞譓	成化八年	無任何功名、官號和捐銜	無任何功名、官號和捐銜	無任何功名、官號和捐銜	《成化八年進士登科錄》
443	謝理	成化八年	無任何功名、官號和捐銜	按察司副使	布政司右參政	《成化八年進士登科錄》

444	蕭奎	成化八年	無任何功名、官號和捐銜	無任何功名、官號和捐銜	無任何功名、官號和捐銜	《成化八年進士登科錄》
445	金源	成化八年	元行省郎中	南京國子監助教	無任何功名、官號和捐銜	《成化八年進士登科錄》
446	蔣容	成化八年	無任何功名、官號和捐銜	無任何功名、官號和捐銜	無任何功名、官號和捐銜	《成化八年進士登科錄》
447	任彥常	成化八年	無任何功名、官號和捐銜	無任何功名、官號和捐銜	無任何功名、官號和捐銜	《成化八年進士登科錄》
448	湯全	成化八年	無任何功名、官號和捐銜	無任何功名、官號和捐銜	無任何功名、官號和捐銜	《成化八年進士登科錄》
449	顧餘慶	成化八年	無任何功名、官號和捐銜	無任何功名、官號和捐銜	知府	《成化八年進士登科錄》
450	李震	成化八年	無任何功名、官號和捐銜	無任何功名、官號和捐銜	無任何功名、官號和捐銜	《成化八年進士登科錄》
451	達毅	成化八年	無任何功名、官號和捐銜	教授	無任何功名、官號和捐銜	《成化八年進士登科錄》
452	瞿明	成化八年	無任何功名、官號和捐銜	無任何功名、官號和捐銜	無任何功名、官號和捐銜	《成化八年進士登科錄》
453	沈鎧	成化八年	無任何功名、官號和捐銜	無任何功名、官號和捐銜	贈禮部主事	《成化八年進士登科錄》
454	張昞	成化八年	訓導	無任何功名、官號和捐銜	無任何功名、官號和捐銜	《成化八年進士登科錄》
455	吳文度	成化八年	無任何功名、官號和捐銜	無任何功名、官號和捐銜	教諭	《成化八年進士登科錄》

456	黃謙	成化八年	無任何功名、官號和捐銜	無任何功名、官號和捐銜	無任何功名、官號和捐銜	《成化八年進士登科錄》
457	高敞	成化八年	無任何功名、官號和捐銜	無任何功名、官號和捐銜	無任何功名、官號和捐銜	《成化八年進士登科錄》
458	江漢	成化八年	無任何功名、官號和捐銜	無任何功名、官號和捐銜	無任何功名、官號和捐銜	《成化八年進士登科錄》
459	濮晉	成化八年	無任何功名、官號和捐銜	無任何功名、官號和捐銜	無任何功名、官號和捐銜	《成化八年進士登科錄》
460	白坦	成化八年	無任何功名、官號和捐銜	無任何功名、官號和捐銜	無任何功名、官號和捐銜	《成化八年進士登科錄》
461	汪山	成化八年	無任何功名、官號和捐銜	無任何功名、官號和捐銜	無任何功名、官號和捐銜	《成化八年進士登科錄》
462	吳憲	成化八年	無任何功名、官號和捐銜	無任何功名、官號和捐銜	無任何功名、官號和捐銜	《成化八年進士登科錄》
463	賀元忠	成化八年	無任何功名、官號和捐銜	無任何功名、官號和捐銜	按察司知事	《成化八年進士登科錄》
464	張佶	成化八年	無任何功名、官號和捐銜	無任何功名、官號和捐銜	無任何功名、官號和捐銜	《成化八年進士登科錄》
465	褚祚	成化八年	縣丞	無任何功名、官號和捐銜	無任何功名、官號和捐銜	《成化八年進士登科錄》
466	吳凱	成化八年	無任何功名、官號和捐銜	無任何功名、官號和捐銜	無任何功名、官號和捐銜	《成化八年進士登科錄》
467	顧純	成化八年	無任何功名、官號和捐銜	無任何功名、官號和捐銜	無任何功名、官號和捐銜	《成化八年進士登科錄》

468	張稷	成化八年	無任何功名、官號和捐銜	無任何功名、官號和捐銜	無任何功名、官號和捐銜	《成化八年進士登科錄》
469	沈壞	成化八年	大使	贈府經歷	鹽運司同知	《成化八年進士登科錄》
470	吳泰	成化八年	無任何功名、官號和捐銜	無任何功名、官號和捐銜	無任何功名、官號和捐銜	《成化八年進士登科錄》
471	文林	成化八年	無任何功名、官號和捐銜	無任何功名、官號和捐銜	貢士	《成化八年進士登科錄》
472	吳郁	成化八年	無任何功名、官號和捐銜	無任何功名、官號和捐銜	無任何功名、官號和捐銜	《成化八年進士登科錄》
473	姜昂	成化八年	無任何功名、官號和捐銜	無任何功名、官號和捐銜	無任何功名、官號和捐銜	《成化八年進士登科錄》
474	董彝	成化八年	無任何功名、官號和捐銜	無任何功名、官號和捐銜	縣丞	《成化八年進士登科錄》
475	王經	成化八年	無任何功名、官號和捐銜	無任何功名、官號和捐銜	教諭	《成化八年進士登科錄》
476	洪漢	成化八年	無任何功名、官號和捐銜	無任何功名、官號和捐銜	無任何功名、官號和捐銜	《成化八年進士登科錄》
477	沈鎣	成化八年	無任何功名、官號和捐銜	無任何功名、官號和捐銜	無任何功名、官號和捐銜	《成化八年進士登科錄》
478	吳琳	成化八年	州同知	無任何功名、官號和捐銜	無任何功名、官號和捐銜	《成化八年進士登科錄》
479	董綱	成化八年	無任何功名、官號和捐銜	無任何功名、官號和捐銜	無任何功名、官號和捐銜	《成化八年進士登科錄》
480	朱福	成化八年	無任何功名、官號和捐銜	無任何功名、官號和捐銜	無任何功名、官號和捐銜	《成化八年進士登科錄》

481	王鏊	成化十一年	無任何功名、官號和捐銜	無任何功名、官號和捐銜	知縣	《成化十一年進士登科錄》
482	卜同	成化十一年	工部主事	戶部主事	無任何功名、官號和捐銜	《成化十一年進士登科錄》
483	金楷	成化十一年	無任何功名、官號和捐銜	無任何功名、官號和捐銜	教諭	《成化十一年進士登科錄》
484	王沂	成化十一年	府同知	兵部主事，贈左庶子兼侍講	南京國子監祭酒	《成化十一年進士登科錄》
485	華山	成化十一年	無任何功名、官號和捐銜	無任何功名、官號和捐銜	無任何功名、官號和捐銜	《成化十一年進士登科錄》
486	仰昇	成化十一年	無任何功名、官號和捐銜	無任何功名、官號和捐銜	府都事	《成化十一年進士登科錄》
487	陳謨	成化十一年	給事中	教諭	無任何功名、官號和捐銜	《成化十一年進士登科錄》
488	陳相	成化十一年	無任何功名、官號和捐銜	無任何功名、官號和捐銜	訓導	《成化十一年進士登科錄》
489	孫裕	成化十一年	無任何功名、官號和捐銜	知縣，封刑部郎中	刑部郎中	《成化十一年進士登科錄》
490	吳洪	成化十一年	無任何功名、官號和捐銜	無任何功名、官號和捐銜	無任何功名、官號和捐銜	《成化十一年進士登科錄》
491	李雲	成化十一年	無任何功名、官號和捐銜	無任何功名、官號和捐銜	無任何功名、官號和捐銜	《成化十一年進士登科錄》
492	袁宏	成化十一年	無任何功名、官號和捐銜	無任何功名、官號和捐銜	無任何功名、官號和捐銜	《成化十一年進士登科錄》

493	俞經	成化十一年	無任何功名、官號和捐銜	無任何功名、官號和捐銜	義官	《成化十一年進士登科錄》
494	尹珍	成化十一年	無任何功名、官號和捐銜	無任何功名、官號和捐銜	無任何功名、官號和捐銜	《成化十一年進士登科錄》
495	徐源	成化十一年	無任何功名、官號和捐銜	無任何功名、官號和捐銜	無任何功名、官號和捐銜	《成化十一年進士登科錄》
496	劉杲	成化十一年	贈中書舍人	無任何功名、官號和捐銜	無任何功名、官號和捐銜	《成化十一年進士登科錄》
497	吳瑞	成化十一年	無任何功名、官號和捐銜	無任何功名、官號和捐銜	無任何功名、官號和捐銜	《成化十一年進士登科錄》
498	秦钀	成化十一年	無任何功名、官號和捐銜	無任何功名、官號和捐銜	無任何功名、官號和捐銜	《成化十一年進士登科錄》
499	吳愈	成化十一年	無任何功名、官號和捐銜	贈刑部主事	禮部主事	《成化十一年進士登科錄》
500	姚昺	成化十一年	無任何功名、官號和捐銜	無任何功名、官號和捐銜	無任何功名、官號和捐銜	《成化十一年進士登科錄》
501	冒政	成化十一年	訓導	無任何功名、官號和捐銜	無任何功名、官號和捐銜	《成化十一年進士登科錄》
502	陸怡	成化十一年	無任何功名、官號和捐銜	無任何功名、官號和捐銜	教諭，贈戶部郎中	《成化十一年進士登科錄》
503	潘洪	成化十一年	無任何功名、官號和捐銜	義官	宣撫司經歷	《成化十一年進士登科錄》
504	王皋	成化十一年	無任何功名、官號和捐銜	義官	無任何功名、官號和捐銜	《成化十一年進士登科錄》

505	曹瀾	成化十一年	贈吏部尚書	封監察御史	按察司副使	《成化十一年進士登科錄》
506	余順	成化十一年	無任何功名、官號和捐銜	無任何功名、官號和捐銜	無任何功名、官號和捐銜	《成化十一年進士登科錄》
507	周儀	成化十一年	無任何功名、官號和捐銜	無任何功名、官號和捐銜	教諭	《成化十一年進士登科錄》
508	唐韶	成化十一年	無任何功名、官號和捐銜	無任何功名、官號和捐銜	典史	《成化十一年進士登科錄》
509	周木	成化十一年	無任何功名、官號和捐銜	無任何功名、官號和捐銜	無任何功名、官號和捐銜	《成化十一年進士登科錄》
510	施裕	成化十一年	無任何功名、官號和捐銜	無任何功名、官號和捐銜	無任何功名、官號和捐銜	《成化十一年進士登科錄》
511	錢承德	成化十一年	無任何功名、官號和捐銜	義官	承事郎	《成化十一年進士登科錄》
512	顏涇	成化十一年	無任何功名、官號和捐銜	縣丞	無任何功名、官號和捐銜	《成化十一年進士登科錄》
513	方陟	成化十一年	工部郎中	左布政使	無任何功名、官號和捐銜	《成化十一年進士登科錄》
514	李琨	成化十一年	知事	無任何功名、官號和捐銜	無任何功名、官號和捐銜	《成化十一年進士登科錄》
515	湯鼐	成化十一年	無任何功名、官號和捐銜	無任何功名、官號和捐銜	無任何功名、官號和捐銜	《成化十一年進士登科錄》
516	劉傳	成化十一年	無任何功名、官號和捐銜	無任何功名、官號和捐銜	無任何功名、官號和捐銜	《成化十一年進士登科錄》
517	唐相	成化十一年	紀善	無任何功名、官號和捐銜	無任何功名、官號和捐銜	《成化十一年進士登科錄》

518	張谷	成化十一年	封監察御史	監察御史	無任何功名、官號和捐銜	《成化十一年進士登科錄》
519	鄒魯	成化十一年	國子生	無任何功名、官號和捐銜	教諭	《成化十一年進士登科錄》
520	秦蕃	成化十一年	無任何功名、官號和捐銜	無任何功名、官號和捐銜	義官	《成化十一年進士登科錄》
521	繆樗	成化十一年	紀善	無任何功名、官號和捐銜	無任何功名、官號和捐銜	《成化十一年進士登科錄》
522	陳鉞	成化十一年	無任何功名、官號和捐銜	義官	義官	《成化十一年進士登科錄》
523	劉愷	成化十一年	無任何功名、官號和捐銜	贈給事中	無任何功名、官號和捐銜	《成化十一年進士登科錄》
524	吳淑	成化十一年	贈冬官正	陰陽訓術	無任何功名、官號和捐銜	《成化十一年進士登科錄》
525	王僑	成化十一年	無任何功名、官號和捐銜	無任何功名、官號和捐銜	無任何功名、官號和捐銜	《成化十一年進士登科錄》
526	柯忠	成化十一年	無任何功名、官號和捐銜	無任何功名、官號和捐銜	無任何功名、官號和捐銜	《成化十一年進士登科錄》
527	張檖	成化十一年	無任何功名、官號和捐銜	無任何功名、官號和捐銜	無任何功名、官號和捐銜	《成化十一年進士登科錄》
528	趙溥	成化十一年	無任何功名、官號和捐銜	無任何功名、官號和捐銜	七品散官	《成化十一年進士登科錄》
529	李參	成化十一年	無任何功名、官號和捐銜	無任何功名、官號和捐銜	無任何功名、官號和捐銜	《成化十一年進士登科錄》

530	張超	成化十一年	無任何功名、官號和捐銜	無任何功名、官號和捐銜	無任何功名、官號和捐銜	《成化十一年進士登科錄》
531	王楫	成化十四年	無任何功名、官號和捐銜	無任何功名、官號和捐銜	無任何功名、官號和捐銜	《成化十四年進士登科錄》
532	王欽	成化十四年	贈營膳	無任何功名、官號和捐銜	無任何功名、官號和捐銜	《成化十四年進士登科錄》
533	陳璚	成化十四年	無任何功名、官號和捐銜	無任何功名、官號和捐銜	無任何功名、官號和捐銜	《成化十四年進士登科錄》
534	孫衍	成化十四年	無任何功名、官號和捐銜	無任何功名、官號和捐銜	訓導	《成化十四年進士登科錄》
535	張綱	成化十四年	無任何功名、官號和捐銜	無任何功名、官號和捐銜	無任何功名、官號和捐銜	《成化十四年進士登科錄》
536	伊乘	成化十四年	封尚寶司卿	無任何功名、官號和捐銜	無任何功名、官號和捐銜	《成化十四年進士登科錄》
537	王珣	成化十四年	無任何功名、官號和捐銜	無任何功名、官號和捐銜	無任何功名、官號和捐銜	《成化十四年進士登科錄》
538	沈元	成化十四年	無任何功名、官號和捐銜	無任何功名、官號和捐銜	無任何功名、官號和捐銜	《成化十四年進士登科錄》
539	陳粟	成化十四年	無任何功名、官號和捐銜	無任何功名、官號和捐銜	無任何功名、官號和捐銜	《成化十四年進士登科錄》
540	陳章	成化十四年	無任何功名、官號和捐銜	無任何功名、官號和捐銜	無任何功名、官號和捐銜	《成化十四年進士登科錄》
541	虞臣	成化十四年	贈通政司左參議	兵部右侍郎	無任何功名、官號和捐銜	《成化十四年進士登科錄》

542	吳裕	成化十四年	無任何功名、官號和捐銜	無任何功名、官號和捐銜	無任何功名、官號和捐銜	《成化十四年進士登科錄》
543	繆昌	成化十四年	無任何功名、官號和捐銜	無任何功名、官號和捐銜	無任何功名、官號和捐銜	《成化十四年進士登科錄》
544	宗鉞	成化十四年	無任何功名、官號和捐銜	無任何功名、官號和捐銜	無任何功名、官號和捐銜	《成化十四年進士登科錄》
545	許璘	成化十四年	無任何功名、官號和捐銜	無任何功名、官號和捐銜	無任何功名、官號和捐銜	《成化十四年進士登科錄》
456	葛萱	成化十四年	無任何功名、官號和捐銜	無任何功名、官號和捐銜	無任何功名、官號和捐銜	《成化十四年進士登科錄》
547	丁璣	成化十四年	無任何功名、官號和捐銜	衛經歷	無任何功名、官號和捐銜	《成化十四年進士登科錄》
548	吳湜	成化十四年	無任何功名、官號和捐銜	無任何功名、官號和捐銜	無任何功名、官號和捐銜	《成化十四年進士登科錄》
549	汪舜民	成化十四年	無任何功名、官號和捐銜	無任何功名、官號和捐銜	無任何功名、官號和捐銜	《成化十四年進士登科錄》
550	孫珩	成化十四年	無任何功名、官號和捐銜	知府	無任何功名、官號和捐銜	《成化十四年進士登科錄》
551	姜洪	成化十四年	訓導	無任何功名、官號和捐銜	無任何功名、官號和捐銜	《成化十四年進士登科錄》
552	過鶴	成化十四年	無任何功名、官號和捐銜	無任何功名、官號和捐銜	無任何功名、官號和捐銜	《成化十四年進士登科錄》
553	馮瑢	成化十四年	無任何功名、官號和捐銜	無任何功名、官號和捐銜	義官	《成化十四年進士登科錄》

554	王倬	成化十四年	無任何功名、官號和捐銜	無任何功名、官號和捐銜	無任何功名、官號和捐銜	《成化十四年進士登科錄》
555	顧達	成化十四年	無任何功名、官號和捐銜	無任何功名、官號和捐銜	無任何功名、官號和捐銜	《成化十四年進士登科錄》
556	胡富	成化十四年	教諭	無任何功名、官號和捐銜	無任何功名、官號和捐銜	《成化十四年進士登科錄》
557	許潛	成化十四年	無任何功名、官號和捐銜	無任何功名、官號和捐銜	無任何功名、官號和捐銜	《成化十四年進士登科錄》
558	王屏	成化十四年	無任何功名、官號和捐銜	封寺副	按察司僉事	《成化十四年進士登科錄》
559	蔣廷貴	成化十四年	無任何功名、官號和捐銜	無任何功名、官號和捐銜	無任何功名、官號和捐銜	《成化十四年進士登科錄》
560	劉纓	成化十四年	無任何功名、官號和捐銜	無任何功名、官號和捐銜	無任何功名、官號和捐銜	《成化十四年進士登科錄》
561	曹玉	成化十四年	無任何功名、官號和捐銜	無任何功名、官號和捐銜	知府	《成化十四年進士登科錄》
562	周洪	成化十四年	無任何功名、官號和捐銜	無任何功名、官號和捐銜	無任何功名、官號和捐銜	《成化十四年進士登科錄》
563	陳亮	成化十四年	無任何功名、官號和捐銜	無任何功名、官號和捐銜	無任何功名、官號和捐銜	《成化十四年進士登科錄》
564	管琪	成化十四年	無任何功名、官號和捐銜	無任何功名、官號和捐銜	無任何功名、官號和捐銜	《成化十四年進士登科錄》
565	龔弘	成化十四年	無任何功名、官號和捐銜	無任何功名、官號和捐銜	無任何功名、官號和捐銜	《成化十四年進士登科錄》

566	倪進賢	成化十四年	無任何功名、官號和捐銜	教諭	無任何功名、官號和捐銜	《成化十四年進士登科錄》
567	汪宗禮	成化十四年	無任何功名、官號和捐銜	無任何功名、官號和捐銜	河伯所官	《成化十四年進士登科錄》
568	周魯	成化十四年	無任何功名、官號和捐銜	無任何功名、官號和捐銜	無任何功名、官號和捐銜	《成化十四年進士登科錄》
569	王進	成化十四年	無任何功名、官號和捐銜	無任何功名、官號和捐銜	無任何功名、官號和捐銜	《成化十四年進士登科錄》
570	韋斌	成化十四年	無任何功名、官號和捐銜	無任何功名、官號和捐銜	無任何功名、官號和捐銜	《成化十四年進士登科錄》
571	史效	成化十四年	無任何功名、官號和捐銜	贈右參議	右參政	《成化十四年進士登科錄》
572	夏祚	成化十四年	無任何功名、官號和捐銜	無任何功名、官號和捐銜	無任何功名、官號和捐銜	《成化十四年進士登科錄》
573	鄭達	成化十四年	無任何功名、官號和捐銜	無任何功名、官號和捐銜	無任何功名、官號和捐銜	《成化十四年進士登科錄》
574	黃肅	成化十四年	無任何功名、官號和捐銜	無任何功名、官號和捐銜	無任何功名、官號和捐銜	《成化十四年進士登科錄》
575	汪貴	成化十四年	無任何功名、官號和捐銜	無任何功名、官號和捐銜	無任何功名、官號和捐銜	《成化十四年進士登科錄》
576	徐說	成化十四年	贈郎中	戶部郎中	無任何功名、官號和捐銜	《成化十四年進士登科錄》
577	方進	成化十四年	無任何功名、官號和捐銜	無任何功名、官號和捐銜	無任何功名、官號和捐銜	《成化十四年進士登科錄》

578	汪瀅	成化十四年	無任何功名、官號和捐銜	無任何功名、官號和捐銜	醫學訓科	《成化十四年進士登科錄》
579	魏璽	成化十四年	無任何功名、官號和捐銜	無任何功名、官號和捐銜	無任何功名、官號和捐銜	《成化十四年進士登科錄》
580	陳紋	成化十四年	無任何功名、官號和捐銜	無任何功名、官號和捐銜	無任何功名、官號和捐銜	《成化十四年進士登科錄》
581	洪遠	成化十四年	無任何功名、官號和捐銜	無任何功名、官號和捐銜	知州	《成化十四年進士登科錄》
582	張鑾	成化十四年	無任何功名、官號和捐銜	無任何功名、官號和捐銜	無任何功名、官號和捐銜	《成化十四年進士登科錄》
583	胡玉	成化十七年	無任何功名、官號和捐銜	無任何功名、官號和捐銜	百戶	《成化十七年進士登科錄》
584	胡璟	成化十七年	無任何功名、官號和捐銜	無任何功名、官號和捐銜	無任何功名、官號和捐銜	《成化十七年進士登科錄》
585	陳秉彝	成化十七年	江寧縣縣丞	無任何功名、官號和捐銜	無任何功名、官號和捐銜	《成化十七年進士登科錄》
586	趙寬	成化十七年	典史	局大使	無任何功名、官號和捐銜	《成化十七年進士登科錄》
587	薛英	成化十七年	無任何功名、官號和捐銜	無任何功名、官號和捐銜	無任何功名、官號和捐銜	《成化十七年進士登科錄》
588	沈林	成化十七年	無任何功名、官號和捐銜	無任何功名、官號和捐銜	聽選官	《成化十七年進士登科錄》
589	陳效	成化十七年	無任何功名、官號和捐銜	無任何功名、官號和捐銜	無任何功名、官號和捐銜	《成化十七年進士登科錄》

590	談詔	成化十七年	無任何功名、官號和捐銜	無任何功名、官號和捐銜	縣丞	《成化十七年進士登科錄》
591	顧雄	成化十七年	工部主事	縣丞	無任何功名、官號和捐銜	《成化十七年進士登科錄》
592	陳周	成化十七年	無任何功名、官號和捐銜	無任何功名、官號和捐銜	州同知	《成化十七年進士登科錄》
593	孫霖	成化十七年	無任何功名、官號和捐銜	無任何功名、官號和捐銜	無任何功名、官號和捐銜	《成化十七年進士登科錄》
594	湯冕	成化十七年	無任何功名、官號和捐銜	無任何功名、官號和捐銜	無任何功名、官號和捐銜	《成化十七年進士登科錄》
595	孫昆	成化十七年	無任何功名、官號和捐銜	無任何功名、官號和捐銜	無任何功名、官號和捐銜	《成化十七年進士登科錄》
596	方向	成化十七年	斷事	贈監察御史	無任何功名、官號和捐銜	《成化十七年進士登科錄》
597	顧源	成化十七年	無任何功名、官號和捐銜	無任何功名、官號和捐銜	教授	《成化十七年進士登科錄》
598	吳彥華	成化十七年	無任何功名、官號和捐銜	無任何功名、官號和捐銜	無任何功名、官號和捐銜	《成化十七年進士登科錄》
599	沈庠	成化十七年	無任何功名、官號和捐銜	無任何功名、官號和捐銜	無任何功名、官號和捐銜	《成化十七年進士登科錄》
600	王敞	成化十七年	無任何功名、官號和捐銜	無任何功名、官號和捐銜	無任何功名、官號和捐銜	《成化十七年進士登科錄》
601	侯直	成化十七年	無任何功名、官號和捐銜	無任何功名、官號和捐銜	運司同知	《成化十七年進士登科錄》

602	芮稷	成化十七年	無任何功名、官號和捐銜	無任何功名、官號和捐銜	封給事中	《成化十七年進士登科錄》
603	倪瓛	成化十七年	無任何功名、官號和捐銜	無任何功名、官號和捐銜	無任何功名、官號和捐銜	《成化十七年進士登科錄》
604	謝瑩	成化十七年	府知事	無任何功名、官號和捐銜	無任何功名、官號和捐銜	《成化十七年進士登科錄》
605	馮玘	成化十七年	無任何功名、官號和捐銜	無任何功名、官號和捐銜	無任何功名、官號和捐銜	《成化十七年進士登科錄》
606	王恩	成化十七年	無任何功名、官號和捐銜	無任何功名、官號和捐銜	無任何功名、官號和捐銜	《成化十七年進士登科錄》
607	吳鳳鳴	成化十七年	知縣	封監察御史	按察使	《成化十七年進士登科錄》
608	薛承學	成化十七年	無任何功名、官號和捐銜	無任何功名、官號和捐銜	封監察御史	《成化十七年進士登科錄》
609	張弘宜	成化十七年	無任何功名、官號和捐銜	贈主事	知府	《成化十七年進士登科錄》
610	呂卣	成化十七年	無任何功名、官號和捐銜	無任何功名、官號和捐銜	無任何功名、官號和捐銜	《成化十七年進士登科錄》
611	楊綸	成化十七年	無任何功名、官號和捐銜	無任何功名、官號和捐銜	無任何功名、官號和捐銜	《成化十七年進士登科錄》
612	陳延	成化十七年	無任何功名、官號和捐銜	無任何功名、官號和捐銜	無任何功名、官號和捐銜	《成化十七年進士登科錄》
613	葉預	成化十七年	無任何功名、官號和捐銜	無任何功名、官號和捐銜	無任何功名、官號和捐銜	《成化十七年進士登科錄》
614	黃華	成化十七年	無任何功名、官號和捐銜	無任何功名、官號和捐銜	無任何功名、官號和捐銜	《成化十七年進士登科錄》

615	梅純	成化十七年	都督同知	指揮使	指揮使	《成化十七年進士登科錄》
616	張寧	成化十七年	無任何功名、官號和捐銜	無任何功名、官號和捐銜	承事郎	《成化十七年進士登科錄》
617	朱栻	成化十七年	無任何功名、官號和捐銜	無任何功名、官號和捐銜	無任何功名、官號和捐銜	《成化十七年進士登科錄》
618	熊宗德	成化十七年	無任何功名、官號和捐銜	無任何功名、官號和捐銜	無任何功名、官號和捐銜	《成化十七年進士登科錄》
619	賈宗錫	成化十七年	無任何功名、官號和捐銜	無任何功名、官號和捐銜	無任何功名、官號和捐銜	《成化十七年進士登科錄》
620	儲材	成化十七年	教授	無任何功名、官號和捐銜	貢士	《成化十七年進士登科錄》
621	張敏	成化十七年	無任何功名、官號和捐銜	無任何功名、官號和捐銜	無任何功名、官號和捐銜	《成化十七年進士登科錄》
622	葛鏞	成化十七年	無任何功名、官號和捐銜	恩例冠帶	無任何功名、官號和捐銜	《成化十七年進士登科錄》
623	葉巒	成化十七年	無任何功名、官號和捐銜	無任何功名、官號和捐銜	無任何功名、官號和捐銜	《成化十七年進士登科錄》
624	王岳	成化十七年	無任何功名、官號和捐銜	無任何功名、官號和捐銜	紀善	《成化十七年進士登科錄》
625	高雲	成化十七年	無任何功名、官號和捐銜	無任何功名、官號和捐銜	無任何功名、官號和捐銜	《成化十七年進士登科錄》
626	張縉	成化十七年	無任何功名、官號和捐銜	無任何功名、官號和捐銜	無任何功名、官號和捐銜	《成化十七年進士登科錄》
627	汪堅	成化十七年	無任何功名、官號和捐銜	無任何功名、官號和捐銜	無任何功名、官號和捐銜	《成化十七年進士登科錄》

628	聞釗	成化十七年	無任何功名、官號和捐銜	無任何功名、官號和捐銜	無任何功名、官號和捐銜	《成化十七年進士登科錄》
629	朱恩	成化二十年	無任何功名、官號和捐銜	封監察御史	按察司副使	無現存《成化二十年進士登科錄》。據正德六年進士費寀所撰《資善大夫南京禮部尚書慈谿朱公恩墓誌銘》載：「公諱恩，字汝承，號慈谿翁。其先汴之通許人，宋南渡時流寓華亭之七寶鎮。四世至士清公……士清生孟庸，封監察御史，孟庸生瑄，號鈍菴，仕至按察副使……子六，公其長也」〔註 19〕。由上可知，朱恩上三代直系親屬名諱及履歷應為「曾祖士清；祖孟庸，封監察御史；父瑄，按察司副使」。
630	儲巏	成化二十年	無任何功名、官號和捐銜	無任何功名、官號和捐銜	無任何功名、官號和捐銜	無現存《成化二十年進士登科錄》。據弘治九年進士顧麟所撰《通議大夫南京禮部左侍郎儲公行狀》載：「公諱巏……曾大父諱某……大父諱玉，字景榮，以公貴，贈通議大夫戶部右侍郎；父諱信，字宗實，累封至通議大夫戶部右侍郎」〔註 20〕。由該《行狀》可知，巏中進士後，其祖、父獲封贈「通議大夫戶部右侍郎」，這就說明在其中進士前，其曾祖、祖父、父親是無任何功名、官號和捐銜的平民。
631	朱文	成化二十年	中書舍人	無任何功名、官號和捐銜	無任何功名、官號和捐銜	無現存《成化二十年進士登科錄》。據成化十一年進士王鏊所撰《中憲大夫雲南按察副使致仕朱公墓誌銘》載：「曾祖吉，戶科給事中，以直言被旌，遷為湖廣按察司僉事，召為中書舍人，始徙崑山；祖永安；考夏，皆隱居教授。考以公貴，贈監察御史」〔註 21〕。由該《墓誌銘》可知，朱文曾祖吉，最終任官為中書舍人；其祖、父在其中進士前皆為無任何功名、官號和捐銜的平民。

〔註 19〕〔明〕焦竑：《國朝獻徵錄》卷三六《資善大夫南京禮部尚書慈谿朱公恩墓誌銘》，《續修四庫全書》史部第 526 冊，第 726 頁。

〔註 20〕〔明〕顧麟：《息園存稿文》卷六《通議大夫南京禮部左侍郎儲公行狀》，《景印文淵閣四庫全書》第 1263 冊，第 540～541 頁。

〔註 21〕〔明〕王鏊：《震澤集》卷二九《中憲大夫雲南按察副使致仕朱公墓誌銘》，《景印文淵閣四庫全書》第 1256 冊，第 435～436 頁。

632	陳愷	成化二十年	無任何功名、官號和捐銜	無任何功名、官號和捐銜	無任何功名、官號和捐銜	無現存《成化二十年進士登科錄》。據成化八年狀元吳寬所撰《兵部武選清吏司郎中陳君墓誌銘》載：「君諱愷，字企元，姓陳氏，世為蘇之崑山人……曾祖福一，祖穎，俱不仕；考傑，以公貴，累贈武選郎中」〔註22〕。由該《墓誌銘》可知，陳愷曾祖、祖父則皆為無任何功名、官號和捐銜的平民；其父傑去世後，獲贈官，這就說明其父也為無任何功名、官號和捐銜的平民。
633	邵寶	成化二十年	無任何功名、官號和捐銜	無任何功名、官號和捐銜	無任何功名、官號和捐銜	無現存《成化二十年進士登科錄》。據邵寶門生桂萼為寶所撰《墓誌銘》載：「先生諱寶，字國賢，姓邵氏，世家常之無錫。曾大父諱氏；大父諱鎬，贈嘉議大夫右副都御史；父溥，加贈如大父官」〔註23〕。由該《墓誌銘》可知，邵寶曾祖為無任何功名、官號和捐銜的平民；其祖、父去世後，皆獲贈官，這就說明其祖、父也皆為無任何功名、官號和捐銜的平民。
634	吳學	成化二十年	無任何功名、官號和捐銜	無任何功名、官號和捐銜	無任何功名、官號和捐銜	無現存《成化二十年進士登科錄》。據成化二十年進士邵寶所撰《明故嘉議大夫山東按察使吳公墓誌銘》載：「公諱學……曾祖得淵，祖潛，皆斂德市隱；父晟，號古愚，倜儻有才略，以公貴，封監察御史」〔註24〕。由該《墓誌銘》可知，吳學曾祖、祖皆為無任何功名、官號和捐銜的平民；學中進士後任監察御史，考滿後其父獲封官，這就說明其父在其中進士前也為無任何功名、官號和捐銜的平民。
635	白圻	成化二十年	無任何功名、官號和捐銜	教授	南京都察院右副都御史	無現存《成化二十年進士登科錄》。按，白圻為天順元年進士白昂子，據《天順元年進士登科錄》載：「白昂，貫直隸

〔註22〕〔明〕吳寬：《家藏集》卷六四《兵部武選清吏司郎中陳君墓誌銘》，《景印文淵閣四庫全書》第1255冊，第615頁。

〔註23〕《邵文莊公年譜》，《北京圖書館藏珍本年譜叢刊》第42冊，第301～302頁。

〔註24〕〔明〕邵寶：《容春堂續集》卷一六《明故嘉議大夫山東按察使吳公墓誌銘》，《景印文淵閣四庫全書》第1258冊，第675頁。

						常州府武進縣民籍……曾祖時中；祖思恭；父珂，教諭」〔註 25〕；另據天順八年進士李東陽所撰《明故光祿大夫柱國太子太傅刑部尚書致仕贈特進太保諡康敏白公墓誌銘》〔註 26〕，可知，成化十七年至成化十九年，白昂任南京都察院右副都御史。綜上可知，白圻上三代直系親屬的名諱及履歷應為「曾祖思恭；祖珂，教諭；父昂，南京都察院右副都御史」。
636	潘珏	成化二十年	無任何功名、官號和捐銜	無任何功名、官號和捐銜	無任何功名、官號和捐銜	無現存《成化二十年進士登科錄》。據弘治十五年進士潘希曾所撰《福建按察司僉事潘公珏墓誌銘》載：「公諱珏，字玉汝，姓潘氏。其先閩之三山人……唐末避亂於歙……遂家焉……曾祖諱虎，祖諱勤成，父諱炯，贈文林郎，蘄水知縣」〔註 27〕。由該《墓誌銘》可知，潘珏曾祖、祖父皆為無任何功名、官號和捐銜的平民，潘珏父炯去世後，以珏貴，獲贈官，由此可知炯生前也為無任何功名、官號和捐銜的平民。
637	曹祥	成化二十年	無任何功名、官號和捐銜	無任何功名、官號和捐銜	無任何功名、官號和捐銜	無現存《成化二十年進士登科錄》。據正德三年狀元呂柟所撰《明都察院右副都御史南峰曹公行狀》載：「公諱祥，字應麒，姓曹氏……永卿生宗仁，宗仁生以能，即公之父也，以公貴，封戶部主事」〔註 28〕。由該《行狀》可知，曹祥曾祖、祖父皆為無無任何功名、官號和捐銜的平民；其父以能，以祥貴，封戶部主事，這就說明其父在其中進士前也為無任何功名、官號和捐銜的平民。

〔註 25〕《天順元年進士登科錄》，《明代登科錄彙編》第 2 冊，第 518 頁。

〔註 26〕〔明〕李東陽：《懷麓堂集》卷八六《明故光祿大夫柱國太子太傅刑部尚書致仕贈特進太保諡康敏白公墓誌銘》，《景印文淵閣四庫全書》第 1250 冊，第 913 頁。

〔註 27〕〔明〕焦竑：《國朝獻徵錄》卷九十《福建按察司僉事潘公珏墓誌銘》，《續修四庫全書》史部第 530 冊，第 164 頁。

〔註 28〕〔明〕呂柟：《涇野先生文集》卷三七《明都察院右副都御史南峰曹公行狀》，《四庫全書存目叢書》集部第 61 冊，第 505 頁。

638	陳欽	成化二十三年	無任何功名、官號和捐銜	無任何功名、官號和捐銜	教諭	《成化二十三年進士登科錄》
639	楊瑛	成化二十三年	無任何功名、官號和捐銜	教諭	無任何功名、官號和捐銜	《成化二十三年進士登科錄》
640	陳鎬	成化二十三年	無任何功名、官號和捐銜	無任何功名、官號和捐銜	教諭	《成化二十三年進士登科錄》
641	葉紳	成化二十三年	大使	無任何功名、官號和捐銜	副理問	《成化二十三年進士登科錄》
642	程旲	成化二十三年	無任何功名、官號和捐銜	左長史，封奉政大夫修正庶尹	無任何功名、官號和捐銜	《成化二十三年進士登科錄》
643	孫𥻗	成化二十三年	聽選官	無任何功名、官號和捐銜	無任何功名、官號和捐銜	《成化二十三年進士登科錄》
644	倪阜	成化二十三年	贈南京禮部尚書	封侍講學士，贈南京禮部尚書	南京禮部尚書贈太子少保謚文僖	《成化二十三年進士登科錄》
645	董傑	成化二十三年	無任何功名、官號和捐銜	無任何功名、官號和捐銜	贈評事	《成化二十三年進士登科錄》
646	吳儼	成化二十三年	贈戶部員外郎	戶部員外郎	無任何功名、官號和捐銜	《成化二十三年進士登科錄》
647	邵棠	成化二十三年	千戶	無任何功名、官號和捐銜	無任何功名、官號和捐銜	《成化二十三年進士登科錄》
648	汪璿	成化二十三年	無任何功名、官號和捐銜	知縣	無任何功名、官號和捐銜	《成化二十三年進士登科錄》

649	楊錦	成化二十三年	無任何功名、官號和捐銜	無任何功名、官號和捐銜	無任何功名、官號和捐銜	《成化二十三年進士登科錄》
650	陶纘	成化二十三年	無任何功名、官號和捐銜	無任何功名、官號和捐銜	無任何功名、官號和捐銜	《成化二十三年進士登科錄》
651	毛理	成化二十三年	無任何功名、官號和捐銜	無任何功名、官號和捐銜	無任何功名、官號和捐銜	《成化二十三年進士登科錄》
652	吳鍌	成化二十三年	無任何功名、官號和捐銜	無任何功名、官號和捐銜	無任何功名、官號和捐銜	《成化二十三年進士登科錄》
653	史學	成化二十三年	無任何功名、官號和捐銜	無任何功名、官號和捐銜	無任何功名、官號和捐銜	《成化二十三年進士登科錄》
654	陸完	成化二十三年	無任何功名、官號和捐銜	無任何功名、官號和捐銜	無任何功名、官號和捐銜	《成化二十三年進士登科錄》
655	戴恩	成化二十三年	無任何功名、官號和捐銜	無任何功名、官號和捐銜	醫學正科	《成化二十三年進士登科錄》
656	韓鼐	成化二十三年	無任何功名、官號和捐銜	無任何功名、官號和捐銜	無任何功名、官號和捐銜	《成化二十三年進士登科錄》
657	彭敷	成化二十三年	無任何功名、官號和捐銜	無任何功名、官號和捐銜	無任何功名、官號和捐銜	《成化二十三年進士登科錄》
658	袁翱	成化二十三年	無任何功名、官號和捐銜	無任何功名、官號和捐銜	無任何功名、官號和捐銜	《成化二十三年進士登科錄》
659	魯昂	成化二十三年	無任何功名、官號和捐銜	無任何功名、官號和捐銜	無任何功名、官號和捐銜	《成化二十三年進士登科錄》
660	周亮采	成化二十三年	封中書舍人	中書舍人	中書舍人，贈鴻臚寺卿	《成化二十三年進士登科錄》
661	張淳	成化二十三年	贈監察御史	按察司僉事	國子生	《成化二十三年進士登科錄》

662	戴初	成化二十三年	無任何功名、官號和捐銜	無任何功名、官號和捐銜	無任何功名、官號和捐銜	《成化二十三年進士登科錄》
663	文森	成化二十三年	無任何功名、官號和捐銜	無任何功名、官號和捐銜	教諭，贈太僕寺寺丞	《成化二十三年進士登科錄》
664	童寬	成化二十三年	主簿	無任何功名、官號和捐銜	無任何功名、官號和捐銜	《成化二十三年進士登科錄》
665	張黼	成化二十三年	教諭	無任何功名、官號和捐銜	冠帶監生	《成化二十三年進士登科錄》
666	李葵	成化二十三年	無任何功名、官號和捐銜	無任何功名、官號和捐銜	義官	《成化二十三年進士登科錄》
667	唐禎	成化二十三年	無任何功名、官號和捐銜	無任何功名、官號和捐銜	無任何功名、官號和捐銜	《成化二十三年進士登科錄》
668	方天然	成化二十三年	無任何功名、官號和捐銜	無任何功名、官號和捐銜	無任何功名、官號和捐銜	《成化二十三年進士登科錄》
669	王珍	成化二十三年	無任何功名、官號和捐銜	無任何功名、官號和捐銜	無任何功名、官號和捐銜	《成化二十三年進士登科錄》
670	杜啟	成化二十三年	無任何功名、官號和捐銜	無任何功名、官號和捐銜	無任何功名、官號和捐銜	《成化二十三年進士登科錄》
671	丁榮	成化二十三年	無任何功名、官號和捐銜	無任何功名、官號和捐銜	無任何功名、官號和捐銜	《成化二十三年進士登科錄》
672	胡承	成化二十三年	百戶	百戶	無任何功名、官號和捐銜	《成化二十三年進士登科錄》
673	俞世德	成化二十三年	無任何功名、官號和捐銜	無任何功名、官號和捐銜	大使	《成化二十三年進士登科錄》

674	紀鏞	成化二十三年	無任何功名、官號和捐銜	無任何功名、官號和捐銜	無任何功名、官號和捐銜	《成化二十三年進士登科錄》
675	胡崋	成化二十三年	無任何功名、官號和捐銜	無任何功名、官號和捐銜	無任何功名、官號和捐銜	《成化二十三年進士登科錄》
676	趙容	成化二十三年	訓科	無任何功名、官號和捐銜	無任何功名、官號和捐銜	《成化二十三年進士登科錄》
677	蘇奎	成化二十三年	無任何功名、官號和捐銜	無任何功名、官號和捐銜	無任何功名、官號和捐銜	《成化二十三年進士登科錄》
678	陸昆	成化二十三年	無任何功名、官號和捐銜	無任何功名、官號和捐銜	無任何功名、官號和捐銜	《成化二十三年進士登科錄》
679	吳必顯	成化二十三年	無任何功名、官號和捐銜	無任何功名、官號和捐銜	無任何功名、官號和捐銜	《成化二十三年進士登科錄》
680	王秩	成化二十三年	無任何功名、官號和捐銜	無任何功名、官號和捐銜	無任何功名、官號和捐銜	《成化二十三年進士登科錄》
681	張瑋	成化二十三年	無任何功名、官號和捐銜	助教	無任何功名、官號和捐銜	《成化二十三年進士登科錄》
682	朱玨	成化二十三年	無任何功名、官號和捐銜	無任何功名、官號和捐銜	無任何功名、官號和捐銜	《成化二十三年進士登科錄》
683	曹忠	成化二十三年	無任何功名、官號和捐銜	無任何功名、官號和捐銜	無任何功名、官號和捐銜	《成化二十三年進士登科錄》
684	蔣浤	成化二十三年	無任何功名、官號和捐銜	通判	無任何功名、官號和捐銜	《成化二十三年進士登科錄》
685	沈時	成化二十三年	無任何功名、官號和捐銜	封工部員外郎	布政使司參議	《成化二十三年進士登科錄》

686	王珀	成化二十三年	無任何功名、官號和捐銜	無任何功名、官號和捐銜	無任何功名、官號和捐銜	《成化二十三年進士登科錄》
687	唐弼	成化二十三年	紀善	無任何功名、官號和捐銜	無任何功名、官號和捐銜	《成化二十三年進士登科錄》
688	姜溥	成化二十三年	訓導	無任何功名、官號和捐銜	無任何功名、官號和捐銜	《成化二十三年進士登科錄》
689	馮浩	成化二十三年	無任何功名、官號和捐銜	無任何功名、官號和捐銜	無任何功名、官號和捐銜	《成化二十三年進士登科錄》
690	化津	成化二十三年	無任何功名、官號和捐銜	無任何功名、官號和捐銜	無任何功名、官號和捐銜	《成化二十三年進士登科錄》
691	胡昂	成化二十三年	無任何功名、官號和捐銜	無任何功名、官號和捐銜	無任何功名、官號和捐銜	《成化二十三年進士登科錄》
692	王琚	成化二十三年	無任何功名、官號和捐銜	無任何功名、官號和捐銜	封給事中	《成化二十三年進士登科錄》
693	沈淮	成化二十三年	無任何功名、官號和捐銜	無任何功名、官號和捐銜	無任何功名、官號和捐銜	《成化二十三年進士登科錄》
694	李性明	成化二十三年	元萬戶	無任何功名、官號和捐銜	知縣	《成化二十三年進士登科錄》
695	錢灝	成化二十三年	無任何功名、官號和捐銜	無任何功名、官號和捐銜	無任何功名、官號和捐銜	《成化二十三年進士登科錄》
696	汪侃	成化二十三年	無任何功名、官號和捐銜	無任何功名、官號和捐銜	無任何功名、官號和捐銜	《成化二十三年進士登科錄》
697	屈霖	成化二十三年	無任何功名、官號和捐銜	無任何功名、官號和捐銜	無任何功名、官號和捐銜	《成化二十三年進士登科錄》

698	仲棐	成化二十三年	無任何功名、官號和捐銜	贈尚寶司卿	通政使司右通政	《成化二十三年進士登科錄》
699	錢福	弘治三年	無任何功名、官號和捐銜	無任何功名、官號和捐銜	州同知	《弘治三年進士登科錄》
700	靳貴	弘治三年	無任何功名、官號和捐銜	無任何功名、官號和捐銜	府經歷	《弘治三年進士登科錄》
701	徐紘	弘治三年	無任何功名、官號和捐銜	無任何功名、官號和捐銜	無任何功名、官號和捐銜	《弘治三年進士登科錄》
702	唐貴	弘治三年	無任何功名、官號和捐銜	贈大理寺左寺副	無任何功名、官號和捐銜	《弘治三年進士登科錄》
703	張天爵	弘治三年	無任何功名、官號和捐銜	無任何功名、官號和捐銜	無任何功名、官號和捐銜	《弘治三年進士登科錄》
704	王瑩	弘治三年	無任何功名、官號和捐銜	知縣	無任何功名、官號和捐銜	《弘治三年進士登科錄》
705	丁佩	弘治三年	無任何功名、官號和捐銜	無任何功名、官號和捐銜	無任何功名、官號和捐銜	《弘治三年進士登科錄》
706	黃	弘治三年	百戶	贈衛鎮撫	贈衛鎮撫	《弘治三年進士登科錄》
707	張安甫	弘治三年	無任何功名、官號和捐銜	贈刑部郎中	無任何功名、官號和捐銜	《弘治三年進士登科錄》
708	張約	弘治三年	無任何功名、官號和捐銜	贈南京刑部郎中	雲南按察使	《弘治三年進士登科錄》
709	胡拱	弘治三年	指揮僉事	都指揮僉事	無任何功名、官號和捐銜	《弘治三年進士登科錄》
710	馮夔	弘治三年	無任何功名、官號和捐銜	教諭	教諭	《弘治三年進士登科錄》

711	朱稷	弘治三年	無任何功名、官號和捐銜	無任何功名、官號和捐銜	無任何功名、官號和捐銜	《弘治三年進士登科錄》
712	張琮	弘治三年	贈中書舍人	無任何功名、官號和捐銜	無任何功名、官號和捐銜	《弘治三年進士登科錄》
713	沙立	弘治三年	無任何功名、官號和捐銜	無任何功名、官號和捐銜	教授	《弘治三年進士登科錄》
714	周炯	弘治三年	無任何功名、官號和捐銜	封行人司司副	吏部郎中	《弘治三年進士登科錄》
715	周佩	弘治三年	知縣	封編修	翰林院編修	《弘治三年進士登科錄》
716	羅柔	弘治三年	無任何功名、官號和捐銜	無任何功名、官號和捐銜	無任何功名、官號和捐銜	《弘治三年進士登科錄》
717	趙履祥	弘治三年	無任何功名、官號和捐銜	無任何功名、官號和捐銜	訓導	《弘治三年進士登科錄》
718	石禄	弘治三年	無任何功名、官號和捐銜	封右少卿	鴻臚寺右少卿	《弘治三年進士登科錄》
719	陸坦	弘治三年	無任何功名、官號和捐銜	無任何功名、官號和捐銜	無任何功名、官號和捐銜	《弘治三年進士登科錄》
720	汪淵	弘治三年	無任何功名、官號和捐銜	無任何功名、官號和捐銜	貢士	《弘治三年進士登科錄》
721	馬繼祖	弘治三年	無任何功名、官號和捐銜	贈衛經歷	衛經歷	《弘治三年進士登科錄》
722	楊文	弘治三年	無任何功名、官號和捐銜	無任何功名、官號和捐銜	無任何功名、官號和捐銜	《弘治三年進士登科錄》
723	楊鉞	弘治三年	無任何功名、官號和捐銜	無任何功名、官號和捐銜	無任何功名、官號和捐銜	《弘治三年進士登科錄》

724	段敏	弘治三年	醫學訓科	無任何功名、官號和捐銜	無任何功名、官號和捐銜	《弘治三年進士登科錄》
725	趙欽	弘治三年	無任何功名、官號和捐銜	無任何功名、官號和捐銜	無任何功名、官號和捐銜	《弘治三年進士登科錄》
726	徐珫	弘治三年	無任何功名、官號和捐銜	無任何功名、官號和捐銜	無任何功名、官號和捐銜	《弘治三年進士登科錄》
727	孫墉	弘治三年	無任何功名、官號和捐銜	無任何功名、官號和捐銜	無任何功名、官號和捐銜	《弘治三年進士登科錄》
728	王俸	弘治三年	無任何功名、官號和捐銜	無任何功名、官號和捐銜	無任何功名、官號和捐銜	《弘治三年進士登科錄》
729	茹鑾	弘治三年	縣丞	無任何功名、官號和捐銜	知縣	《弘治三年進士登科錄》
730	張鋼	弘治三年	無任何功名、官號和捐銜	無任何功名、官號和捐銜	無任何功名、官號和捐銜	《弘治三年進士登科錄》
731	周冕	弘治三年	無任何功名、官號和捐銜	無任何功名、官號和捐銜	訓導	《弘治三年進士登科錄》
732	王哲	弘治三年	無任何功名、官號和捐銜	無任何功名、官號和捐銜	無任何功名、官號和捐銜	《弘治三年進士登科錄》
733	盧翊	弘治三年	無任何功名、官號和捐銜	無任何功名、官號和捐銜	知縣	《弘治三年進士登科錄》
734	陸徵	弘治三年	無任何功名、官號和捐銜	無任何功名、官號和捐銜	無任何功名、官號和捐銜	《弘治三年進士登科錄》
735	左然	弘治三年	訓科	贈監察御史	無任何功名、官號和捐銜	《弘治三年進士登科錄》

736	何勝	弘治三年	無任何功名、官號和捐銜	無任何功名、官號和捐銜	無任何功名、官號和捐銜	《弘治三年進士登科錄》
737	許慶	弘治三年	無任何功名、官號和捐銜	無任何功名、官號和捐銜	無任何功名、官號和捐銜	《弘治三年進士登科錄》
738	張輝	弘治三年	無任何功名、官號和捐銜	無任何功名、官號和捐銜	監生	《弘治三年進士登科錄》
739	張金	弘治三年	無任何功名、官號和捐銜	無任何功名、官號和捐銜	無任何功名、官號和捐銜	《弘治三年進士登科錄》
740	劉溥	弘治三年	無任何功名、官號和捐銜	醫官	通判	《弘治三年進士登科錄》
741	陸廣	弘治三年	無任何功名、官號和捐銜	縣丞	無任何功名、官號和捐銜	《弘治三年進士登科錄》
742	毛澄	弘治六年	無任何功名、官號和捐銜	遇例冠帶	無任何功名、官號和捐銜	《弘治六年進士登科錄》
743	顧清	弘治六年	無任何功名、官號和捐銜	無任何功名、官號和捐銜	無任何功名、官號和捐銜	《弘治六年進士登科錄》
744	宋愷	弘治六年	無任何功名、官號和捐銜	無任何功名、官號和捐銜	聽選官	《弘治六年進士登科錄》
745	趙松	弘治六年	無任何功名、官號和捐銜	無任何功名、官號和捐銜	無任何功名、官號和捐銜	《弘治六年進士登科錄》
746	沈燾	弘治六年	無任何功名、官號和捐銜	太醫院御醫	封歸德州知州	《弘治六年進士登科錄》
747	錢啟宏	弘治六年	贈南京吏部尚書	南京吏部尚書贈太子少保諡文通	義官	《弘治六年進士登科錄》

748	吳一鵬	弘治六年	無任何功名、官號和捐銜	無任何功名、官號和捐銜	無任何功名、官號和捐銜	《弘治六年進士登科錄》
749	邢珣	弘治六年	無任何功名、官號和捐銜	無任何功名、官號和捐銜	無任何功名、官號和捐銜	《弘治六年進士登科錄》
750	白金	弘治六年	無任何功名、官號和捐銜	贈戶部員外郎	南京尚寶司卿	《弘治六年進士登科錄》
751	錢榮	弘治六年	無任何功名、官號和捐銜	無任何功名、官號和捐銜	無任何功名、官號和捐銜	《弘治六年進士登科錄》
752	秦金	弘治六年	無任何功名、官號和捐銜	無任何功名、官號和捐銜	無任何功名、官號和捐銜	《弘治六年進士登科錄》
753	夏從壽	弘治六年	無任何功名、官號和捐銜	無任何功名、官號和捐銜	無任何功名、官號和捐銜	《弘治六年進士登科錄》
754	高濟	弘治六年	無任何功名、官號和捐銜	封左評事	無任何功名、官號和捐銜	《弘治六年進士登科錄》
755	楊昇	弘治六年	無任何功名、官號和捐銜	無任何功名、官號和捐銜	無任何功名、官號和捐銜	《弘治六年進士登科錄》
756	曹鏷	弘治六年	無任何功名、官號和捐銜	無任何功名、官號和捐銜	無任何功名、官號和捐銜	《弘治六年進士登科錄》
757	杭濟	弘治六年	無任何功名、官號和捐銜	無任何功名、官號和捐銜	無任何功名、官號和捐銜	《弘治六年進士登科錄》
758	鄭允宣	弘治六年	無任何功名、官號和捐銜	無任何功名、官號和捐銜	無任何功名、官號和捐銜	《弘治六年進士登科錄》
759	范祺	弘治六年	無任何功名、官號和捐銜	無任何功名、官號和捐銜	無任何功名、官號和捐銜	《弘治六年進士登科錄》

760	冒鸞	弘治六年	無任何功名、官號和捐銜	無任何功名、官號和捐銜	監生	《弘治六年進士登科錄》
761	陳策	弘治六年	無任何功名、官號和捐銜	無任何功名、官號和捐銜	無任何功名、官號和捐銜	《弘治六年進士登科錄》
762	陶廷威	弘治六年	無任何功名、官號和捐銜	無任何功名、官號和捐銜	無任何功名、官號和捐銜	《弘治六年進士登科錄》
763	王大用	弘治六年	無任何功名、官號和捐銜	無任何功名、官號和捐銜	無任何功名、官號和捐銜	《弘治六年進士登科錄》
764	黃明	弘治六年	無任何功名、官號和捐銜	遇例冠帶	無任何功名、官號和捐銜	《弘治六年進士登科錄》
765	夏易	弘治六年	無任何功名、官號和捐銜	無任何功名、官號和捐銜	無任何功名、官號和捐銜	《弘治六年進士登科錄》
766	徐蕃	弘治六年	無任何功名、官號和捐銜	無任何功名、官號和捐銜	鄞縣縣丞	《弘治六年進士登科錄》
767	王恂	弘治六年	府經歷	無任何功名、官號和捐銜	遞運所大使	《弘治六年進士登科錄》
768	褚圻	弘治六年	無任何功名、官號和捐銜	無任何功名、官號和捐銜	南京國子監博士	《弘治六年進士登科錄》
769	夏璲	弘治六年	元萬戶	無任何功名、官號和捐銜	義官	《弘治六年進士登科錄》
770	胡爟	弘治六年	無任何功名、官號和捐銜	無任何功名、官號和捐銜	無任何功名、官號和捐銜	《弘治六年進士登科錄》
771	盧瀚	弘治六年	無任何功名、官號和捐銜	遞運所大使	無任何功名、官號和捐銜	《弘治六年進士登科錄》

772	武皋	弘治六年	無任何功名、官號和捐銜	無任何功名、官號和捐銜	無任何功名、官號和捐銜	《弘治六年進士登科錄》
773	程忠顯	弘治六年	無任何功名、官號和捐銜	義官	義官	《弘治六年進士登科錄》
774	蔚春	弘治六年	無任何功名、官號和捐銜	無任何功名、官號和捐銜	無任何功名、官號和捐銜	《弘治六年進士登科錄》
775	盛應期	弘治六年	無任何功名、官號和捐銜	無任何功名、官號和捐銜	無任何功名、官號和捐銜	《弘治六年進士登科錄》
776	王弘	弘治六年	無任何功名、官號和捐銜	無任何功名、官號和捐銜	無任何功名、官號和捐銜	《弘治六年進士登科錄》
777	馮經	弘治六年	丹徒縣丞	遇例冠帶	無任何功名、官號和捐銜	《弘治六年進士登科錄》
788	李儀	弘治六年	無任何功名、官號和捐銜	無任何功名、官號和捐銜	無任何功名、官號和捐銜	《弘治六年進士登科錄》
779	周昶	弘治六年	無任何功名、官號和捐銜	無任何功名、官號和捐銜	無任何功名、官號和捐銜	《弘治六年進士登科錄》
780	薛格	弘治六年	無任何功名、官號和捐銜	無任何功名、官號和捐銜	無任何功名、官號和捐銜	《弘治六年進士登科錄》
781	王德	弘治六年	無任何功名、官號和捐銜	無任何功名、官號和捐銜	義官	《弘治六年進士登科錄》
782	顧守元	弘治六年	義官	義官	無任何功名、官號和捐銜	《弘治六年進士登科錄》
783	馬慶	弘治六年	無任何功名、官號和捐銜	無任何功名、官號和捐銜	無任何功名、官號和捐銜	《弘治六年進士登科錄》
784	李希顏	弘治六年	貢士	貢士	新昌教諭	《弘治六年進士登科錄》

785	李岳	弘治六年	無任何功名、官號和捐銜	無任何功名、官號和捐銜	無任何功名、官號和捐銜	《弘治六年進士登科錄》
786	李濬	弘治六年	無任何功名、官號和捐銜	無任何功名、官號和捐銜	鹿邑縣學教諭	《弘治六年進士登科錄》
787	程杲	弘治六年	無任何功名、官號和捐銜	左長史	河南左布政使	《弘治六年進士登科錄》
788	吳煥	弘治六年	無任何功名、官號和捐銜	無任何功名、官號和捐銜	無任何功名、官號和捐銜	《弘治六年進士登科錄》
789	鄒韶	弘治六年	無任何功名、官號和捐銜	無任何功名、官號和捐銜	無任何功名、官號和捐銜	《弘治六年進士登科錄》
790	朱希周	弘治九年	無任何功名、官號和捐銜	贈監察御史	監察御史	《弘治九年進士登科錄》
791	顧潛	弘治九年	遇例冠帶	無任何功名、官號和捐銜	義官	《弘治九年進士登科錄》
792	史後	弘治九年	無任何功名、官號和捐銜	無任何功名、官號和捐銜	義官	《弘治九年進士登科錄》
793	左唐	弘治九年	無任何功名、官號和捐銜	無任何功名、官號和捐銜	監生	《弘治九年進士登科錄》
794	陸冒	弘治九年	無任何功名、官號和捐銜	無任何功名、官號和捐銜	德安知府	《弘治九年進士登科錄》
795	胡獻	弘治九年	無任何功名、官號和捐銜	無任何功名、官號和捐銜	保安州判官	《弘治九年進士登科錄》
796	皇甫錄	弘治九年	無任何功名、官號和捐銜	無任何功名、官號和捐銜	無任何功名、官號和捐銜	《弘治九年進士登科錄》

797	董忱	弘治九年	無任何功名、官號和捐銜	無任何功名、官號和捐銜	監察御史	《弘治九年進士登科錄》
798	周臣	弘治九年	無任何功名、官號和捐銜	遇例冠帶	義官	《弘治九年進士登科錄》
799	趙鶴	弘治九年	無任何功名、官號和捐銜	無任何功名、官號和捐銜	無任何功名、官號和捐銜	《弘治九年進士登科錄》
800	陳言	弘治九年	無任何功名、官號和捐銜	無任何功名、官號和捐銜	貢士	《弘治九年進士登科錄》
801	嚴經	弘治九年	無任何功名、官號和捐銜	無任何功名、官號和捐銜	無任何功名、官號和捐銜	《弘治九年進士登科錄》
802	吳大有	弘治九年	無任何功名、官號和捐銜	贈南京刑部主事	浙江按察司僉事	《弘治九年進士登科錄》
803	李嘉祥	弘治九年	無任何功名、官號和捐銜	無任何功名、官號和捐銜	無任何功名、官號和捐銜	《弘治九年進士登科錄》
804	高節	弘治九年	無任何功名、官號和捐銜	遇例冠帶	無任何功名、官號和捐銜	《弘治九年進士登科錄》
805	汝泰	弘治九年	贈副指揮	兵馬指揮	無任何功名、官號和捐銜	《弘治九年進士登科錄》
806	程琯	弘治九年	贈按察司僉事	無任何功名、官號和捐銜	無任何功名、官號和捐銜	《弘治九年進士登科錄》
807	龍霓	弘治九年	百戶	百戶	無任何功名、官號和捐銜	《弘治九年進士登科錄》
808	華昶	弘治九年	無任何功名、官號和捐銜	無任何功名、官號和捐銜	無任何功名、官號和捐銜	《弘治九年進士登科錄》

809	呂元夫	弘治九年	無任何功名、官號和捐銜	贈推官	監察御史	《弘治九年進士登科錄》
810	董恬	弘治九年	無任何功名、官號和捐銜	無任何功名、官號和捐銜	監察御史	《弘治九年進士登科錄》
811	張邦瑞	弘治九年	無任何功名、官號和捐銜	無任何功名、官號和捐銜	按察司僉事	《弘治九年進士登科錄》
812	陳霽	弘治九年	無任何功名、官號和捐銜	遇例冠帶	義民	《弘治九年進士登科錄》
813	戴敏	弘治九年	無任何功名、官號和捐銜	無任何功名、官號和捐銜	無任何功名、官號和捐銜	《弘治九年進士登科錄》
814	黃昭	弘治九年	無任何功名、官號和捐銜	無任何功名、官號和捐銜	無任何功名、官號和捐銜	《弘治九年進士登科錄》
815	陳言	弘治九年	無任何功名、官號和捐銜	無任何功名、官號和捐銜	無任何功名、官號和捐銜	《弘治九年進士登科錄》
816	王壽	弘治九年	無任何功名、官號和捐銜	遇例冠帶	無任何功名、官號和捐銜	《弘治九年進士登科錄》
817	戴達	弘治九年	無任何功名、官號和捐銜	無任何功名、官號和捐銜	遇例冠帶	《弘治九年進士登科錄》
818	徐聯	弘治九年	無任何功名、官號和捐銜	無任何功名、官號和捐銜	百戶	《弘治九年進士登科錄》
819	葉天爵	弘治九年	無任何功名、官號和捐銜	無任何功名、官號和捐銜	無任何功名、官號和捐銜	《弘治九年進士登科錄》
820	湯沐	弘治九年	無任何功名、官號和捐銜	無任何功名、官號和捐銜	義官	《弘治九年進士登科錄》

821	汪循	弘治九年	無任何功名、官號和捐銜	遇例冠帶	無任何功名、官號和捐銜	《弘治九年進士登科錄》
822	楊溢	弘治九年	無任何功名、官號和捐銜	無任何功名、官號和捐銜	無任何功名、官號和捐銜	《弘治九年進士登科錄》
823	張鳴鳳	弘治九年	無任何功名、官號和捐銜	冠帶監生，贈刑部主事	刑部員外郎	《弘治九年進士登科錄》
824	弓元	弘治九年	無任何功名、官號和捐銜	無任何功名、官號和捐銜	陰陽訓術	《弘治九年進士登科錄》
825	沈信	弘治九年	封工部員外郎	布政司參議	無任何功名、官號和捐銜	《弘治九年進士登科錄》
826	張弘至	弘治九年	無任何功名、官號和捐銜	贈兵部主事	知府，贈中議大夫，資治尹	《弘治九年進士登科錄》
827	張羽	弘治九年	夔州知府	無任何功名、官號和捐銜	國子生	《弘治九年進士登科錄》
828	吳宗周	弘治九年	國子監博士	湖廣按察司副使	無任何功名、官號和捐銜	《弘治九年進士登科錄》
829	湯禮敬	弘治九年	無任何功名、官號和捐銜	無任何功名、官號和捐銜	無任何功名、官號和捐銜	《弘治九年進士登科錄》
830	李熙	弘治九年	無任何功名、官號和捐銜	封翰林院檢討	布政司左參議	《弘治九年進士登科錄》
831	吳景	弘治九年	無任何功名、官號和捐銜	無任何功名、官號和捐銜	無任何功名、官號和捐銜	《弘治九年進士登科錄》
832	林正茂	弘治九年	無任何功名、官號和捐銜	無任何功名、官號和捐銜	監生	《弘治九年進士登科錄》

833	錢朝鳳	弘治九年	無任何功名、官號和捐銜	義官	貢士	《弘治九年進士登科錄》
834	貢安甫	弘治九年	無任何功名、官號和捐銜	無任何功名、官號和捐銜	貢士	《弘治九年進士登科錄》
835	潘鏜	弘治九年	無任何功名、官號和捐銜	雲南道監察御史	四川左布政使	《弘治九年進士登科錄》
836	戴銑	弘治九年	無任何功名、官號和捐銜	義官	無任何功名、官號和捐銜	《弘治九年進士登科錄》
837	蔣欽	弘治九年	無任何功名、官號和捐銜	承事郎	無任何功名、官號和捐銜	《弘治九年進士登科錄》
838	程材	弘治九年	無任何功名、官號和捐銜	無任何功名、官號和捐銜	無任何功名、官號和捐銜	《弘治九年進士登科錄》
839	趙經	弘治九年	無任何功名、官號和捐銜	無任何功名、官號和捐銜	無任何功名、官號和捐銜	《弘治九年進士登科錄》
840	吳遠	弘治九年	無任何功名、官號和捐銜	無任何功名、官號和捐銜	無任何功名、官號和捐銜	《弘治九年進士登科錄》
841	沈恩	弘治九年	無任何功名、官號和捐銜	無任何功名、官號和捐銜	無任何功名、官號和捐銜	《弘治九年進士登科錄》
842	羅鳳	弘治九年	無任何功名、官號和捐銜	無任何功名、官號和捐銜	無任何功名、官號和捐銜	《弘治九年進士登科錄》
843	楊瑋	弘治九年	無任何功名、官號和捐銜	無任何功名、官號和捐銜	無任何功名、官號和捐銜	《弘治九年進士登科錄》
844	曹閔	弘治九年	無任何功名、官號和捐銜	遇例冠帶	無任何功名、官號和捐銜	《弘治九年進士登科錄》

845	楊溥	弘治九年	無任何功名、官號和捐銜	無任何功名、官號和捐銜	無任何功名、官號和捐銜	《弘治九年進士登科錄》
846	左輔	弘治九年	訓科	贈監察御史	無任何功名、官號和捐銜	《弘治九年進士登科錄》
847	唐錦	弘治九年	無任何功名、官號和捐銜	封知府	金山衛致仕指揮使	《弘治九年進士登科錄》
848	唐欽	弘治九年	贈大理寺左寺副	贈兵科給事中	無任何功名、官號和捐銜	《弘治九年進士登科錄》
849	徐昂	弘治九年	無任何功名、官號和捐銜	無任何功名、官號和捐銜	無任何功名、官號和捐銜	《弘治九年進士登科錄》
850	顧璘	弘治九年	無任何功名、官號和捐銜	無任何功名、官號和捐銜	無任何功名、官號和捐銜	《弘治九年進士登科錄》
851	郁勳	弘治九年	訓科	義官，贈刑部主事	澧州知州	《弘治九年進士登科錄》
852	張拱	弘治九年	無任何功名、官號和捐銜	無任何功名、官號和捐銜	無任何功名、官號和捐銜	《弘治九年進士登科錄》
853	劉麟	弘治九年	無任何功名、官號和捐銜	千戶	千戶	《弘治九年進士登科錄》
854	高賓	弘治九年	無任何功名、官號和捐銜	無任何功名、官號和捐銜	無任何功名、官號和捐銜	《弘治九年進士登科錄》
855	周璽	弘治九年	無任何功名、官號和捐銜	無任何功名、官號和捐銜	義官	《弘治九年進士登科錄》
856	張昊	弘治九年	無任何功名、官號和捐銜	無任何功名、官號和捐銜	醫學訓科	《弘治九年進士登科錄》
857	金麒壽	弘治九年	贈刑部右侍郎	封刑部右侍郎	刑部右侍郎	《弘治九年進士登科錄》

858	莊釋	弘治九年	無任何功名、官號和捐銜	無任何功名、官號和捐銜	無任何功名、官號和捐銜	《弘治九年進士登科錄》
859	儲秀	弘治九年	無任何功名、官號和捐銜	貢士，贈中書舍人	刑部員外郎	《弘治九年進士登科錄》載儲秀上三代直系親屬名諱及履歷為「曾祖祖學，教諭；祖祉，貢士，贈中書舍人；父材，刑部員外郎」〔註 29〕。其中，該《錄》載儲秀曾祖名諱及履歷為「祖學，教諭」，不確。儲秀父為成化十七年進士儲材，《成化十七年進士登科錄》載儲材上三代直系親屬名諱及履歷為「曾祖祖學，教諭；祖宗幹；父祉，貢士」〔註 30〕。由此可知，儲秀的曾祖應為宗幹，為無任何功名、官號和履歷的平民，高祖為祖學，教諭。
860	張芝	弘治九年	無任何功名、官號和捐銜	無任何功名、官號和捐銜	無任何功名、官號和捐銜	《弘治九年進士登科錄》
861	余洙	弘治九年	無任何功名、官號和捐銜	無任何功名、官號和捐銜	無任何功名、官號和捐銜	《弘治九年進士登科錄》
862	汪標	弘治十二年	無任何功名、官號和捐銜	無任何功名、官號和捐銜	無任何功名、官號和捐銜	《弘治十二年進士登科錄》
863	陸應龍	弘治十二年	無任何功名、官號和捐銜	無任何功名、官號和捐銜	義官	《弘治十二年進士登科錄》
864	莫息	弘治十二年	無任何功名、官號和捐銜	無任何功名、官號和捐銜	義官	《弘治十二年進士登科錄》
865	周塤	弘治十二年	無任何功名、官號和捐銜	無任何功名、官號和捐銜	無任何功名、官號和捐銜	《弘治十二年進士登科錄》
866	高貫	弘治十二年	無任何功名、官號和捐銜	無任何功名、官號和捐銜	無任何功名、官號和捐銜	《弘治十二年進士登科錄》

〔註 29〕《弘治九年進士登科錄》，《明代登科錄彙編》第 4 冊，第 2009 頁。
〔註 30〕《成化十七年進士登科錄》，第 64 頁。

867	張宏	弘治十二年	贈千戶	千戶	千戶	《弘治十二年進士登科錄》
868	錢仁夫	弘治十二年	無任何功名、官號和捐銜	無任何功名、官號和捐銜	承事郎	《弘治十二年進士登科錄》
869	陳良珊	弘治十二年	無任何功名、官號和捐銜	無任何功名、官號和捐銜	無任何功名、官號和捐銜	《弘治十二年進士登科錄》
870	周滌	弘治十二年	無任何功名、官號和捐銜	無任何功名、官號和捐銜	承事郎	《弘治十二年進士登科錄》
871	於鄣	弘治十二年	無任何功名、官號和捐銜	無任何功名、官號和捐銜	無任何功名、官號和捐銜	《弘治十二年進士登科錄》
872	吳山	弘治十二年	無任何功名、官號和捐銜	知縣	無任何功名、官號和捐銜	《弘治十二年進士登科錄》
873	史鑑	弘治十二年	無任何功名、官號和捐銜	無任何功名、官號和捐銜	無任何功名、官號和捐銜	《弘治十二年進士登科錄》
874	劉乾	弘治十二年	無任何功名、官號和捐銜	無任何功名、官號和捐銜	無任何功名、官號和捐銜	《弘治十二年進士登科錄》
875	杭淮	弘治十二年	無任何功名、官號和捐銜	無任何功名、官號和捐銜	封吏部主事	《弘治十二年進士登科錄》
876	王泰	弘治十二年	無任何功名、官號和捐銜	贈知府	大理寺卿	《弘治十二年進士登科錄》
877	黃俊	弘治十二年	贈兵部主事	無任何功名、官號和捐銜	太常寺典簿	《弘治十二年進士登科錄》
878	楊清	弘治十二年	無任何功名、官號和捐銜	無任何功名、官號和捐銜	州吏目	《弘治十二年進士登科錄》
879	林鶚	弘治十二年	無任何功名、官號和捐銜	無任何功名、官號和捐銜	無任何功名、官號和捐銜	《弘治十二年進士登科錄》

880	朱應登	弘治十二年	無任何功名、官號和捐銜	無任何功名、官號和捐銜	知縣	《弘治十二年進士登科錄》
881	王蓋	弘治十二年	縣丞	知縣	無任何功名、官號和捐銜	《弘治十二年進士登科錄》
882	都穆	弘治十二年	無任何功名、官號和捐銜	無任何功名、官號和捐銜	無任何功名、官號和捐銜	《弘治十二年進士登科錄》
883	丁仁	弘治十二年	無任何功名、官號和捐銜	無任何功名、官號和捐銜	無任何功名、官號和捐銜	《弘治十二年進士登科錄》
884	徐南	弘治十二年	無任何功名、官號和捐銜	無任何功名、官號和捐銜	聽選官	《弘治十二年進士登科錄》
885	周倫	弘治十二年	無任何功名、官號和捐銜	無任何功名、官號和捐銜	無任何功名、官號和捐銜	《弘治十二年進士登科錄》
886	沙鵬	弘治十二年	鴻臚寺左寺丞	鴻臚寺序班	無任何功名、官號和捐銜	《弘治十二年進士登科錄》
887	吳漳	弘治十二年	無任何功名、官號和捐銜	無任何功名、官號和捐銜	無任何功名、官號和捐銜	《弘治十二年進士登科錄》
888	周鉞	弘治十二年	無任何功名、官號和捐銜	無任何功名、官號和捐銜	無任何功名、官號和捐銜	《弘治十二年進士登科錄》
889	黃瑄	弘治十二年	無任何功名、官號和捐銜	無任何功名、官號和捐銜	無任何功名、官號和捐銜	《弘治十二年進士登科錄》
890	葛嵩	弘治十二年	無任何功名、官號和捐銜	無任何功名、官號和捐銜	按察司經歷	《弘治十二年進士登科錄》
891	儲珊	弘治十二年	無任何功名、官號和捐銜	無任何功名、官號和捐銜	遇例冠帶	《弘治十二年進士登科錄》

892	許立	弘治十二年	州判官	無任何功名、官號和捐銜	無任何功名、官號和捐銜	《弘治十二年進士登科錄》
893	賀泰	弘治十二年	無任何功名、官號和捐銜	按察司知事，贈監察御史	按察司副使	《弘治十二年進士登科錄》
894	凌相	弘治十二年	無任何功名、官號和捐銜	無任何功名、官號和捐銜	義官	《弘治十二年進士登科錄》
895	曹豹	弘治十二年	無任何功名、官號和捐銜	無任何功名、官號和捐銜	無任何功名、官號和捐銜	《弘治十二年進士登科錄》
896	史良佐	弘治十二年	推官	無任何功名、官號和捐銜	無任何功名、官號和捐銜	《弘治十二年進士登科錄》
897	梁材	弘治十二年	無任何功名、官號和捐銜	無任何功名、官號和捐銜	無任何功名、官號和捐銜	《弘治十二年進士登科錄》
898	吳堂	弘治十二年	南京都察院左副都御史，謚文恪	無任何功名、官號和捐銜	義官	《弘治十二年進士登科錄》
899	鄭瓛	弘治十二年	無任何功名、官號和捐銜	無任何功名、官號和捐銜	無任何功名、官號和捐銜	《弘治十二年進士登科錄》
900	呂盛	弘治十二年	無任何功名、官號和捐銜	無任何功名、官號和捐銜	無任何功名、官號和捐銜	《弘治十二年進士登科錄》
901	芮思	弘治十二年	無任何功名、官號和捐銜	無任何功名、官號和捐銜	無任何功名、官號和捐銜	《弘治十二年進士登科錄》
902	吳蘭	弘治十二年	無任何功名、官號和捐銜	封吏部主事	工部郎中	《弘治十二年進士登科錄》
903	丁楷	弘治十二年	無任何功名、官號和捐銜	承事郎	無任何功名、官號和捐銜	《弘治十二年進士登科錄》

904	楊塤	弘治十二年	無任何功名、官號和捐銜	無任何功名、官號和捐銜	承事郎	《弘治十二年進士登科錄》
905	方謙	弘治十二年	無任何功名、官號和捐銜	無任何功名、官號和捐銜	無任何功名、官號和捐銜	《弘治十二年進士登科錄》
906	唐澤	弘治十二年	無任何功名、官號和捐銜	無任何功名、官號和捐銜	無任何功名、官號和捐銜	《弘治十二年進士登科錄》
907	章瑞	弘治十二年	無任何功名、官號和捐銜	無任何功名、官號和捐銜	知縣	《弘治十二年進士登科錄》
908	宗璽	弘治十二年	無任何功名、官號和捐銜	無任何功名、官號和捐銜	無任何功名、官號和捐銜	《弘治十二年進士登科錄》
909	杭東	弘治十二年	無任何功名、官號和捐銜	無任何功名、官號和捐銜	無任何功名、官號和捐銜	《弘治十二年進士登科錄》
910	胡煜	弘治十五年	無任何功名、官號和捐銜	無任何功名、官號和捐銜	無任何功名、官號和捐銜	《弘治十五年進士登科錄》
911	薛金	弘治十五年	無任何功名、官號和捐銜	無任何功名、官號和捐銜	聽選官	《弘治十五年進士登科錄》
912	儲南	弘治十五年	無任何功名、官號和捐銜	無任何功名、官號和捐銜	無任何功名、官號和捐銜	《弘治十五年進士登科錄》
913	王昶	弘治十五年	無任何功名、官號和捐銜	無任何功名、官號和捐銜	通判	《弘治十五年進士登科錄》
914	惲巍	弘治十五年	無任何功名、官號和捐銜	旌表義民	遇例冠帶	《弘治十五年進士登科錄》
915	汪鋐	弘治十五年	無任何功名、官號和捐銜	無任何功名、官號和捐銜	前教諭	《弘治十五年進士登科錄》

916	盛鍾	弘治十五年	無任何功名、官號和捐銜	無任何功名、官號和捐銜	訓導	《弘治十五年進士登科錄》
917	汪彬	弘治十五年	無任何功名、官號和捐銜	無任何功名、官號和捐銜	無任何功名、官號和捐銜	《弘治十五年進士登科錄》
918	楊欽	弘治十五年	無任何功名、官號和捐銜	無任何功名、官號和捐銜	無任何功名、官號和捐銜	《弘治十五年進士登科錄》
919	楊果	弘治十五年	無任何功名、官號和捐銜	無任何功名、官號和捐銜	無任何功名、官號和捐銜	《弘治十五年進士登科錄》
920	唐懽	弘治十五年	無任何功名、官號和捐銜	無任何功名、官號和捐銜	無任何功名、官號和捐銜	《弘治十五年進士登科錄》
921	丁沂	弘治十五年	無任何功名、官號和捐銜	無任何功名、官號和捐銜	無任何功名、官號和捐銜	《弘治十五年進士登科錄》
922	殷鏊	弘治十五年	無任何功名、官號和捐銜	無任何功名、官號和捐銜	無任何功名、官號和捐銜	《弘治十五年進士登科錄》
923	卞思敏	弘治十五年	無任何功名、官號和捐銜	無任何功名、官號和捐銜	無任何功名、官號和捐銜	《弘治十五年進士登科錄》
924	陳察	弘治十五年	無任何功名、官號和捐銜	無任何功名、官號和捐銜	無任何功名、官號和捐銜	《弘治十五年進士登科錄》
925	劉弼	弘治十五年	百戶	無任何功名、官號和捐銜	無任何功名、官號和捐銜	《弘治十五年進士登科錄》
926	虞夔	弘治十五年	無任何功名、官號和捐銜	無任何功名、官號和捐銜	承事郎	《弘治十五年進士登科錄》
927	方進	弘治十五年	聽選官	無任何功名、官號和捐銜	無任何功名、官號和捐銜	《弘治十五年進士登科錄》

928	徐問	弘治十五年	無任何功名、官號和捐銜	無任何功名、官號和捐銜	無任何功名、官號和捐銜	《弘治十五年進士登科錄》
929	王材	弘治十五年	無任何功名、官號和捐銜	無任何功名、官號和捐銜	無任何功名、官號和捐銜	《弘治十五年進士登科錄》
930	梅柯	弘治十五年	無任何功名、官號和捐銜	無任何功名、官號和捐銜	無任何功名、官號和捐銜	《弘治十五年進士登科錄》
931	劉布	弘治十五年	僉事	無任何功名、官號和捐銜	無任何功名、官號和捐銜	《弘治十五年進士登科錄》
932	錢如京	弘治十五年	無任何功名、官號和捐銜	無任何功名、官號和捐銜	府經歷	《弘治十五年進士登科錄》
933	朱紘	弘治十五年	無任何功名、官號和捐銜	無任何功名、官號和捐銜	無任何功名、官號和捐銜	《弘治十五年進士登科錄》
934	張萱	弘治十五年	無任何功名、官號和捐銜	無任何功名、官號和捐銜	無任何功名、官號和捐銜	《弘治十五年進士登科錄》
935	潘珍	弘治十五年	無任何功名、官號和捐銜	無任何功名、官號和捐銜	無任何功名、官號和捐銜	《弘治十五年進士登科錄》
936	嚴紘	弘治十五年	無任何功名、官號和捐銜	無任何功名、官號和捐銜	紀善	《弘治十五年進士登科錄》
937	黃宏	弘治十五年	無任何功名、官號和捐銜	無任何功名、官號和捐銜	無任何功名、官號和捐銜	《弘治十五年進士登科錄》
938	藍郁	弘治十五年	無任何功名、官號和捐銜	無任何功名、官號和捐銜	主簿	《弘治十五年進士登科錄》
939	何棐	弘治十五年	旌表義民	無任何功名、官號和捐銜	兵馬指揮	《弘治十五年進士登科錄》

940	凌雲翰	弘治十五年	無任何功名、官號和捐銜	贈南京戶部郎中	布政司左參議	《弘治十五年進士登科錄》
941	朱嘉會	弘治十五年	州同知	布政司司獄	監生	《弘治十五年進士登科錄》
942	李淳	弘治十五年	無任何功名、官號和捐銜	無任何功名、官號和捐銜	陰陽正術	《弘治十五年進士登科錄》
943	吳閱	弘治十五年	無任何功名、官號和捐銜	遇例冠帶	無任何功名、官號和捐銜	《弘治十五年進士登科錄》
944	俞泰	弘治十五年	無任何功名、官號和捐銜	無任何功名、官號和捐銜	無任何功名、官號和捐銜	《弘治十五年進士登科錄》
945	陸節	弘治十五年	無任何功名、官號和捐銜	教諭，贈戶部郎中	戶部郎中	《弘治十五年進士登科錄》
946	姚隆	弘治十五年	無任何功名、官號和捐銜	無任何功名、官號和捐銜	無任何功名、官號和捐銜	《弘治十五年進士登科錄》
947	朱昴	弘治十五年	工部郎中	縣丞	監生	《弘治十五年進士登科錄》
948	葉相	弘治十五年	國子監典簿	贈光祿寺署丞	光祿寺署正	《弘治十五年進士登科錄》
949	蕭杲	弘治十五年	無任何功名、官號和捐銜	無任何功名、官號和捐銜	無任何功名、官號和捐銜	《弘治十五年進士登科錄》
950	周用	弘治十五年	無任何功名、官號和捐銜	無任何功名、官號和捐銜	無任何功名、官號和捐銜	《弘治十五年進士登科錄》
951	金賢	弘治十五年	無任何功名、官號和捐銜	鴻臚寺署丞	無任何功名、官號和捐銜	《弘治十五年進士登科錄》
952	王奎	弘治十五年	無任何功名、官號和捐銜	無任何功名、官號和捐銜	無任何功名、官號和捐銜	《弘治十五年進士登科錄》

953	郁侃	弘治十五年	無任何功名、官號和捐銜	無任何功名、官號和捐銜	生員	《弘治十五年進士登科錄》載郁侃上三代直系親屬名諱及履歷為「曾祖愷；祖蒙；父瓊」〔註31〕，其中「父瓊」履歷為無任何功名的平民，不確。據弘治十八年進士陸深所撰《進階亞中大夫黎平府知府郁公宜人王氏合葬墓誌銘》載：「公諱侃……其先從宋南渡，徙居上海之烏泥涇，故今為上海人……曾祖愷，號筠軒；祖蒙，號月坡，世有清操，以行誼望於鄉；逮松坡府君諱瓊，始以進士業，補縣學生。蔚有文聲譽，以公貴，贈奉直大夫南京禮部儀制司郎中」〔註32〕；另據弘治十五年進士魯鐸所撰《松坡郁公墓誌銘》又載：「公諱瓊，字文佩，松坡別號也……公幼歧嶷，異凡兒。稍長，治毛氏詩，得其肯綮，為諸生……然數奇，卒不得志於有司……卒，是為成化癸卯（十九年）七月二十九日」〔註33〕。由上可知，郁瓊早在其子侃中進士前就已考選為生員，擁有學校功名而非無任何功名的平民。
954	沈炤	弘治十五年	遇例冠帶	旌表孝子	無任何功名、官號和捐銜	《弘治十五年進士登科錄》
955	顧鼎臣	弘治十八年	無任何功名、官號和捐銜	無任何功名、官號和捐銜	遇例壽官	《弘治十八年進士登科錄》
956	胡璉	弘治十八年	無任何功名、官號和捐銜	無任何功名、官號和捐銜	遇例冠帶	《弘治十八年進士登科錄》
957	陸深	弘治十八年	無任何功名、官號和捐銜	義官	義官	《弘治十八年進士登科錄》

〔註31〕《弘治十五年進士登科錄》，第79頁。

〔註32〕〔明〕陸深：《儼山集》七四《進階亞中大夫黎平府知府郁公宜人王氏合葬墓誌銘》，《景印文淵閣四庫全書》第1268冊，第476頁。

〔註33〕〔明〕魯鐸：《魯文恪公文集》卷九《松坡郁公墓誌銘》，《四庫全書存目叢書》集部第54冊，第127～128頁。

958	魏校	弘治十八年	無任何功名、官號和捐銜	無任何功名、官號和捐銜	無任何功名、官號和捐銜	《弘治十八年進士登科錄》
959	邵天和	弘治十八年	無任何功名、官號和捐銜	封戶部員外郎	知府	《弘治十八年進士登科錄》
960	李汛	弘治十八年	無任何功名、官號和捐銜	無任何功名、官號和捐銜	義官	《弘治十八年進士登科錄》
961	張鷗	弘治十八年	無任何功名、官號和捐銜	無任何功名、官號和捐銜	生員	《弘治十八年進士登科錄》載張鷗上三代直系親屬名諱及履歷為「曾祖益；祖綸；父鼇」〔註 34〕。其中載「父鼇」履歷為無任何功名的平民，不確。據弘治六年顧清所撰《贈刑部主事張君墓誌銘》載：「君諱鼇，字文魁，別號滄軒，松江上海人……未冠，遊邑庠……然數弗偶，前後三十年凡八試有司，終不利……弘治辛酉（子）鷗一舉捷鄉闈，再上擢進士」〔註 35〕。由該《墓誌銘》可知，張鼇在其子鷗中進士前就已考選為生員，擁有學校功名而非無任何功名的平民。緣此，張鷗上三代直系親屬姓名及履歷正確的寫法當為「曾祖益；祖綸；父鼇，生員」。
962	張文麟	弘治十八年	無任何功名、官號和捐銜	教諭	無任何功名、官號和捐銜	《弘治十八年進士登科錄》
963	張承仁	弘治十八年	無任何功名、官號和捐銜	無任何功名、官號和捐銜	知縣	《弘治十八年進士登科錄》
964	安金	弘治十八年	無任何功名、官號和捐銜	無任何功名、官號和捐銜	承事郎	《弘治十八年進士登科錄》
965	沈環	弘治十八年	無任何功名、官號和捐銜	遇例冠帶	府通判	《弘治十八年進士登科錄》

〔註 34〕《弘治十八年進士登科錄》，《明代進士登科錄彙編》第 5 冊，第 2432 頁。
〔註 35〕〔明〕顧清：《東江家藏集》卷三一《贈刑部主事張君墓誌銘》，《景印文淵閣四庫全書》第 1261 冊，第 725 頁。

966	姚繼岩	弘治十八年	無任何功名、官號和捐銜	無任何功名、官號和捐銜	教諭	《弘治十八年進士登科錄》
967	潘旦	弘治十八年	無任何功名、官號和捐銜	無任何功名、官號和捐銜	無任何功名、官號和捐銜	《弘治十八年進士登科錄》
968	王良翰	弘治十八年	無任何功名、官號和捐銜	義官	無任何功名、官號和捐銜	《弘治十八年進士登科錄》
969	曹琥	弘治十八年	無任何功名、官號和捐銜	知縣	教諭	《弘治十八年進士登科錄》
970	方學	弘治十八年	無任何功名、官號和捐銜	無任何功名、官號和捐銜	無任何功名、官號和捐銜	《弘治十八年進士登科錄》
971	周墨	弘治十八年	承事郎	無任何功名、官號和捐銜	無任何功名、官號和捐銜	《弘治十八年進士登科錄》
972	盛儀	弘治十八年	無任何功名、官號和捐銜	無任何功名、官號和捐銜	無任何功名、官號和捐銜	《弘治十八年進士登科錄》
973	顧可學	弘治十八年	無任何功名、官號和捐銜	無任何功名、官號和捐銜	遇例冠帶	《弘治十八年進士登科錄》
974	楊鰲	弘治十八年	無任何功名、官號和捐銜	無任何功名、官號和捐銜	無任何功名、官號和捐銜	《弘治十八年進士登科錄》
975	徐禎卿	弘治十八年	無任何功名、官號和捐銜	無任何功名、官號和捐銜	遇例冠帶	《弘治十八年進士登科錄》
976	張簡	弘治十八年	無任何功名、官號和捐銜	無任何功名、官號和捐銜	無任何功名、官號和捐銜	《弘治十八年進士登科錄》
977	周明弼	弘治十八年	無任何功名、官號和捐銜	無任何功名、官號和捐銜	訓導	《弘治十八年進士登科錄》

978	江文敏	弘治十八年	無任何功名、官號和捐銜	贈戶部主事	知府	《弘治十八年進士登科錄》
979	王儼	弘治十八年	無任何功名、官號和捐銜	無任何功名、官號和捐銜	州判官	《弘治十八年進士登科錄》
980	顧綸	弘治十八年	無任何功名、官號和捐銜	無任何功名、官號和捐銜	無任何功名、官號和捐銜	《弘治十八年進士登科錄》
981	程文	弘治十八年	無任何功名、官號和捐銜	無任何功名、官號和捐銜	南京戶部主事	《弘治十八年進士登科錄》
982	朱表	弘治十八年	無任何功名、官號和捐銜	推官	無任何功名、官號和捐銜	《弘治十八年進士登科錄》
983	夏曆	弘治十八年	無任何功名、官號和捐銜	義官	府同知	《弘治十八年進士登科錄》
984	許完	弘治十八年	無任何功名、官號和捐銜	無任何功名、官號和捐銜	無任何功名、官號和捐銜	《弘治十八年進士登科錄》
985	王栻	弘治十八年	無任何功名、官號和捐銜	無任何功名、官號和捐銜	教諭	《弘治十八年進士登科錄》
986	陶驥	弘治十八年	無任何功名、官號和捐銜	遇例冠帶	同知，進階朝列大夫	《弘治十八年進士登科錄》
987	蕭世賢	弘治十八年	無任何功名、官號和捐銜	無任何功名、官號和捐銜	無任何功名、官號和捐銜	《弘治十八年進士登科錄》
988	周廣	弘治十八年	無任何功名、官號和捐銜	無任何功名、官號和捐銜	無任何功名、官號和捐銜	《弘治十八年進士登科錄》
989	王韋	弘治十八年	無任何功名、官號和捐銜	贈州判官	布政司左參議	《弘治十八年進士登科錄》

990	顧棠	弘治十八年	無任何功名、官號和捐銜	遇例冠帶	遇例冠帶	《弘治十八年進士登科錄》
991	陳九章	弘治十八年	無任何功名、官號和捐銜	無任何功名、官號和捐銜	無任何功名、官號和捐銜	《弘治十八年進士登科錄》
992	索承學	弘治十八年	無任何功名、官號和捐銜	教諭	無任何功名、官號和捐銜	《弘治十八年進士登科錄》
993	陳鉞	弘治十八年	無任何功名、官號和捐銜	無任何功名、官號和捐銜	無任何功名、官號和捐銜	《弘治十八年進士登科錄》
994	黃琮	弘治十八年	無任何功名、官號和捐銜	無任何功名、官號和捐銜	無任何功名、官號和捐銜	《弘治十八年進士登科錄》
995	程定	弘治十八年	無任何功名、官號和捐銜	無任何功名、官號和捐銜	無任何功名、官號和捐銜	《弘治十八年進士登科錄》
996	張翀	弘治十八年	知府	無任何功名、官號和捐銜	縣丞	《弘治十八年進士登科錄》
997	常道	弘治十八年	無任何功名、官號和捐銜	無任何功名、官號和捐銜	監生	《弘治十八年進士登科錄》
998	李楫	弘治十八年	良醫正	醫學正，贈太僕寺寺丞	前知府	《弘治十八年進士登科錄》
999	張寬	弘治十八年	知縣	訓導	無任何功名、官號和捐銜	《弘治十八年進士登科錄》
1000	陶金	弘治十八年	無任何功名、官號和捐銜	無任何功名、官號和捐銜	府經歷	《弘治十八年進士登科錄》
1001	吳哲	弘治十八年	封刑部主事	無任何功名、官號和捐銜	無任何功名、官號和捐銜	《弘治十八年進士登科錄》

1002	潘選	弘治十八年	無任何功名、官號和捐銜	無任何功名、官號和捐銜	監生	《弘治十八年進士登科錄》
1003	楊輔	弘治十八年	無任何功名、官號和捐銜	大使	無任何功名、官號和捐銜	《弘治十八年進士登科錄》
1004	顧達	弘治十八年	無任何功名、官號和捐銜	無任何功名、官號和捐銜	無任何功名、官號和捐銜	《弘治十八年進士登科錄》
1002	曹倣	弘治十八年	無任何功名、官號和捐銜	無任何功名、官號和捐銜	無任何功名、官號和捐銜	《弘治十八年進士登科錄》
1006	章嵩	弘治十八年	無任何功名、官號和捐銜	無任何功名、官號和捐銜	無任何功名、官號和捐銜	《弘治十八年進士登科錄》
1007	高滂	弘治十八年	贈通議大夫右副都御史	封左評事，贈通議大夫右副都御史	正議大夫資治尹南京工部右侍郎	《弘治十八年進士登科錄》
1008	景暘	正德三年	無任何功名、官號和捐銜	無任何功名、官號和捐銜	布政司照磨	《正德三年進士登科錄》
1009	方鵬	正德三年	無任何功名、官號和捐銜	遇例冠帶	遙授州吏目	《正德三年進士登科錄》載方鵬上三代直系親屬名諱及履歷為「曾祖文貴；祖盛，遇例冠帶；父麟，州吏目」〔註36〕。按其文意，「父麟」履歷為實職官「州吏目」，實則不確。據弘治九年進士顧潛所撰《壽方節菴序》載：「吾昆科目之盛為東南最……正德戊辰而節菴方公之二子鵬、鳳亦同登焉……公少精於律學，郡辟從事，議擬悉當，不以私意為出入，上官器之……以例遙授福寧州之幕職」〔註37〕；弘治十二年進士王守仁所撰《節菴方公墓表》亦載：「蘇之崑山有節菴方公麟者，始為士業舉子，已而棄去……會歲

〔註36〕《正德三年進士登科錄》，《明代科舉錄彙編》第4冊，第22頁。
〔註37〕〔明〕顧潛：《靜觀堂集》卷九《壽節菴方公序》，《四庫全書存目叢書》集部第48冊，第547頁。

						歉，盡出其所有以賑饑乏，朝廷義其所為，榮之冠服，後復遙授福寧州吏目……以士業授其二子鵬、鳳，皆舉進士」〔註 38〕；嘉靖、萬曆《福寧州志》所載州吏目名單中也都無方麟〔註 39〕；綜上可知，方麟以例遙授福寧州吏目，「州吏目」僅是其官號而已，不可視作實職官。
1010	黃志達	正德三年	遇例冠帶	義官	義官	《正德三年進士登科錄》
1011	吳山	正德三年	贈中大夫太僕寺卿	封刑部主事，贈中大夫太僕寺卿	工部左侍郎	《正德三年進士登科錄》
1012	陸巽章	正德三年	教諭，贈戶部郎中	戶部郎中	詹事兼翰林院侍讀學士，贈禮部右侍郎	《正德三年進士登科錄》
1013	鄭諫	正德三年	無任何功名、官號和捐銜	無任何功名、官號和捐銜	無任何功名、官號和捐銜	《正德三年進士登科錄》
1014	周坤	正德三年	承事郎	無任何功名、官號和捐銜	無任何功名、官號和捐銜	《正德三年進士登科錄》
1015	徐度	正德三年	無任何功名、官號和捐銜	無任何功名、官號和捐銜	無任何功名、官號和捐銜	《正德三年進士登科錄》
1016	葛恒	正德三年	無任何功名、官號和捐銜	按察司經歷，贈文林郎	義官	《正德三年進士登科錄》
1017	周金	正德三年	無任何功名、官號和捐銜	無任何功名、官號和捐銜	無任何功名、官號和捐銜	《正德三年進士登科錄》

〔註 38〕〔明〕王守仁：《王陽明先生全集》卷十《節菴方公墓表》，《四庫全書存目叢書》集部第 50 冊，第 586～587 頁。

〔註 39〕嘉靖《福寧州志》卷七《歷官·州吏目》，《天一閣藏明代方志選刊續編》第 44 冊，第 200 頁；萬曆《福寧州志》卷八《官政志·歷官·州吏目》，《日本藏中國罕見地方志叢刊》第 4 冊，第 135 頁。

1018	丁鏊	正德三年	無任何功名、官號和捐銜	無任何功名、官號和捐銜	無任何功名、官號和捐銜	《正德三年進士登科錄》
1019	丁奉	正德三年	無任何功名、官號和捐銜	義官	無任何功名、官號和捐銜	《正德三年進士登科錄》
1020	王寵	正德三年	監生	無任何功名、官號和捐銜	遇例冠帶	《正德三年進士登科錄》
1021	胡忠	正德三年	監生	無任何功名、官號和捐銜	遇例冠帶	《正德三年進士登科錄》
1022	邵鏞	正德三年	無任何功名、官號和捐銜	無任何功名、官號和捐銜	無任何功名、官號和捐銜	《正德三年進士登科錄》
1023	成周	正德三年	無任何功名、官號和捐銜	按察司僉事	教諭	《正德三年進士登科錄》
1024	祝鑾	正德三年	無任何功名、官號和捐銜	無任何功名、官號和捐銜	無任何功名、官號和捐銜	《正德三年進士登科錄》
1025	姜龍	正德三年	無任何功名、官號和捐銜	贈文林郎監察御史	布政使司左參政	《正德三年進士登科錄》
1026	凌楷	正德三年	無任何功名、官號和捐銜	無任何功名、官號和捐銜	義官	《正德三年進士登科錄》
1027	胡德	正德三年	無任何功名、官號和捐銜	無任何功名、官號和捐銜	無任何功名、官號和捐銜	《正德三年進士登科錄》
1028	段金	正德三年	嘉議大夫刑部右侍郎	福建布政使司右參政	無任何功名、官號和捐銜	《正德三年進士登科錄》
1029	周愚	正德三年	無任何功名、官號和捐銜	義官	義官	《正德三年進士登科錄》
1030	曹深	正德三年	遇例冠帶	封戶部主事	知府	《正德三年進士登科錄》

1031	張楠	正德三年	無任何功名、官號和捐銜	贈奉訓大夫南京戶部員外郎	知府	《正德三年進士登科錄》
1032	羅輅	正德三年	無任何功名、官號和捐銜	贈工部員外郎	布政司參議，進階中順大夫	《正德三年進士登科錄》
1033	潘鵬	正德三年	無任何功名、官號和捐銜	荊府典儀	無任何功名、官號和捐銜	《正德三年進士登科錄》
1034	沈灼	正德三年	遇例冠帶	旌表孝子	無任何功名、官號和捐銜	《正德三年進士登科錄》
1035	吳岩	正德三年	贈中大夫太僕寺卿	封刑部主事，贈中大夫太僕寺卿	工部左侍郎	《正德三年進士登科錄》
1036	方鳳	正德三年	無任何功名、官號和捐銜	遇例冠帶	遙授州吏目	《正德三年進士登科錄》《正德三年進士登科錄》載方鳳上三代直系親屬名諱及履歷為「曾祖文貴；祖盛，遇例冠帶；父麟，州吏目」〔註 40〕。其中載「父麟」履歷為實職官「州吏目」，實則不確，「州吏目」應僅為其父官號而已。方鳳與其兄鵬為同科進士，具體考證詳見上文。
1037	程昌	正德三年	無任何功名、官號和捐銜	左長史進階朝列大夫	河南左布政使，進階正奉大夫正治卿	《正德三年進士登科錄》
1038	吳瓚	正德三年	無任何功名、官號和捐銜	無任何功名、官號和捐銜	無任何功名、官號和捐銜	《正德三年進士登科錄》
1039	張紘	正德三年	無任何功名、官號和捐銜	無任何功名、官號和捐銜	無任何功名、官號和捐銜	《正德三年進士登科錄》

〔註 40〕《正德三年進士登科錄》，《明代科舉錄彙編》第 4 冊，第 22 頁。

1040	唐鵬	正德三年	無任何功名、官號和捐銜	遇例冠帶	無任何功名、官號和捐銜	《正德三年進士登科錄》
1041	余珊	正德三年	無任何功名、官號和捐銜	無任何功名、官號和捐銜	無任何功名、官號和捐銜	《正德三年進士登科錄》
1042	胡大全	正德三年	無任何功名、官號和捐銜	無任何功名、官號和捐銜	無任何功名、官號和捐銜	《正德三年進士登科錄》
1043	李穩	正德三年	無任何功名、官號和捐銜	無任何功名、官號和捐銜	訓導	《正德三年進士登科錄》
1044	陸禮	正德三年	縣丞	贈戶部主事	無任何功名、官號和捐銜	《正德三年進士登科錄》
1045	曹鏜	正德三年	無任何功名、官號和捐銜	無任何功名、官號和捐銜	無任何功名、官號和捐銜	《正德三年進士登科錄》
1046	李元	正德三年	無任何功名、官號和捐銜	無任何功名、官號和捐銜	監生	《正德三年進士登科錄》
1047	丁致祥	正德三年	無任何功名、官號和捐銜	無任何功名、官號和捐銜	無任何功名、官號和捐銜	《正德三年進士登科錄》
1048	蕭瑞	正德三年	無任何功名、官號和捐銜	無任何功名、官號和捐銜	遇例冠帶	《正德三年進士登科錄》
1049	陸伸	正德三年	無任何功名、官號和捐銜	贈奉直大夫兵部員外郎	布政使司右參政	《正德三年進士登科錄》
1050	姜岐	正德三年	無任何功名、官號和捐銜	無任何功名、官號和捐銜	無任何功名、官號和捐銜	《正德三年進士登科錄》
1051	蔣愷	正德三年	無任何功名、官號和捐銜	無任何功名、官號和捐銜	無任何功名、官號和捐銜	《正德三年進士登科錄》

1052	張申甫	正德三年	無任何功名、官號和捐銜	贈刑部郎中	州判官	《正德三年進士登科錄》
1053	潘鑑	正德三年	無任何功名、官號和捐銜	無任何功名、官號和捐銜	無任何功名、官號和捐銜	《正德三年進士登科錄》
1054	高瑁	正德三年	無任何功名、官號和捐銜	知州	府經歷	《正德三年進士登科錄》
1055	王瑞之	正德三年	無任何功名、官號和捐銜	無任何功名、官號和捐銜	監生	《正德三年進士登科錄》
1056	陸范	正德三年	無任何功名、官號和捐銜	教諭，贈戶部郎中	戶部郎中	《正德三年進士登科錄》
1057	彭辨之	正德三年	推官	監生	無任何功名、官號和捐銜	《正德三年進士登科錄》
1058	蘇恩	正德三年	無任何功名、官號和捐銜	無任何功名、官號和捐銜	省祭官	《正德三年進士登科錄》
1059	潘塤	正德三年	無任何功名、官號和捐銜	府同知	無任何功名、官號和捐銜	《正德三年進士登科錄》
1060	易蓁	正德三年	無任何功名、官號和捐銜	無任何功名、官號和捐銜	無任何功名、官號和捐銜	《正德三年進士登科錄》
1061	尤樾	正德三年	布政使司左參議	無任何功名、官號和捐銜	知縣	《正德三年進士登科錄》
1062	毛如乾	正德三年	無任何功名、官號和捐銜	陰陽學正術，贈工部員外郎	知府	《正德三年進士登科錄》
1063	申惠	正德三年	無任何功名、官號和捐銜	無任何功名、官號和捐銜	無任何功名、官號和捐銜	《正德三年進士登科錄》

1064	楊谷	正德三年	無任何功名、官號和捐銜	無任何功名、官號和捐銜	無任何功名、官號和捐銜	《正德三年進士登科錄》
1065	顧可適	正德三年	無任何功名、官號和捐銜	無任何功名、官號和捐銜	義官	《正德三年進士登科錄》
1066	王芳	正德三年	無任何功名、官號和捐銜	無任何功名、官號和捐銜	無任何功名、官號和捐銜	《正德三年進士登科錄》
1067	蔣達	正德三年	無任何功名、官號和捐銜	無任何功名、官號和捐銜	無任何功名、官號和捐銜	《正德三年進士登科錄》
1068	張永泰	正德三年	無任何功名、官號和捐銜	無任何功名、官號和捐銜	甲申進士	《正德三年進士登科錄》
1069	李覺	正德三年	無任何功名、官號和捐銜	無任何功名、官號和捐銜	無任何功名、官號和捐銜	《正德三年進士登科錄》
1070	李重	正德六年	無任何功名、官號和捐銜	無任何功名、官號和捐銜	無任何功名、官號和捐銜	《正德六年進士登科錄》
1071	汪玄賜	正德六年	無任何功名、官號和捐銜	無任何功名、官號和捐銜	知縣	《正德六年進士登科錄》
1072	柴奇	正德六年	無任何功名、官號和捐銜	無任何功名、官號和捐銜	無任何功名、官號和捐銜	《正德六年進士登科錄》
1073	湯繼文	正德六年	贈刑部主事	按察司僉事	無任何功名、官號和捐銜	《正德六年進士登科錄》
1074	陳應武	正德六年	教諭	教授	壽官	《正德六年進士登科錄》
1075	蔣洽	正德六年	無任何功名、官號和捐銜	無任何功名、官號和捐銜	無任何功名、官號和捐銜	《正德六年進士登科錄》
1076	毛憲	正德六年	無任何功名、官號和捐銜	無任何功名、官號和捐銜	巡檢	《正德六年進士登科錄》

1077	柴太	正德六年	無任何功名、官號和捐銜	無任何功名、官號和捐銜	無任何功名、官號和捐銜	《正德六年進士登科錄》
1078	戴吉	正德六年	無任何功名、官號和捐銜	封知州	知府	《正德六年進士登科錄》
1079	戴恩	正德六年	贈南京吏部郎中	南京吏部郎中	義官	《正德六年進士登科錄》
1080	陸俸	正德六年	無任何功名、官號和捐銜	無任何功名、官號和捐銜	無任何功名、官號和捐銜	《正德六年進士登科錄》
1081	盧雍	正德六年	無任何功名、官號和捐銜	無任何功名、官號和捐銜	無任何功名、官號和捐銜	《正德六年進士登科錄》
1082	於湛	正德六年	無任何功名、官號和捐銜	無任何功名、官號和捐銜	知縣	《正德六年進士登科錄》
1083	祝續	正德六年	布政司右參政	無任何功名、官號和捐銜	貢士	《正德六年進士登科錄》
1084	王鑾	正德六年	無任何功名、官號和捐銜	無任何功名、官號和捐銜	無任何功名、官號和捐銜	《正德六年進士登科錄》
1085	王介	正德六年	正千戶	正千戶	教諭	《正德六年進士登科錄》
1086	何壁	正德六年	無任何功名、官號和捐銜	無任何功名、官號和捐銜	無任何功名、官號和捐銜	《正德六年進士登科錄》
1087	尹京	正德六年	無任何功名、官號和捐銜	封工部主事	知府	《正德六年進士登科錄》
1088	孫承恩	正德六年	無任何功名、官號和捐銜	訓導，贈郎中	知府	《正德六年進士登科錄》
1089	徐之鸞	正德六年	無任何功名、官號和捐銜	衛經歷	無任何功名、官號和捐銜	《正德六年進士登科錄》

1090	汪珊	正德六年	無任何功名、官號和捐銜	無任何功名、官號和捐銜	無任何功名、官號和捐銜	《正德六年進士登科錄》
1091	李杲	正德六年	無任何功名、官號和捐銜	贈兵部主事	兵部主事	《正德六年進士登科錄》
1092	張士鎬	正德六年	無任何功名、官號和捐銜	無任何功名、官號和捐銜	無任何功名、官號和捐銜	《正德六年進士登科錄》
1093	馬性魯	正德六年	無任何功名、官號和捐銜	贈徵仕郎	京衛經歷	《正德六年進士登科錄》
1094	何鉞	正德六年	無任何功名、官號和捐銜	壽官	壽官	《正德六年進士登科錄》
1095	周震	正德六年	無任何功名、官號和捐銜	無任何功名、官號和捐銜	無任何功名、官號和捐銜	《正德六年進士登科錄》
1096	楊璨	正德六年	無任何功名、官號和捐銜	義官	贈工部主事	《正德六年進士登科錄》
1097	王瑋	正德六年	無任何功名、官號和捐銜	無任何功名、官號和捐銜	義官	《正德六年進士登科錄》
1098	朱寅	正德六年	無任何功名、官號和捐銜	無任何功名、官號和捐銜	無任何功名、官號和捐銜	《正德六年進士登科錄》
1099	王以旂	正德六年	無任何功名、官號和捐銜	壽官	無任何功名、官號和捐銜	《正德六年進士登科錄》
1100	鄒輗	正德六年	無任何功名、官號和捐銜	無任何功名、官號和捐銜	無任何功名、官號和捐銜	《正德六年進士登科錄》
1101	唐濂	正德六年	無任何功名、官號和捐銜	無任何功名、官號和捐銜	封知縣	《正德六年進士登科錄》

1102	何棠	正德六年	旌表義民	無任何功名、官號和捐銜	義官	《正德六年進士登科錄》
1103	孫方	正德六年	無任何功名、官號和捐銜	無任何功名、官號和捐銜	將仕郎	《正德六年進士登科錄》
1104	沈霽	正德六年	壽官	無任何功名、官號和捐銜	無任何功名、官號和捐銜	《正德六年進士登科錄》
1105	蔣亨	正德六年	贈左通政	禮部左侍郎	無任何功名、官號和捐銜	《正德六年進士登科錄》
1106	陶麟	正德六年	無任何功名、官號和捐銜	無任何功名、官號和捐銜	無任何功名、官號和捐銜	《正德六年進士登科錄》
1107	鄭正義	正德六年	無任何功名、官號和捐銜	無任何功名、官號和捐銜	無任何功名、官號和捐銜	《正德六年進士登科錄》
1108	沈俊	正德六年	百戶	百戶	聽選監生	《正德六年進士登科錄》
1109	韓鸞	正德六年	無任何功名、官號和捐銜	無任何功名、官號和捐銜	無任何功名、官號和捐銜	《正德六年進士登科錄》
1110	陳寰	正德六年	無任何功名、官號和捐銜	無任何功名、官號和捐銜	贈監察御史	《正德六年進士登科錄》
1111	吳闓	正德六年	無任何功名、官號和捐銜	無任何功名、官號和捐銜	無任何功名、官號和捐銜	《正德六年進士登科錄》
1112	俞璋	正德六年	無任何功名、官號和捐銜	無任何功名、官號和捐銜	無任何功名、官號和捐銜	《正德六年進士登科錄》
1113	貢珊	正德六年	兵部員外郎	無任何功名、官號和捐銜	無任何功名、官號和捐銜	《正德六年進士登科錄》
1114	余翱	正德六年	無任何功名、官號和捐銜	無任何功名、官號和捐銜	無任何功名、官號和捐銜	《正德六年進士登科錄》

1115	龔大有	正德六年	無任何功名、官號和捐銜	無任何功名、官號和捐銜	貢士	《正德六年進士登科錄》
1116	潘錡	正德六年	無任何功名、官號和捐銜	贈官	無任何功名、官號和捐銜	《正德六年進士登科錄》
1117	王紀	正德六年	無任何功名、官號和捐銜	無任何功名、官號和捐銜	無任何功名、官號和捐銜	《正德六年進士登科錄》
1118	彭昉	正德六年	無任何功名、官號和捐銜	無任何功名、官號和捐銜	無任何功名、官號和捐銜	《正德六年進士登科錄》
1119	宋臣	正德六年	無任何功名、官號和捐銜	無任何功名、官號和捐銜	無任何功名、官號和捐銜	《正德六年進士登科錄》
1120	戴詳	正德六年	無任何功名、官號和捐銜	無任何功名、官號和捐銜	知縣	《正德六年進士登科錄》
1121	俞敦	正德六年	無任何功名、官號和捐銜	百戶	按察司副使	《正德六年進士登科錄》
1122	周懋文	正德六年	無任何功名、官號和捐銜	無任何功名、官號和捐銜	無任何功名、官號和捐銜	《正德六年進士登科錄》
1123	蔣益	正德六年	無任何功名、官號和捐銜	無任何功名、官號和捐銜	知州	《正德六年進士登科錄》
1124	儲洵	正德六年	贈戶部右侍郎	封戶部右侍郎	無任何功名、官號和捐銜	《正德六年進士登科錄》
1125	王遵	正德六年	中書舍人	知縣	通判	《正德六年進士登科錄》
1126	胡岳	正德九年	無任何功名、官號和捐銜	無任何功名、官號和捐銜	訓導	無現存《正德九年進士登科錄》。據嘉靖二年進士徐階所撰《明故通議大夫大理寺卿前巡撫江西都察院右副都御史浦南胡公墓誌銘》載：「公諱岳……曾祖某，祖斌，父琬，仕為湖州府學訓導，封刑部主事，與斌俱贈通議大夫都察院

						右副都御史……公昔領正德庚午鄉薦，與階先叔父為同年，甲戌舉進士」〔註41〕；乾隆《金山縣志》又載：「胡琬，字公炎，弘治辛亥以貢上春官，試翰林、吏部，皆上第，授湖州訓導」〔註42〕。綜上可知，胡琬在其子岳中進士之前，就已任湖州訓導。
1127	楊秉義	正德九年	義官	贈工部主事	知縣	無現存《正德九年進士登科錄》。據嘉靖二年進士徐階所撰《明故文林郎吏科都給事中致仕麟山楊公墓誌銘》載：「公諱秉義，字士宜，麟山號，其先自上海徙華亭……府丞公諱璨，故義官諱文信之孫，贈工部主事諱雲之子，而公之考也」〔註43〕。由此可知，楊秉義為正德六年進士楊璨之子，查《正德六年進士登科錄》，可知，楊璨上三代名諱及履歷為「曾祖景高；祖文信，義官；父雲，贈工部主事」〔註44〕；又據正德三年狀元呂柟所撰《應天府丞楊公璨墓誌銘》〔註45〕，正德六年至正德十年，楊璨任桐鄉知縣。綜上，楊秉義上三代直系親屬名諱及履歷應為「曾祖文信，義官；祖雲，贈工部主事；父燦，知縣」。
1128	李儒	正德九年	無任何功名、官號和捐銜	無任何功名、官號和捐銜	無任何功名、官號和捐銜	無現存《正德九年進士登科錄》。據嘉靖八年進士唐順之所撰《禮部郎中李君墓誌銘》載：「公姓李氏，諱儒……世為華亭人。大父諱常，父諱東，以公故，贈南京禮部主事」。由該《墓誌銘》可知，李儒的曾祖、祖俱為無任何功名、官

〔註41〕〔明〕徐階：《世經堂集》卷一五《明故通議大夫大理寺卿前巡撫江西都察院右副都御史浦南胡公墓誌銘》，《四庫全書存目叢書》集部第79冊，第682～683頁。

〔註42〕乾隆《金山縣志》卷一二《人物・儒林》，乾隆刊本。

〔註43〕〔明〕徐階：《世經堂集》卷一五《明故文林郎吏科都給事中致仕麟山楊公墓誌銘》，《四庫全書存目叢書》集部第79冊，第677頁。

〔註44〕《正德六年進士登科錄》，第42頁。

〔註45〕〔明〕呂柟：《涇野先生文集》卷七五《應天府丞楊公璨墓誌銘》，《續修四庫全書》史部第529冊，第154頁。

						號和捐銜的平民，其父去世後，獲贈「南京禮部主事」，這就說明其父生前也為無任何功名、官號和捐銜的平民。
1129	周鳳鳴	正德九年	無任何功名、官號和捐銜	無任何功名、官號和捐銜	監察御史	無現存《正德九年進士登科錄》。周鳳鳴為弘治十二年進士周倫之子〔註46〕。據《弘治十二年進士登科錄》載倫上三代直系親屬履歷俱為無任何功名、官號和捐銜的平民；又據《明武宗實錄》，正德九年，周倫任監察御史。綜上可知，周鳳鳴曾祖、祖皆為無任何功名、官號和捐銜的平民，父為監察御史。
1130	吳鸞	正德九年	無任何功名、官號和捐銜	無任何功名、官號和捐銜	無任何功名、官號和捐銜	無現存《正德九年進士登科錄》。據嘉靖二十六年進士王世貞所撰《明故承德郎南京禮部主客司主事敬齋吳公墓誌銘》載：「公諱鸞……先世家崑山茜涇，後割崑山之屬曰太倉州，遂為太倉人……曾祖英，祖茂，父贈君源，咸負隱德弗仕」〔註47〕。由該《墓誌銘》可知，吳鸞上三代直系親屬俱為無任何功名、官號和捐銜的平民。
1131	顧可久	正德九年	無任何功名、官號和捐銜	無任何功名、官號和捐銜	無任何功名、官號和捐銜	無現存《正德九年進士登科錄》。顧可久為弘治十八年進士顧可學堂弟，二者同曾祖、祖，《弘治十八年進士登科錄》載顧可學上三代直系親屬名諱及履歷為「曾祖壽；祖信；父懋，遇例冠帶」〔註48〕；嘉靖八年進士皇甫汸所撰《明中憲大夫廣東提刑按察司副使洞陽顧公墓誌銘》又載：「公諱可久……曾祖壽……壽子諱信……公之王父也。生三子，季諱榮章，號筠軒，以公諱，贈中憲大夫泉州知府」〔註49〕。

〔註46〕《類姓登科考》，第566頁。

〔註47〕〔明〕王世貞：《弇州四部稿》卷八八《明故承德郎南京禮部主客司主事敬齋吳公墓誌銘》，《景印文淵閣四庫全書》第1280冊，第439頁。

〔註48〕《弘治十八年進士登科錄》，《明代登科錄彙編》第5冊，第2452頁。

〔註49〕〔明〕皇甫汸：《皇甫司勳集》卷五二《明中憲大夫廣東提刑按察司副使洞陽顧公墓誌銘》，《景印文淵閣四庫全書》第1275冊，第844頁。

						綜上可知，顧可久曾祖、祖皆為無任何功名、官號和捐銜的平民，其父去世後，獲贈官，說明其父生前也為無任何功名、官號和捐銜的平民。
1132	胡松	正德九年	無任何功名、官號和捐銜	無任何功名、官號和捐銜	無任何功名、官號和捐銜	無現存《正德九年進士登科錄》。據嘉靖二十六年進士王世貞所撰《明故工部尚書致仕進階榮祿大夫承菴胡公行狀》載：「徽有工部尚書胡公者諱松……其郡之績溪人也。先世自吳興而徙……庸傳有明，有明傳淳，俱負隱德……有明娶於馮，淳娶於方，贈封皆淑人，則公之祖母及母也」〔註 50〕。由該《行狀》可知，胡松上三代直系親屬履歷皆為無任何功名、官號和捐銜的平民。
1133	孫存	正德九年	無任何功名、官號和捐銜	教授	推官	無現存《正德九年進士登科錄》。據正德九年進士胡松所撰《河南左布政使孫公存行狀》載：「公曾大父和，生允恭，正統丁卯應天中式，戊辰中乙榜，銓試嘉魚縣教諭，遷贛州府學教授；父諱序，中應天成化癸卯鄉試，累上春官不第，除福建建寧府推官……生子七人，公其中子也。諱存……正德癸酉年二十有三領鄉薦，甲戌賜進士出身」〔註 51〕。由該《行狀》可知，孫存上三代直系親屬名諱及履歷為「曾祖和；祖允恭，教諭；父序，推官」。
1134	崔桐	正德十二年	贈布政司都事	府同知	縣丞	《正德十二年進士登科錄》
1135	王舜漁	正德十二年	無任何功名、官號和捐銜	無任何功名、官號和捐銜	義官	《正德十二年進士登科錄》
1136	王臬	正德十二年	義官	承事郎	義官	《正德十二年進士登科錄》

〔註 50〕〔明〕王世貞：《弇州四部稿》卷一百《明故工部尚書致仕進階榮祿大夫承菴胡公行狀》，《景印文淵閣四庫全書》第 1280 冊，第 595 頁。

〔註 51〕〔明〕焦竑：《國朝獻徵錄》卷九二《河南左布政使孫公存行狀》，《續修四庫全書》史部第 530 冊，第 201 頁。

1137	曹懷	正德十二年	無任何功名、官號和捐銜	無任何功名、官號和捐銜	教諭	《正德十二年進士登科錄》
1138	陸金	正德十二年	無任何功名、官號和捐銜	驛丞	無任何功名、官號和捐銜	《正德十二年進士登科錄》
1139	儲昱	正德十二年	無任何功名、官號和捐銜	無任何功名、官號和捐銜	壽官	《正德十二年進士登科錄》
1140	華湘	正德十二年	無任何功名、官號和捐銜	無任何功名、官號和捐銜	無任何功名、官號和捐銜	《正德十二年進士登科錄》
1141	葉觀	正德十二年	都轉運鹽使司同知	副千戶	義官	《正德十二年進士登科錄》
1142	汪思	正德十二年	無任何功名、官號和捐銜	封按察司僉事	無任何功名、官號和捐銜	《正德十二年進士登科錄》
1143	陳沂	正德十二年	無任何功名、官號和捐銜	贈知縣	通判	《正德十二年進士登科錄》
1144	楊淮	正德十二年	無任何功名、官號和捐銜	義官	義官	《正德十二年進士登科錄》
1145	高淪	正德十二年	贈都察院右副都御史	封大理寺左評事，贈都察院右副都御史	南京戶部尚書，贈太子少保	《正德十二年進士登科錄》
1146	胡宗明	正德十二年	無任何功名、官號和捐銜	壽官	無任何功名、官號和捐銜	《正德十二年進士登科錄》
1147	梅鶚	正德十二年	無任何功名、官號和捐銜	無任何功名、官號和捐銜	無任何功名、官號和捐銜	《正德十二年進士登科錄》
1148	孔蔭	正德十二年	無任何功名、官號和捐銜	無任何功名、官號和捐銜	無任何功名、官號和捐銜	《正德十二年進士登科錄》

1149	陳鈇	正德十二年	監察御史	國子監學正	無任何功名、官號和捐銜	《正德十二年進士登科錄》
1150	李紹賢	正德十二年	無任何功名、官號和捐銜	無任何功名、官號和捐銜	無任何功名、官號和捐銜	《正德十二年進士登科錄》
1151	顧濟	正德十二年	壽官	無任何功名、官號和捐銜	無任何功名、官號和捐銜	《正德十二年進士登科錄》
1152	王世祿	正德十二年	無任何功名、官號和捐銜	無任何功名、官號和捐銜	無任何功名、官號和捐銜	《正德十二年進士登科錄》
1153	朱豹	正德十二年	無任何功名、官號和捐銜	府同知	歲貢生	《正德十二年進士登科錄》
1154	曹鎡	正德十二年	無任何功名、官號和捐銜	無任何功名、官號和捐銜	壽官	《正德十二年進士登科錄》
1155	楊翱	正德十二年	無任何功名、官號和捐銜	無任何功名、官號和捐銜	教諭	《正德十二年進士登科錄》
1156	夏宗仁	正德十二年	無任何功名、官號和捐銜	無任何功名、官號和捐銜	無任何功名、官號和捐銜	《正德十二年進士登科錄》
1157	胡效才	正德十二年	無任何功名、官號和捐銜	壽官封南京刑部主事	按察司僉事	《正德十二年進士登科錄》
1158	王暐	正德十二年	無任何功名、官號和捐銜	壽官	無任何功名、官號和捐銜	《正德十二年進士登科錄》
1159	汪溱	正德十二年	無任何功名、官號和捐銜	贈南京刑部郎中	知府	《正德十二年進士登科錄》
1160	伍余福	正德十二年	壽官	義官	無任何功名、官號和捐銜	《正德十二年進士登科錄》

1161	柯相	正德十二年	無任何功名、官號和捐銜	無任何功名、官號和捐銜	無任何功名、官號和捐銜	《正德十二年進士登科錄》
1162	王昆	正德十二年	無任何功名、官號和捐銜	無任何功名、官號和捐銜	紀善	《正德十二年進士登科錄》
1163	朱洸	正德十二年	無任何功名、官號和捐銜	無任何功名、官號和捐銜	工部主事	《正德十二年進士登科錄》
1164	吳仲	正德十二年	知縣	無任何功名、官號和捐銜	左長史	《正德十二年進士登科錄》
1165	蔣珙	正德十二年	壽官	無任何功名、官號和捐銜	無任何功名、官號和捐銜	《正德十二年進士登科錄》
1166	孫峻	正德十二年	無任何功名、官號和捐銜	無任何功名、官號和捐銜	無任何功名、官號和捐銜	《正德十二年進士登科錄》
1167	潘鋭	正德十二年	無任何功名、官號和捐銜	監察御史	義官	《正德十二年進士登科錄》
1168	馬津	正德十二年	無任何功名、官號和捐銜	教授，贈知州	義官	《正德十二年進士登科錄》
1169	朱鼒	正德十二年	無任何功名、官號和捐銜	無任何功名、官號和捐銜	無任何功名、官號和捐銜	《正德十二年進士登科錄》
1170	田秀	正德十二年	無任何功名、官號和捐銜	知縣	州判官	《正德十二年進士登科錄》
1171	程資	正德十二年	無任何功名、官號和捐銜	無任何功名、官號和捐銜	無任何功名、官號和捐銜	《正德十二年進士登科錄》
1172	張淮	正德十二年	衛鎮撫	無任何功名、官號和捐銜	無任何功名、官號和捐銜	《正德十二年進士登科錄》

1173	丁瓚	正德十二年	無任何功名、官號和捐銜	衛經歷	壽官	《正德十二年進士登科錄》
1174	王莘	正德十二年	無任何功名、官號和捐銜	無任何功名、官號和捐銜	南京工部司務	《正德十二年進士登科錄》
1175	王舜耕	正德十二年	無任何功名、官號和捐銜	無任何功名、官號和捐銜	義官	《正德十二年進士登科錄》
1176	顧昺	正德十二年	無任何功名、官號和捐銜	無任何功名、官號和捐銜	無任何功名、官號和捐銜	《正德十二年進士登科錄》
1177	倪鶚	正德十二年	無任何功名、官號和捐銜	無任何功名、官號和捐銜	義官	《正德十二年進士登科錄》
1178	江元輔	正德十二年	無任何功名、官號和捐銜	無任何功名、官號和捐銜	無任何功名、官號和捐銜	《正德十二年進士登科錄》
1179	方紀達	正德十二年	布政司右參議進階亞中大夫	無任何功名、官號和捐銜	無任何功名、官號和捐銜	《正德十二年進士登科錄》
1180	陳逅	正德十二年	無任何功名、官號和捐銜	監生	教諭	《正德十二年進士登科錄》
1181	孫舟	正德十二年	贈刑部員外郎	刑部員外郎	無任何功名、官號和捐銜	《正德十二年進士登科錄》
1182	鄭建	正德十二年	無任何功名、官號和捐銜	無任何功名、官號和捐銜	無任何功名、官號和捐銜	《正德十二年進士登科錄》
1183	曹弘	正德十二年	無任何功名、官號和捐銜	贈工部員外郎	工部郎中	《正德十二年進士登科錄》
1184	蔣舜民	正德十二年	無任何功名、官號和捐銜	無任何功名、官號和捐銜	無任何功名、官號和捐銜	《正德十二年進士登科錄》

1185	王祐	正德十二年	無任何功名、官號和捐銜	無任何功名、官號和捐銜	無任何功名、官號和捐銜	《正德十二年進士登科錄》
1186	李傑	正德十二年	無任何功名、官號和捐銜	無任何功名、官號和捐銜	縣丞	《正德十二年進士登科錄》
1187	沈淡	正德十二年	無任何功名、官號和捐銜	知縣	無任何功名、官號和捐銜	《正德十二年進士登科錄》
1188	朱臣	正德十二年	無任何功名、官號和捐銜	無任何功名、官號和捐銜	無任何功名、官號和捐銜	《正德十二年進士登科錄》
1189	王積	正德十六年	無任何功名、官號和捐銜	無任何功名、官號和捐銜	無任何功名、官號和捐銜	《正德十六年進士登科錄》
1190	沈漢	正德十六年	無任何功名、官號和捐銜	無任何功名、官號和捐銜	無任何功名、官號和捐銜	《正德十六年進士登科錄》
1191	張鳳來	正德十六年	無任何功名、官號和捐銜	壽官	無任何功名、官號和捐銜	《正德十六年進士登科錄》
1192	富好禮	正德十六年	無任何功名、官號和捐銜	無任何功名、官號和捐銜	無任何功名、官號和捐銜	《正德十六年進士登科錄》
1193	徐嵩	正德十六年	無任何功名、官號和捐銜	贈給事中	順天府府尹	《正德十六年進士登科錄》
1194	吳廷翰	正德十六年	無任何功名、官號和捐銜	壽官	義官	《正德十六年進士登科錄》
1195	瞿祥	正德十六年	壽官	無任何功名、官號和捐銜	無任何功名、官號和捐銜	《正德十六年進士登科錄》
1196	王世芳	正德十六年	贈通議大夫南京兵部右侍郎	南京工部郎中，授奉政大夫，進階四品	無任何功名、官號和捐銜	《正德十六年進士登科錄》

1197	惲釜	正德十六年	無任何功名、官號和捐銜	無任何功名、官號和捐銜	無任何功名、官號和捐銜	《正德十六年進士登科錄》
1198	張寰	正德十六年	贈刑部郎中	無任何功名、官號和捐銜	知州，進階中順大夫	《正德十六年進士登科錄》
1199	朱紈	正德十六年	無任何功名、官號和捐銜	無任何功名、官號和捐銜	教諭	《正德十六年進士登科錄》
1200	張袞	正德十六年	無任何功名、官號和捐銜	無任何功名、官號和捐銜	義官	《正德十六年進士登科錄》
1201	查應兆	正德十六年	無任何功名、官號和捐銜	贈府通判	府同知	《正德十六年進士登科錄》
1202	潘鎰	正德十六年	無任何功名、官號和捐銜	無任何功名、官號和捐銜	無任何功名、官號和捐銜	《正德十六年進士登科錄》
1203	張羽	正德十六年	無任何功名、官號和捐銜	無任何功名、官號和捐銜	無任何功名、官號和捐銜	《正德十六年進士登科錄》
1204	謝霖	正德十六年	無任何功名、官號和捐銜	無任何功名、官號和捐銜	無任何功名、官號和捐銜	《正德十六年進士登科錄》
1205	王大化	正德十六年	無任何功名、官號和捐銜	無任何功名、官號和捐銜	知縣	《正德十六年進士登科錄》
1206	王同祖	正德十六年	監察御史	訓導	承事郎	《正德十六年進士登科錄》
1207	汪堅	正德十六年	無任何功名、官號和捐銜	無任何功名、官號和捐銜	無任何功名、官號和捐銜	《正德十六年進士登科錄》
1208	浦瑾	正德十六年	無任何功名、官號和捐銜	無任何功名、官號和捐銜	義官	《正德十六年進士登科錄》
1209	潘潢	正德十六年	贈知縣	按察僉事進階中順大夫	無任何功名、官號和捐銜	《正德十六年進士登科錄》

1210	吳檄	正德十六年	無任何功名、官號和捐銜	無任何功名、官號和捐銜	無任何功名、官號和捐銜	《正德十六年進士登科錄》
1211	張寅	正德十六年	無任何功名、官號和捐銜	無任何功名、官號和捐銜	無任何功名、官號和捐銜	《正德十六年進士登科錄》
1212	高汧	正德十六年	贈都察院右副都御史	無任何功名、官號和捐銜	無任何功名、官號和捐銜	《正德十六年進士登科錄》
1213	朱鴻漸	正德十六年	無任何功名、官號和捐銜	無任何功名、官號和捐銜	監生	《正德十六年進士登科錄》
1214	吳文之	正德十六年	無任何功名、官號和捐銜	無任何功名、官號和捐銜	無任何功名、官號和捐銜	《正德十六年進士登科錄》
1215	郁山	正德十六年	無任何功名、官號和捐銜	無任何功名、官號和捐銜	無任何功名、官號和捐銜	《正德十六年進士登科錄》
1216	施一德	正德十六年	無任何功名、官號和捐銜	無任何功名、官號和捐銜	判官	《正德十六年進士登科錄》
1217	眭紘	正德十六年	無任何功名、官號和捐銜	無任何功名、官號和捐銜	無任何功名、官號和捐銜	《正德十六年進士登科錄》
1218	孫益	正德十六年	尚寶司司丞	無任何功名、官號和捐銜	歲貢生	《正德十六年進士登科錄》
1219	端廷赦	正德十六年	封監察御史	布政使司左布政使	無任何功名、官號和捐銜	《正德十六年進士登科錄》
1220	胡明善	正德十六年	無任何功名、官號和捐銜	義官	監生	《正德十六年進士登科錄》
1221	李松	正德十六年	無任何功名、官號和捐銜	無任何功名、官號和捐銜	無任何功名、官號和捐銜	《正德十六年進士登科錄》

1222	陸鼇	正德十六年	無任何功名、官號和捐銜	義官	無任何功名、官號和捐銜	《正德十六年進士登科錄》
1223	李翔	正德十六年	無任何功名、官號和捐銜	無任何功名、官號和捐銜	無任何功名、官號和捐銜	《正德十六年進士登科錄》
1224	屈儒	正德十六年	縣丞	無任何功名、官號和捐銜	無任何功名、官號和捐銜	《正德十六年進士登科錄》
1225	蔣詔	正德十六年	無任何功名、官號和捐銜	無任何功名、官號和捐銜	無任何功名、官號和捐銜	《正德十六年進士登科錄》
1226	沈奎	正德十六年	無任何功名、官號和捐銜	無任何功名、官號和捐銜	無任何功名、官號和捐銜	《正德十六年進士登科錄》
1227	顧溱	正德十六年	壽官	無任何功名、官號和捐銜	無任何功名、官號和捐銜	《正德十六年進士登科錄》
1228	吳大本	正德十六年	按察司副使	贈戶部員外郎	貢士	《正德十六年進士登科錄》
1229	劉守良	正德十六年	無任何功名、官號和捐銜	判官	無任何功名、官號和捐銜	《正德十六年進士登科錄》
1230	程輅	正德十六年	無任何功名、官號和捐銜	無任何功名、官號和捐銜	無任何功名、官號和捐銜	《正德十六年進士登科錄》
1231	孫鑾	正德十六年	無任何功名、官號和捐銜	無任何功名、官號和捐銜	無任何功名、官號和捐銜	《正德十六年進士登科錄》
1232	呂綸	正德十六年	監生	無任何功名、官號和捐銜	壽官	《正德十六年進士登科錄》
1233	錢鐸	正德十六年	無任何功名、官號和捐銜	無任何功名、官號和捐銜	義官	《正德十六年進士登科錄》
1234	仲選	正德十六年	大理寺卿	知縣	無任何功名、官號和捐銜	《正德十六年進士登科錄》

1235	龔大稔	正德十六年	無任何功名、官號和捐銜	無任何功名、官號和捐銜	無任何功名、官號和捐銜	《正德十六年進士登科錄》
1236	華金	正德十六年	義官	義官	義官	《正德十六年進士登科錄》
1237	徐階	嘉靖二年	無任何功名、官號和捐銜	無任何功名、官號和捐銜	縣丞	《嘉靖二年進士登科錄》
1238	華鑰	嘉靖二年	無任何功名、官號和捐銜	無任何功名、官號和捐銜	無任何功名、官號和捐銜	《嘉靖二年進士登科錄》
1239	王召	嘉靖二年	無任何功名、官號和捐銜	壽官	無任何功名、官號和捐銜	《嘉靖二年進士登科錄》
1240	石英中	嘉靖二年	無任何功名、官號和捐銜	無任何功名、官號和捐銜	典史	《嘉靖二年進士登科錄》
1241	張京安	嘉靖二年	無任何功名、官號和捐銜	無任何功名、官號和捐銜	知縣	《嘉靖二年進士登科錄》
1242	吳昌齡	嘉靖二年	無任何功名、官號和捐銜	知縣	無任何功名、官號和捐銜	《嘉靖二年進士登科錄》
1243	盧蕙	嘉靖二年	無任何功名、官號和捐銜	七品散官	義官	《嘉靖二年進士登科錄》
1244	程旦	嘉靖二年	無任何功名、官號和捐銜	義官	無任何功名、官號和捐銜	《嘉靖二年進士登科錄》
1245	馮冠	嘉靖二年	無任何功名、官號和捐銜	封監察御史	按察司副使進階亞中大夫	《嘉靖二年進士登科錄》
1246	潘恩	嘉靖二年	所大使	無任何功名、官號和捐銜	典史	《嘉靖二年進士登科錄》
1247	盧襄	嘉靖二年	無任何功名、官號和捐銜	無任何功名、官號和捐銜	封監察御史	《嘉靖二年進士登科錄》

1248	胡有恆	嘉靖二年	無任何功名、官號和捐銜	無任何功名、官號和捐銜	無任何功名、官號和捐銜	《嘉靖二年進士登科錄》
1249	程煌	嘉靖二年	無任何功名、官號和捐銜	無任何功名、官號和捐銜	無任何功名、官號和捐銜	《嘉靖二年進士登科錄》
1250	劉炯	嘉靖二年	無任何功名、官號和捐銜	贈工部主事	都察院右副都御史	《嘉靖二年進士登科錄》
1251	王庭	嘉靖二年	無任何功名、官號和捐銜	無任何功名、官號和捐銜	訓導	《嘉靖二年進士登科錄》
1252	顧夢圭	嘉靖二年	贈左春坊諭德兼翰林院侍讀	封監察御史	知府，前提學御史	《嘉靖二年進士登科錄》
1253	馬坤	嘉靖二年	無任何功名、官號和捐銜	壽官	無任何功名、官號和捐銜	《嘉靖二年進士登科錄》
1254	葉份	嘉靖二年	無任何功名、官號和捐銜	封文林郎知縣	知府	《嘉靖二年進士登科錄》
1255	魏應召	嘉靖二年	無任何功名、官號和捐銜	無任何功名、官號和捐銜	推官	《嘉靖二年進士登科錄》
1256	晉憲	嘉靖二年	壽官	無任何功名、官號和捐銜	訓導	《嘉靖二年進士登科錄》
1257	陸堂	嘉靖二年	無任何功名、官號和捐銜	無任何功名、官號和捐銜	無任何功名、官號和捐銜	《嘉靖二年進士登科錄》
1258	司馬泰	嘉靖二年	無任何功名、官號和捐銜	無任何功名、官號和捐銜	無任何功名、官號和捐銜	《嘉靖二年進士登科錄》
1259	汪漢	嘉靖二年	無任何功名、官號和捐銜	無任何功名、官號和捐銜	無任何功名、官號和捐銜	《嘉靖二年進士登科錄》

1260	吳淮	嘉靖二年	無任何功名、官號和捐銜	義官	無任何功名、官號和捐銜	《嘉靖二年進士登科錄》
1261	鄭淮	嘉靖二年	無任何功名、官號和捐銜	無任何功名、官號和捐銜	無任何功名、官號和捐銜	《嘉靖二年進士登科錄》
1262	史臣	嘉靖二年	義官	無任何功名、官號和捐銜	監生	《嘉靖二年進士登科錄》
1263	張國維	嘉靖二年	無任何功名、官號和捐銜	甲申進士	戊辰進士	《嘉靖二年進士登科錄》
1264	李日章	嘉靖二年	無任何功名、官號和捐銜	壽官	訓導	《嘉靖二年進士登科錄》
1265	周易	嘉靖二年	無任何功名、官號和捐銜	無任何功名、官號和捐銜	無任何功名、官號和捐銜	《嘉靖二年進士登科錄》
1266	戴靜夫	嘉靖二年	無任何功名、官號和捐銜	無任何功名、官號和捐銜	無任何功名、官號和捐銜	《嘉靖二年進士登科錄》
1267	王評	嘉靖二年	無任何功名、官號和捐銜	無任何功名、官號和捐銜	無任何功名、官號和捐銜	《嘉靖二年進士登科錄》
1268	周鼇	嘉靖二年	無任何功名、官號和捐銜	無任何功名、官號和捐銜	無任何功名、官號和捐銜	《嘉靖二年進士登科錄》
1269	焦煜	嘉靖二年	無任何功名、官號和捐銜	無任何功名、官號和捐銜	無任何功名、官號和捐銜	《嘉靖二年進士登科錄》
1270	龔轅	嘉靖二年	無任何功名、官號和捐銜	無任何功名、官號和捐銜	無任何功名、官號和捐銜	《嘉靖二年進士登科錄》
1271	盛應陽	嘉靖二年	太醫院醫士	太醫院醫士	義官	《嘉靖二年進士登科錄》
1272	宋錦	嘉靖二年	無任何功名、官號和捐銜	無任何功名、官號和捐銜	無任何功名、官號和捐銜	《嘉靖二年進士登科錄》

1273	朱觀	嘉靖二年	無任何功名、官號和捐銜	無任何功名、官號和捐銜	壽官	《嘉靖二年進士登科錄》
1274	汪琯	嘉靖二年	無任何功名、官號和捐銜	無任何功名、官號和捐銜	無任何功名、官號和捐銜	《嘉靖二年進士登科錄》
1275	方潤	嘉靖二年	無任何功名、官號和捐銜	無任何功名、官號和捐銜	無任何功名、官號和捐銜	《嘉靖二年進士登科錄》
1276	顧文隆	嘉靖二年	無任何功名、官號和捐銜	無任何功名、官號和捐銜	義官	《嘉靖二年進士登科錄》
1277	方升	嘉靖二年	無任何功名、官號和捐銜	無任何功名、官號和捐銜	無任何功名、官號和捐銜	《嘉靖二年進士登科錄》
1278	陳府	嘉靖二年	無任何功名、官號和捐銜	無任何功名、官號和捐銜	知縣	《嘉靖二年進士登科錄》
1279	狄沖	嘉靖二年	無任何功名、官號和捐銜	無任何功名、官號和捐銜	無任何功名、官號和捐銜	《嘉靖二年進士登科錄》
1280	毛衢	嘉靖二年	無任何功名、官號和捐銜	無任何功名、官號和捐銜	無任何功名、官號和捐銜	《嘉靖二年進士登科錄》
1281	胡道芳	嘉靖二年	無任何功名、官號和捐銜	無任何功名、官號和捐銜	無任何功名、官號和捐銜	《嘉靖二年進士登科錄》
1282	鄔紳	嘉靖二年	無任何功名、官號和捐銜	無任何功名、官號和捐銜	無任何功名、官號和捐銜	《嘉靖二年進士登科錄》
1283	夏玉麟	嘉靖二年	無任何功名、官號和捐銜	無任何功名、官號和捐銜	無任何功名、官號和捐銜	《嘉靖二年進士登科錄》
1284	汪居安	嘉靖二年	無任何功名、官號和捐銜	無任何功名、官號和捐銜	無任何功名、官號和捐銜	《嘉靖二年進士登科錄》

1285	沈大楠	嘉靖二年	無任何功名、官號和捐銜	知縣	無任何功名、官號和捐銜	《嘉靖二年進士登科錄》
1286	李夢周	嘉靖二年	迪功左郎	聽選官	府通判	《嘉靖二年進士登科錄》
1287	陳世輔	嘉靖二年	無任何功名、官號和捐銜	無任何功名、官號和捐銜	義官	《嘉靖二年進士登科錄》
1288	董鉱	嘉靖二年	無任何功名、官號和捐銜	贈知府	義官	《嘉靖二年進士登科錄》
1289	胡統	嘉靖二年	特進光祿大夫少傅兼太子太傅吏部尚書贈太保謚忠安	錦衣衛鎮撫	例授鎮江衛指揮	《嘉靖二年進士登科錄》
1290	胡琯	嘉靖二年	無任何功名、官號和捐銜	無任何功名、官號和捐銜	無任何功名、官號和捐銜	《嘉靖二年進士登科錄》
1291	孫昺	嘉靖二年	無任何功名、官號和捐銜	無任何功名、官號和捐銜	壽官	《嘉靖二年進士登科錄》
1292	許廷桂	嘉靖二年	無任何功名、官號和捐銜	知縣	無任何功名、官號和捐銜	《嘉靖二年進士登科錄》
1293	謝應龍	嘉靖二年	壽官	無任何功名、官號和捐銜	無任何功名、官號和捐銜	《嘉靖二年進士登科錄》
1294	方遠宜	嘉靖二年	無任何功名、官號和捐銜	無任何功名、官號和捐銜	無任何功名、官號和捐銜	《嘉靖二年進士登科錄》
1295	趙綸	嘉靖二年	無任何功名、官號和捐銜	無任何功名、官號和捐銜	無任何功名、官號和捐銜	《嘉靖二年進士登科錄》
1296	徐行健	嘉靖二年	無任何功名、官號和捐銜	百戶進階武略將軍	百戶	《嘉靖二年進士登科錄》

1297	王綸	嘉靖二年	無任何功名、官號和捐銜	無任何功名、官號和捐銜	無任何功名、官號和捐銜	《嘉靖二年進士登科錄》
1298	魏景星	嘉靖二年	無任何功名、官號和捐銜	無任何功名、官號和捐銜	知縣	《嘉靖二年進士登科錄》
1299	董紹	嘉靖二年	無任何功名、官號和捐銜	無任何功名、官號和捐銜	七品散官	《嘉靖二年進士登科錄》
1300	謝表	嘉靖二年	無任何功名、官號和捐銜	無任何功名、官號和捐銜	壽官	《嘉靖二年進士登科錄》
1301	朱節	嘉靖二年	無任何功名、官號和捐銜	無任何功名、官號和捐銜	無任何功名、官號和捐銜	《嘉靖二年進士登科錄》
1302	楊東	嘉靖二年	無任何功名、官號和捐銜	無任何功名、官號和捐銜	無任何功名、官號和捐銜	《嘉靖二年進士登科錄》
1303	鄭濂	嘉靖二年	贈通判	知府	七品散官	《嘉靖二年進士登科錄》
1304	沈韓	嘉靖二年	無任何功名、官號和捐銜	贈刑部主事	知府進階亞中大夫	《嘉靖二年進士登科錄》
1305	陸冕	嘉靖二年	無任何功名、官號和捐銜	無任何功名、官號和捐銜	承事郎	《嘉靖二年進士登科錄》
1306	顧中立	嘉靖五年	無任何功名、官號和捐銜	巡檢	知縣	無現存《嘉靖五年進士登科錄》。據正德六年進士孫承恩為顧中立父顧斌所撰《興寧縣知縣封承德郎南京刑部主事靜虛顧公墓誌銘》載：「嘉靖己丑二月三日，靜虛顧公卒，其子中立、中孚將以十一月廿八日葬公梅涇之原……公諱斌，字德章，靜虛其別號，世家華亭……祖仁，號柳塘，考容，號龍川，任江西皂口巡檢……公自幼有至性……長，勵志學業……弘治甲子取雋，四上春官弗利，人咸惜之。授湖廣長沙縣尹……改知湖廣郴州之興寧邑……嘉靖壬午（元

						年）……飄然拂衣云」〔註 52〕。由此可知，顧中立上三代直系親屬名諱及履歷應為「曾祖仁；祖容，巡檢；父斌，知縣」。
1307	顧中孚	嘉靖五年	無任何功名、官號和捐銜	巡檢	知縣	無現存《嘉靖五年進士登科錄》。顧中孚與顧中立為同父兄弟，論證如上。
1308	袁袠	嘉靖五年	無任何功名、官號和捐銜	無任何功名、官號和捐銜	無任何功名、官號和捐銜	無現存《嘉靖五年進士登科錄》。據文徵明所撰《廣西提學僉事袁君墓誌銘》載：「君諱袠……世吳人。高祖以寧，曾祖琮，祖敬，先考封刑部主事，諱鼒」〔註 53〕；崇禎《吳縣志》又載：「袁鼒，以子袠，封刑部主事」〔註 54〕，這就說明袁鼒在其子中進士前為平民。其綜上可知，袁袠上三代直系親屬履歷俱為無任何功名、官號和捐銜的平民。
1309	陸粲	嘉靖五年	無任何功名、官號和捐銜	贈工部主事	醫學正科	無現存《嘉靖五年進士登科錄》。據正德十六年進士黃佐所撰《貞山先生給事中陸公粲墓表》載：「給事中陸公諱粲……其先自宋季避亂，始居長洲之陳湖。曾祖諱瑄，祖諱溱，以別子貴，贈工部主事，考諱應賓，世傳儒業，旁通軒岐，為醫學正科」〔註 55〕。由該《墓表》可知，陸粲上三代直系親屬名諱及履歷為「曾祖瑄；祖溱，贈工部主事；父應賓，醫學正科」。
1310	談愷	嘉靖五年	封南京刑部主事	知府	知縣	無現存《嘉靖五年進士登科錄》。據嘉靖二十六年狀元李春芳所撰《都察院右都御史十山談公墓誌銘》載：「公諱愷，字守教，上世汴人，扈宋南渡，徙無錫……曾祖復，封南京

〔註 52〕〔明〕孫承恩：《文簡集》卷五十《興寧縣知縣封承德郎南京刑部主事靜虛顧公墓誌銘》，《景印文淵閣四庫全書》第 1271 冊，第 594 頁。

〔註 53〕〔明〕文徵明：《文徵明集》卷三三《廣西提學僉事袁君墓誌銘》，第 759 頁。

〔註 54〕崇禎《吳縣志》卷一八《選舉・封贈》，《天一閣藏明代方志選刊續編》第 16 冊，第 225 頁。

〔註 55〕〔明〕焦竑：《國朝獻徵錄》卷八十《貞山先生給事中陸公粲墓表》，《續修四庫全書》史部第 529 冊，第 348 頁。

						刑部主事；祖諱綱，仕至萊州府知府；考一鳳，仕至平江知縣，後以公貴，兩世俱贈兵部右侍郎兼都察院右副都御史」〔註56〕；乾隆《平江縣志》又載：「明平江縣知縣……談一鳳，無錫人，正德九年任」〔註57〕。綜上可知，談愷上三代直系親屬名諱及履歷應為「曾祖復，封南京刑部主事；祖綱，知府；考一鳳，知縣」。
1311	戚賢	嘉靖五年	無任何功名、官號和捐銜	無任何功名、官號和捐銜	無任何功名、官號和捐銜	據嘉靖八年狀元羅洪先所撰《刑科都給事中南玄戚君行狀》載：「君名賢……先世居溧陽。元末姑蘇盜起，有初五者，避亂江北，經全椒，樂其風土，徙居之……曾祖通……生敏剛，敏剛生永富，公之考也」〔註58〕。由該《行狀》可知，戚賢上三代直系親屬履歷俱為無任何功名、官號和捐銜的平民。
1312	唐順之	嘉靖八年	贈戶科給事中	戶科給事中	貢士	《嘉靖八年進士登科錄》
1313	盧淮	嘉靖八年	義官	無任何功名、官號和捐銜	壽官	《嘉靖八年進士登科錄》
1314	諸邦憲	嘉靖八年	知州	無任何功名、官號和捐銜	歲貢監生	《嘉靖八年進士登科錄》
1315	汪大受	嘉靖八年	戶部主事	無任何功名、官號和捐銜	無任何功名、官號和捐銜	《嘉靖八年進士登科錄》
1316	王三錫	嘉靖八年	壽官	承事郎	監生	《嘉靖八年進士登科錄》
1317	胡松	嘉靖八年	無任何功名、官號和捐銜	無任何功名、官號和捐銜	無任何功名、官號和捐銜	《嘉靖八年進士登科錄》

〔註56〕〔明〕李春芳：《貽安堂集》卷七《都察院右都御史十山談公墓誌銘》，《四庫全書存目叢書》集部第113冊，第194～195頁。
〔註57〕乾隆《平江縣志》卷一五《秩官志》，乾隆刊本。
〔註58〕〔明〕焦竑：《國朝獻徵錄》卷八十《刑科都給事中南玄戚君行狀》，《續修四庫全書》史部第529冊，第311頁。

1318	孫雲	嘉靖八年	無任何功名、官號和捐銜	典史	無任何功名、官號和捐銜	《嘉靖八年進士登科錄》
1319	陳詞	嘉靖八年	無任何功名、官號和捐銜	義官	貢士	《嘉靖八年進士登科錄》
1320	郟鼎	嘉靖八年	壽官	無任何功名、官號和捐銜	無任何功名、官號和捐銜	《嘉靖八年進士登科錄》
1321	張意	嘉靖八年	無任何功名、官號和捐銜	無任何功名、官號和捐銜	無任何功名、官號和捐銜	《嘉靖八年進士登科錄》
1322	王谷祥	嘉靖八年	無任何功名、官號和捐銜	無任何功名、官號和捐銜	醫官	《嘉靖八年進士登科錄》
1323	程烈	嘉靖八年	無任何功名、官號和捐銜	封監察御史	無任何功名、官號和捐銜	《嘉靖八年進士登科錄》
1324	安如山	嘉靖八年	無任何功名、官號和捐銜	義官	義官	《嘉靖八年進士登科錄》
1325	方涯	嘉靖八年	無任何功名、官號和捐銜	壽官	無任何功名、官號和捐銜	《嘉靖八年進士登科錄》
1326	薛甲	嘉靖八年	無任何功名、官號和捐銜	義官	無任何功名、官號和捐銜	《嘉靖八年進士登科錄》
1327	沈愷	嘉靖八年	無任何功名、官號和捐銜	壽官	無任何功名、官號和捐銜	《嘉靖八年進士登科錄》
1328	魯翀	嘉靖八年	訓導	無任何功名、官號和捐銜	無任何功名、官號和捐銜	《嘉靖八年進士登科錄》
1329	黃福	嘉靖八年	無任何功名、官號和捐銜	無任何功名、官號和捐銜	無任何功名、官號和捐銜	《嘉靖八年進士登科錄》

1330	蔣貫	嘉靖八年	無任何功名、官號和捐銜	無任何功名、官號和捐銜	壽官	《嘉靖八年進士登科錄》
1331	鮑象賢	嘉靖八年	無任何功名、官號和捐銜	無任何功名、官號和捐銜	無任何功名、官號和捐銜	《嘉靖八年進士登科錄》
1332	呂高	嘉靖八年	無任何功名、官號和捐銜	義官	無任何功名、官號和捐銜	《嘉靖八年進士登科錄》
1333	柯喬	嘉靖八年	無任何功名、官號和捐銜	無任何功名、官號和捐銜	教授	《嘉靖八年進士登科錄》
1334	吳子孝	嘉靖八年	贈通議大夫南京太常寺卿	封翰林院編修累贈資政大夫太子少保	資善大夫太子少保南京吏部尚書	《嘉靖八年進士登科錄》
1335	王鉅	嘉靖八年	無任何功名、官號和捐銜	無任何功名、官號和捐銜	無任何功名、官號和捐銜	《嘉靖八年進士登科錄》
1336	魯銑	嘉靖八年	無任何功名、官號和捐銜	無任何功名、官號和捐銜	無任何功名、官號和捐銜	《嘉靖八年進士登科錄》
1337	胡思忠	嘉靖八年	無任何功名、官號和捐銜	縣主簿	無任何功名、官號和捐銜	《嘉靖八年進士登科錄》
1338	丁柷	嘉靖八年	無任何功名、官號和捐銜	義官	贈監察御史	《嘉靖八年進士登科錄》
1339	張選	嘉靖八年	無任何功名、官號和捐銜	無任何功名、官號和捐銜	無任何功名、官號和捐銜	《嘉靖八年進士登科錄》
1340	張文鳳	嘉靖八年	無任何功名、官號和捐銜	教諭	無任何功名、官號和捐銜	《嘉靖八年進士登科錄》
1341	朱深	嘉靖八年	無任何功名、官號和捐銜	無任何功名、官號和捐銜	無任何功名、官號和捐銜	《嘉靖八年進士登科錄》

1342	眭燁	嘉靖八年	無任何功名、官號和捐銜	無任何功名、官號和捐銜	縣丞	《嘉靖八年進士登科錄》
1343	徐宗魯	嘉靖八年	無任何功名、官號和捐銜	無任何功名、官號和捐銜	義官	《嘉靖八年進士登科錄》
1344	方舟	嘉靖八年	無任何功名、官號和捐銜	無任何功名、官號和捐銜	無任何功名、官號和捐銜	《嘉靖八年進士登科錄》
1345	劉鳳	嘉靖八年	無任何功名、官號和捐銜	無任何功名、官號和捐銜	無任何功名、官號和捐銜	《嘉靖八年進士登科錄》
1346	曹逵	嘉靖八年	無任何功名、官號和捐銜	義官	無任何功名、官號和捐銜	《嘉靖八年進士登科錄》
1347	黃訓	嘉靖八年	無任何功名、官號和捐銜	無任何功名、官號和捐銜	無任何功名、官號和捐銜	《嘉靖八年進士登科錄》
1348	丘峻	嘉靖八年	無任何功名、官號和捐銜	無任何功名、官號和捐銜	無任何功名、官號和捐銜	《嘉靖八年進士登科錄》
1349	楊沔	嘉靖八年	無任何功名、官號和捐銜	無任何功名、官號和捐銜	縣主簿	《嘉靖八年進士登科錄》
1350	褚寶	嘉靖八年	百戶	無任何功名、官號和捐銜	無任何功名、官號和捐銜	《嘉靖八年進士登科錄》
1351	倪嵩	嘉靖八年	無任何功名、官號和捐銜	無任何功名、官號和捐銜	無任何功名、官號和捐銜	《嘉靖八年進士登科錄》
1352	朱隆禧	嘉靖八年	承事郎	監察御史	聽選監生	《嘉靖八年進士登科錄》
1353	程尚寧	嘉靖八年	無任何功名、官號和捐銜	無任何功名、官號和捐銜	無任何功名、官號和捐銜	《嘉靖八年進士登科錄》
1354	陳儒	嘉靖八年	無任何功名、官號和捐銜	無任何功名、官號和捐銜	無任何功名、官號和捐銜	《嘉靖八年進士登科錄》

1355	黃正色	嘉靖八年	無任何功名、官號和捐銜	無任何功名、官號和捐銜	義官	《嘉靖八年進士登科錄》
1356	張溪	嘉靖八年	無任何功名、官號和捐銜	無任何功名、官號和捐銜	無任何功名、官號和捐銜	《嘉靖八年進士登科錄》
1357	劉昺	嘉靖八年	百戶	無任何功名、官號和捐銜	無任何功名、官號和捐銜	《嘉靖八年進士登科錄》
1358	金清	嘉靖八年	無任何功名、官號和捐銜	封監察御史	中憲大夫按察司副使	《嘉靖八年進士登科錄》
1359	章允賢	嘉靖八年	義官	義官	監生	《嘉靖八年進士登科錄》
1360	張裕	嘉靖八年	無任何功名、官號和捐銜	壽官	無任何功名、官號和捐銜	《嘉靖八年進士登科錄》
1361	范來賢	嘉靖八年	無任何功名、官號和捐銜	義官	無任何功名、官號和捐銜	《嘉靖八年進士登科錄》
1362	皇甫汸	嘉靖八年	無任何功名、官號和捐銜	贈禮部員外郎	知府	《嘉靖八年進士登科錄》
1363	吳介	嘉靖八年	無任何功名、官號和捐銜	無任何功名、官號和捐銜	無任何功名、官號和捐銜	《嘉靖八年進士登科錄》
1364	鄭恭	嘉靖八年	無任何功名、官號和捐銜	無任何功名、官號和捐銜	無任何功名、官號和捐銜	《嘉靖八年進士登科錄》
1365	周相	嘉靖八年	無任何功名、官號和捐銜	無任何功名、官號和捐銜	無任何功名、官號和捐銜	《嘉靖八年進士登科錄》
1366	曹察	嘉靖八年	無任何功名、官號和捐銜	義官	八品散官	《嘉靖八年進士登科錄》
1367	王表	嘉靖八年	無任何功名、官號和捐銜	壽官	義官	《嘉靖八年進士登科錄》

1368	桑喬	嘉靖十一年	無任何功名、官號和捐銜	無任何功名、官號和捐銜	壽官	《嘉靖十一年進士登科錄》
1369	林春	嘉靖十一年	無任何功名、官號和捐銜	無任何功名、官號和捐銜	無任何功名、官號和捐銜	《嘉靖十一年進士登科錄》
1370	顧玉柱	嘉靖十一年	無任何功名、官號和捐銜	知縣	義官	《嘉靖十一年進士登科錄》
1371	謝少南	嘉靖十一年	贈奉直大夫南京兵部員外郎	知府，進階亞中大夫	無任何功名、官號和捐銜	《嘉靖十一年進士登科錄》
1372	左鎰	嘉靖十一年	無任何功名、官號和捐銜	無任何功名、官號和捐銜	無任何功名、官號和捐銜	《嘉靖十一年進士登科錄》
7373	楊伊志	嘉靖十一年	無任何功名、官號和捐銜	贈戶科給事中	禮科給事中	《嘉靖十一年進士登科錄》
1374	陸期范	嘉靖十一年	無任何功名、官號和捐銜	壽官	無任何功名、官號和捐銜	《嘉靖十一年進士登科錄》
1375	徐禎	嘉靖十一年	贈通議大夫都察院右副都御史	通議大夫都察院右副都御史	監生	《嘉靖十一年進士登科錄》
1376	茅盤	嘉靖十一年	無任何功名、官號和捐銜	義官	七品散官	《嘉靖十一年進士登科錄》
1377	錢亮	嘉靖十一年	無任何功名、官號和捐銜	無任何功名、官號和捐銜	無任何功名、官號和捐銜	《嘉靖十一年進士登科錄》
1378	施雨	嘉靖十一年	壽官	無任何功名、官號和捐銜	無任何功名、官號和捐銜	《嘉靖十一年進士登科錄》
1379	皇甫涍	嘉靖十一年	無任何功名、官號和捐銜	贈禮部員外郎	知府	《嘉靖十一年進士登科錄》

1380	楊成	嘉靖十一年	百戶	百戶	百戶	《嘉靖十一年進士登科錄》
1381	浦應麒	嘉靖十一年	無任何功名、官號和捐銜	義官	知縣	《嘉靖十一年進士登科錄》
1382	餘光	嘉靖十一年	無任何功名、官號和捐銜	無任何功名、官號和捐銜	無任何功名、官號和捐銜	《嘉靖十一年進士登科錄》
1383	王廷幹	嘉靖十一年	知府	無任何功名、官號和捐銜	無任何功名、官號和捐銜	《嘉靖十一年進士登科錄》
1384	尤魯	嘉靖十一年	無任何功名、官號和捐銜	無任何功名、官號和捐銜	無任何功名、官號和捐銜	《嘉靖十一年進士登科錄》
1385	潘子正	嘉靖十一年	監察御史	義官	行人司行人	《嘉靖十一年進士登科錄》
1386	張翼翔	嘉靖十一年	無任何功名、官號和捐銜	壽官	訓導	《嘉靖十一年進士登科錄》
1387	王教	嘉靖十一年	無任何功名、官號和捐銜	無任何功名、官號和捐銜	醫學正科	《嘉靖十一年進士登科錄》
1388	顧存仁	嘉靖十一年	無任何功名、官號和捐銜	無任何功名、官號和捐銜	無任何功名、官號和捐銜	《嘉靖十一年進士登科錄》
1389	陳澍	嘉靖十一年	無任何功名、官號和捐銜	無任何功名、官號和捐銜	無任何功名、官號和捐銜	《嘉靖十一年進士登科錄》
1390	陳如綸	嘉靖十一年	壽官	無任何功名、官號和捐銜	無任何功名、官號和捐銜	《嘉靖十一年進士登科錄》
1391	邢址	嘉靖十一年	無任何功名、官號和捐銜	贈南京刑部主事	左布政使	《嘉靖十一年進士登科錄》
1392	洪垣	嘉靖十一年	無任何功名、官號和捐銜	無任何功名、官號和捐銜	無任何功名、官號和捐銜	《嘉靖十一年進士登科錄》

1393	張遜	嘉靖十一年	無任何功名、官號和捐銜	無任何功名、官號和捐銜	壽官	《嘉靖十一年進士登科錄》
1394	沈越	嘉靖十一年	壽官	無任何功名、官號和捐銜	無任何功名、官號和捐銜	《嘉靖十一年進士登科錄》
1395	錢嶫	嘉靖十一年	無任何功名、官號和捐銜	無任何功名、官號和捐銜	縣丞	《嘉靖十一年進士登科錄》
1396	包節	嘉靖十一年	封南京禮部郎中	知府，進階亞中大夫	監生	《嘉靖十一年進士登科錄》
1397	嚴寬	嘉靖十一年	無任何功名、官號和捐銜	七品散官	壽官	《嘉靖十一年進士登科錄》
1398	張光祖	嘉靖十一年	無任何功名、官號和捐銜	知縣	貢士	《嘉靖十一年進士登科錄》
1399	董玠	嘉靖十一年	義官，累贈知府	右副都御史	無任何功名、官號和捐銜	《嘉靖十一年進士登科錄》
1400	張珪	嘉靖十一年	無任何功名、官號和捐銜	無任何功名、官號和捐銜	無任何功名、官號和捐銜	《嘉靖十一年進士登科錄》
1401	王獻芝	嘉靖十一年	無任何功名、官號和捐銜	封監察御史	州同知	《嘉靖十一年進士登科錄》
1402	錢籍	嘉靖十一年	無任何功名、官號和捐銜	遇例冠帶	無任何功名、官號和捐銜	《嘉靖十一年進士登科錄》
1403	伊敏生	嘉靖十一年	封刑部主事	按察司僉事	府同知	《嘉靖十一年進士登科錄》
1404	楊雷	嘉靖十一年	無任何功名、官號和捐銜	無任何功名、官號和捐銜	無任何功名、官號和捐銜	《嘉靖十一年進士登科錄》
1405	王瑛	嘉靖十一年	無任何功名、官號和捐銜	無任何功名、官號和捐銜	無任何功名、官號和捐銜	《嘉靖十一年進士登科錄》

1406	張鶚	嘉靖十一年	無任何功名、官號和捐銜	無任何功名、官號和捐銜	無任何功名、官號和捐銜	《嘉靖十一年進士登科錄》
1407	朱默	嘉靖十一年	壽官	無任何功名、官號和捐銜	無任何功名、官號和捐銜	《嘉靖十一年進士登科錄》
1408	周大禮	嘉靖十一年	無任何功名、官號和捐銜	無任何功名、官號和捐銜	無任何功名、官號和捐銜	《嘉靖十一年進士登科錄》
1409	周復俊	嘉靖十一年	無任何功名、官號和捐銜	七品散官，贈審理正	知州	《嘉靖十一年進士登科錄》載：周復俊上三代直系親屬及履歷為「曾祖毅；祖元學，七品散官，贈審理正；父在，知州」〔註 59〕。按，「父在」履歷為「知州」，不可按《登科錄》書寫慣例，將其視作實職官。據嘉靖《太倉州志》《崑山縣志》、萬曆《重修崑山縣志》《崑山人物志》皆載周在「由鄉薦授養利州知州，即請致仕」〔註 60〕。由此可知，周在並非實任知州，不可將《登科錄》此處「知州」視作實任官職，僅可視作官號而已。
1410	史際	嘉靖十一年	無任何功名、官號和捐銜	贈南京刑科給事中	前南京光祿寺卿	《嘉靖十一年進士登科錄》
1411	賀恩	嘉靖十一年	無任何功名、官號和捐銜	無任何功名、官號和捐銜	無任何功名、官號和捐銜	《嘉靖十一年進士登科錄》
1412	許谷	嘉靖十四年	無任何功名、官號和捐銜	壽官	無任何功名、官號和捐銜	《嘉靖十四年進士登科錄》
1413	馬從謙	嘉靖十四年	無任何功名、官號和捐銜	封經歷	無任何功名、官號和捐銜	《嘉靖十四年進士登科錄》

〔註 59〕《嘉靖十一年進士登科錄》，第 86 頁。

〔註 60〕嘉靖《太倉州志》卷七《人物》，嘉靖刊本；嘉靖《崑山縣志》卷十《人物》，嘉靖刊本；萬曆《重修崑山縣志》卷六《人物二》，萬曆刊本；《崑山人物志》卷二《節行・周在》，崇禎刊本。

1414	沈瀚	嘉靖十四年	無任何功名、官號和捐銜	無任何功名、官號和捐銜	無任何功名、官號和捐銜	《嘉靖十四年進士登科錄》
1415	姚文祜	嘉靖十四年	無任何功名、官號和捐銜	無任何功名、官號和捐銜	府通判	《嘉靖十四年進士登科錄》
1416	陳崇慶	嘉靖十四年	無任何功名、官號和捐銜	無任何功名、官號和捐銜	無任何功名、官號和捐銜	《嘉靖十四年進士登科錄》
1417	王立道	嘉靖十四年	壽官	贈戶部主事	南京禮部主事	《嘉靖十四年進士登科錄》
1418	陳堯	嘉靖十四年	無任何功名、官號和捐銜	無任何功名、官號和捐銜	無任何功名、官號和捐銜	《嘉靖十四年進士登科錄》
1419	李增	嘉靖十四年	義官	義官	監生	《嘉靖十四年進士登科錄》
1420	竇潤	嘉靖十四年	無任何功名、官號和捐銜	無任何功名、官號和捐銜	無任何功名、官號和捐銜	《嘉靖十四年進士登科錄》
1421	陳椿	嘉靖十四年	義官	無任何功名、官號和捐銜	醫學訓科	《嘉靖十四年進士登科錄》
1422	翁璨	嘉靖十四年	無任何功名、官號和捐銜	無任何功名、官號和捐銜	無任何功名、官號和捐銜	《嘉靖十四年進士登科錄》
1423	趙憲	嘉靖十四年	無任何功名、官號和捐銜	無任何功名、官號和捐銜	無任何功名、官號和捐銜	《嘉靖十四年進士登科錄》
1424	曹嗣榮	嘉靖十四年	封刑部主事	按察司僉事	無任何功名、官號和捐銜	《嘉靖十四年進士登科錄》
1425	吳藩	嘉靖十四年	無任何功名、官號和捐銜	教諭	訓導	《嘉靖十四年進士登科錄》
1426	奚良輔	嘉靖十四年	無任何功名、官號和捐銜	壽官	無任何功名、官號和捐銜	《嘉靖十四年進士登科錄》

1427	楊上林	嘉靖十四年	無任何功名、官號和捐銜	無任何功名、官號和捐銜	壽官	《嘉靖十四年進士登科錄》
1428	薛應旂	嘉靖十四年	無任何功名、官號和捐銜	生員	無任何功名、官號和捐銜	《嘉靖十四年進士登科錄》載薛應旂上三代直系親屬名諱及履歷為「曾祖瑞；祖瑛；父卿」〔註 61〕。其中載「祖瑛」為無任何功名的平民，不確。據嘉靖二年探花徐階所撰《封南京吏部考功主事竹泉薛君墓誌銘》載：「君諱卿，字寅卿，別號竹泉，常之武進人……再傳至瑞，瑞二子，鈁、鍈，同為縣學生……鍈死無後，因以君後鍈……君少好書……嘉靖乙未，子應旂以會試第二人舉進士」〔註 62〕；《萬曆三十二年進士履歷便覽》亦載：「薛近兗……曾祖鍈，庠生；祖卿，封吏部主事；父應旂，浙江提學副使」〔註 63〕。綜上可知，薛應旂祖鍈應為縣學生，擁有生員功名而非平民。
1429	顧承芳	嘉靖十四年	順天府治中，贈通議大夫都察院右副都御史	資善大夫戶部尚書贈太子太保	貢士	《嘉靖十四年進士登科錄》
1430	楊時秀	嘉靖十四年	無任何功名、官號和捐銜	無任何功名、官號和捐銜	教諭	《嘉靖十四年進士登科錄》
1431	陳鳳	嘉靖十四年	無任何功名、官號和捐銜	無任何功名、官號和捐銜	無任何功名、官號和捐銜	《嘉靖十四年進士登科錄》
1432	謝鎰	嘉靖十四年	無任何功名、官號和捐銜	無任何功名、官號和捐銜	無任何功名、官號和捐銜	《嘉靖十四年進士登科錄》

〔註 61〕《嘉靖十四年進士登科錄》，第 41 頁。
〔註 62〕〔明〕徐階：《世經堂集》卷一五《封南京吏部考功主事竹泉薛君墓誌銘》，《四庫全書存目叢書》集部第 79 冊，第 693 頁。
〔註 63〕《萬曆三十二年進士履歷便覽》，第 4～5 頁。

1433	沈良才	嘉靖十四年	無任何功名、官號和捐銜	訓導	無任何功名、官號和捐銜	《嘉靖十四年進士登科錄》
1434	陳瑚	嘉靖十四年	無任何功名、官號和捐銜	無任何功名、官號和捐銜	義官	《嘉靖十四年進士登科錄》
1435	王燁	嘉靖十四年	無任何功名、官號和捐銜	壽官	無任何功名、官號和捐銜	《嘉靖十四年進士登科錄》
1436	李人龍	嘉靖十四年	無任何功名、官號和捐銜	訓導	恩例冠帶	《嘉靖十四年進士登科錄》
1437	錢泮	嘉靖十四年	義官	義官	無任何功名、官號和捐銜	《嘉靖十四年進士登科錄》
1438	吳瓊	嘉靖十四年	無任何功名、官號和捐銜	知縣	無任何功名、官號和捐銜	《嘉靖十四年進士登科錄》
1439	包孝	嘉靖十四年	封南京禮部郎中	知府，進階亞中大夫	監生	《嘉靖十四年進士登科錄》
1440	牛斗	嘉靖十四年	驛丞	無任何功名、官號和捐銜	知州致仕，進階朝列大夫	《嘉靖十四年進士登科錄》
1441	錢邦彥	嘉靖十四年	無任何功名、官號和捐銜	陰陽學正術	陰陽學正術	《嘉靖十四年進士登科錄》
1442	王三接	嘉靖十四年	壽官	承事郎	聽選監生	《嘉靖十四年進士登科錄》
1443	舒遷	嘉靖十四年	無任何功名、官號和捐銜	無任何功名、官號和捐銜	無任何功名、官號和捐銜	《嘉靖十四年進士登科錄》
1444	謝袞	嘉靖十四年	典史	無任何功名、官號和捐銜	監生	《嘉靖十四年進士登科錄》
1445	吳性	嘉靖十四年	無任何功名、官號和捐銜	無任何功名、官號和捐銜	無任何功名、官號和捐銜	《嘉靖十四年進士登科錄》

1446	陸子明	嘉靖十四年	無任何功名、官號和捐銜	無任何功名、官號和捐銜	教諭	《嘉靖十四年進士登科錄》
1447	張旦	嘉靖十四年	無任何功名、官號和捐銜	無任何功名、官號和捐銜	遇例冠帶	《嘉靖十四年進士登科錄》
1448	徐桂	嘉靖十四年	無任何功名、官號和捐銜	無任何功名、官號和捐銜	無任何功名、官號和捐銜	《嘉靖十四年進士登科錄》
1449	盧楩	嘉靖十四年	無任何功名、官號和捐銜	贈太醫院院判	太醫院院判	《嘉靖十四年進士登科錄》
1450	張珍	嘉靖十四年	無任何功名、官號和捐銜	無任何功名、官號和捐銜	無任何功名、官號和捐銜	《嘉靖十四年進士登科錄》
1451	方介	嘉靖十四年	無任何功名、官號和捐銜	義官	歲貢生	《嘉靖十四年進士登科錄》
1452	莫如忠	嘉靖十七年	無任何功名、官號和捐銜	通判	貢士	《嘉靖十七年進士登科錄》
1453	陸師道	嘉靖十七年	無任何功名、官號和捐銜	歲貢生	無任何功名、官號和捐銜	《嘉靖十七年進士登科錄》載陸師道上三代直系親屬「曾祖鏞，祖瑋，父平」俱為無任何功名、官號和捐銜的平民〔註 64〕。其中載「祖瑋」無任何功名，不確。據隆慶五年進士趙用賢所撰《尚寶司少卿五湖陸先生行狀》載：「先生姓陸氏，諱師道……世籍長洲。高祖繼宗；曾大父鏞；大父瑋，弘治癸亥充弟子員，如京師，未官卒；父平，以公貴，贈都水司主事，再贈尚寶司少卿」〔註 65〕。由該《行狀》可知，陸師道祖瑋，應為歲貢生，而非無任何功名的平民。

〔註 64〕《嘉靖十七年進士登科錄》，第 10 頁。

〔註 65〕〔明〕趙用賢：《松石齋集》卷一五《尚寶司少卿五湖陸先生行狀》，《四庫禁燬書叢刊》集部第 41 冊，第 213 頁。

1454	吳昆	嘉靖十七年	贈中大夫太僕寺卿	封刑部主事，贈中大夫太僕寺卿	南京刑部尚書進階資德大夫正治上卿，贈太子少保	《嘉靖十七年進士登科錄》
1455	董子儀	嘉靖十七年	無任何功名、官號和捐銜	無任何功名、官號和捐銜	無任何功名、官號和捐銜	《嘉靖十七年進士登科錄》
1456	王問	嘉靖十七年	無任何功名、官號和捐銜	壽官	封戶部主事	《嘉靖十七年進士登科錄》
1457	楊金	嘉靖十七年	無任何功名、官號和捐銜	贈奉直大夫南京戶部員外郎	南京戶部員外郎	《嘉靖十七年進士登科錄》
1458	盧璧	嘉靖十七年	指揮使	指揮使	指揮使	《嘉靖十七年進士登科錄》
1459	沈啓	嘉靖十七年	無任何功名、官號和捐銜	七品散官	醫學訓科	《嘉靖十七年進士登科錄》
1460	白若圭	嘉靖十七年	光祿大夫柱國太子太傅刑部尚書，贈特進太保，諡廉敏	鎮國將軍錦衣衛都指揮同知	鴻臚寺序班	《嘉靖十七年進士登科錄》
1461	俞憲	嘉靖十七年	無任何功名、官號和捐銜	無任何功名、官號和捐銜	無任何功名、官號和捐銜	《嘉靖十七年進士登科錄》
1462	李憲卿	嘉靖十七年	無任何功名、官號和捐銜	無任何功名、官號和捐銜	無任何功名、官號和捐銜	《嘉靖十七年進士登科錄》
1463	陳鎏	嘉靖十七年	王府教授	無任何功名、官號和捐銜	無任何功名、官號和捐銜	《嘉靖十七年進士登科錄》
1464	章煥	嘉靖十七年	無任何功名、官號和捐銜	無任何功名、官號和捐銜	無任何功名、官號和捐銜	《嘉靖十七年進士登科錄》

1465	馮煥	嘉靖十七年	無任何功名、官號和捐銜	無任何功名、官號和捐銜	無任何功名、官號和捐銜	《嘉靖十七年進士登科錄》
1466	潘鉽	嘉靖十七年	贈通議大夫兵部左侍郎	無任何功名、官號和捐銜	無任何功名、官號和捐銜	《嘉靖十七年進士登科錄》
1467	汪伊	嘉靖十七年	無任何功名、官號和捐銜	無任何功名、官號和捐銜	無任何功名、官號和捐銜	《嘉靖十七年進士登科錄》
1468	周怡	嘉靖十七年	無任何功名、官號和捐銜	無任何功名、官號和捐銜	無任何功名、官號和捐銜	《嘉靖十七年進士登科錄》
1469	趙汴	嘉靖十七年	義官	七品散官	府知事	《嘉靖十七年進士登科錄》
1470	減珊	嘉靖十七年	無任何功名、官號和捐銜	無任何功名、官號和捐銜	壽官	《嘉靖十七年進士登科錄》
1471	曹守貞	嘉靖十七年	無任何功名、官號和捐銜	無任何功名、官號和捐銜	監生	《嘉靖十七年進士登科錄》
1472	趙承謙	嘉靖十七年	無任何功名、官號和捐銜	無任何功名、官號和捐銜	無任何功名、官號和捐銜	《嘉靖十七年進士登科錄》
1473	孫孟	嘉靖十七年	無任何功名、官號和捐銜	府教授	推官，封禮部主事，贈知府	《嘉靖十七年進士登科錄》
1474	鮑道明	嘉靖十七年	無任何功名、官號和捐銜	無任何功名、官號和捐銜	無任何功名、官號和捐銜	《嘉靖十七年進士登科錄》
1475	葉遇春	嘉靖十七年	贈知縣	無任何功名、官號和捐銜	無任何功名、官號和捐銜	《嘉靖十七年進士登科錄》
1476	胡川楫	嘉靖十七年	無任何功名、官號和捐銜	無任何功名、官號和捐銜	無任何功名、官號和捐銜	《嘉靖十七年進士登科錄》
1477	吳蘭	嘉靖十七年	無任何功名、官號和捐銜	府教授	訓導	《嘉靖十七年進士登科錄》

1478	袁袞	嘉靖十七年	無任何功名、官號和捐銜	無任何功名、官號和捐銜	訓科	《嘉靖十七年進士登科錄》
1479	董子策	嘉靖十七年	無任何功名、官號和捐銜	壽官	無任何功名、官號和捐銜	《嘉靖十七年進士登科錄》
1480	張情	嘉靖十七年	無任何功名、官號和捐銜	無任何功名、官號和捐銜	歲貢生	《嘉靖十七年進士登科錄》
1481	丘玳	嘉靖十七年	無任何功名、官號和捐銜	無任何功名、官號和捐銜	無任何功名、官號和捐銜	《嘉靖十七年進士登科錄》
1482	汝齊賢	嘉靖十七年	兵馬司指揮	贈吏部郎中	知府	《嘉靖十七年進士登科錄》
1483	游震得	嘉靖十七年	壽官	無任何功名、官號和捐銜	無任何功名、官號和捐銜	《嘉靖十七年進士登科錄》
1484	李遇春	嘉靖十七年	無任何功名、官號和捐銜	無任何功名、官號和捐銜	無任何功名、官號和捐銜	《嘉靖十七年進士登科錄》
1485	胡宗憲	嘉靖十七年	壽官	義官	無任何功名、官號和捐銜	《嘉靖十七年進士登科錄》
1486	周山	嘉靖十七年	無任何功名、官號和捐銜	無任何功名、官號和捐銜	無任何功名、官號和捐銜	《嘉靖十七年進士登科錄》
1487	王心	嘉靖十七年	無任何功名、官號和捐銜	無任何功名、官號和捐銜	無任何功名、官號和捐銜	《嘉靖十七年進士登科錄》
1488	沈坤	嘉靖二十年	無任何功名、官號和捐銜	無任何功名、官號和捐銜	無任何功名、官號和捐銜	《嘉靖二十年進士登科錄》
1489	林一鳳	嘉靖二十年	無任何功名、官號和捐銜	無任何功名、官號和捐銜	無任何功名、官號和捐銜	《嘉靖二十年進士登科錄》
1490	林樹聲	嘉靖二十年	無任何功名、官號和捐銜	義官	無任何功名、官號和捐銜	《嘉靖二十年進士登科錄》

1491	嚴訥	嘉靖二十年	無任何功名、官號和捐銜	無任何功名、官號和捐銜	無任何功名、官號和捐銜	《嘉靖二十年進士登科錄》
1492	萬士亨	嘉靖二十年	無任何功名、官號和捐銜	無任何功名、官號和捐銜	訓導	《嘉靖二十年進士登科錄》
1493	戴章甫	嘉靖二十年	無任何功名、官號和捐銜	無任何功名、官號和捐銜	無任何功名、官號和捐銜	《嘉靖二十年進士登科錄》
1494	范惟一	嘉靖二十年	無任何功名、官號和捐銜	無任何功名、官號和捐銜	無任何功名、官號和捐銜	《嘉靖二十年進士登科錄》
1495	周土	嘉靖二十年	無任何功名、官號和捐銜	無任何功名、官號和捐銜	封監察御史	《嘉靖二十年進士登科錄》
1496	王景象	嘉靖二十年	無任何功名、官號和捐銜	無任何功名、官號和捐銜	無任何功名、官號和捐銜	《嘉靖二十年進士登科錄》
1497	萬士和	嘉靖二十年	無任何功名、官號和捐銜	無任何功名、官號和捐銜	訓導	《嘉靖二十年進士登科錄》
1498	殷邁	嘉靖二十年	無任何功名、官號和捐銜	無任何功名、官號和捐銜	無任何功名、官號和捐銜	《嘉靖二十年進士登科錄》
1499	張鶚翼	嘉靖二十年	無任何功名、官號和捐銜	無任何功名、官號和捐銜	無任何功名、官號和捐銜	《嘉靖二十年進士登科錄》
1500	齊傑	嘉靖二十年	無任何功名、官號和捐銜	無任何功名、官號和捐銜	無任何功名、官號和捐銜	《嘉靖二十年進士登科錄》
1501	董士弘	嘉靖二十年	無任何功名、官號和捐銜	七品散官	知縣	《嘉靖二十年進士登科錄》
1502	周嶅	嘉靖二十年	無任何功名、官號和捐銜	無任何功名、官號和捐銜	無任何功名、官號和捐銜	《嘉靖二十年進士登科錄》

1503	唐志大	嘉靖二十年	無任何功名、官號和捐銜	贈刑部主事	知縣，前刑部主事	《嘉靖二十年進士登科錄》
1504	何良傅	嘉靖二十年	無任何功名、官號和捐銜	無任何功名、官號和捐銜	壽官	《嘉靖二十年進士登科錄》
1505	徐履祥	嘉靖二十年	無任何功名、官號和捐銜	義官	陰陽典術	《嘉靖二十年進士登科錄》
1506	華舜欽	嘉靖二十年	壽官	壽官	無任何功名、官號和捐銜	《嘉靖二十年進士登科錄》
1507	徐亮	嘉靖二十年	無任何功名、官號和捐銜	無任何功名、官號和捐銜	無任何功名、官號和捐銜	《嘉靖二十年進士登科錄》
1508	王忬	嘉靖二十年	贈通議大夫兵部右侍郎	累贈通議大夫兵部右侍郎	通議大夫兵部右侍郎	《嘉靖二十年進士登科錄》
1509	杜璁	嘉靖二十年	無任何功名、官號和捐銜	無任何功名、官號和捐銜	壽官	《嘉靖二十年進士登科錄》
1510	張祥	嘉靖二十年	蔭襲舍人	錦衣衛正千戶	錦衣衛正千戶	《嘉靖二十年進士登科錄》
1511	金世龍	嘉靖二十年	無任何功名、官號和捐銜	無任何功名、官號和捐銜	無任何功名、官號和捐銜	《嘉靖二十年進士登科錄》
1512	張科	嘉靖二十年	無任何功名、官號和捐銜	無任何功名、官號和捐銜	壽官	《嘉靖二十年進士登科錄》
1513	阮埕	嘉靖二十年	無任何功名、官號和捐銜	義官	無任何功名、官號和捐銜	《嘉靖二十年進士登科錄》
1514	王覺	嘉靖二十年	無任何功名、官號和捐銜	義官	義官	《嘉靖二十年進士登科錄》
1515	徐岱	嘉靖二十年	無任何功名、官號和捐銜	無任何功名、官號和捐銜	無任何功名、官號和捐銜	《嘉靖二十年進士登科錄》

1516	宋治	嘉靖二十年	無任何功名、官號和捐銜	無任何功名、官號和捐銜	無任何功名、官號和捐銜	《嘉靖二十年進士登科錄》
1517	蔣珊	嘉靖二十年	無任何功名、官號和捐銜	壽官	無任何功名、官號和捐銜	《嘉靖二十年進士登科錄》
1518	鄭維誠	嘉靖二十年	無任何功名、官號和捐銜	無任何功名、官號和捐銜	無任何功名、官號和捐銜	《嘉靖二十年進士登科錄》
1519	謝應徵	嘉靖二十年	無任何功名、官號和捐銜	無任何功名、官號和捐銜	冠帶生員	《嘉靖二十年進士登科錄》
1520	袁祖庚	嘉靖二十年	無任何功名、官號和捐銜	無任何功名、官號和捐銜	無任何功名、官號和捐銜	《嘉靖二十年進士登科錄》
1521	陸從大	嘉靖二十年	無任何功名、官號和捐銜	無任何功名、官號和捐銜	府推官	《嘉靖二十年進士登科錄》載陸從大上三代直系親屬「曾祖順，祖麒，父應辰」為無任何官號的平民〔註66〕。其中載陸從大父為應辰，與其他文獻所載相歧異。據明末何三畏所撰《陸儀部寶峰公傳》載：「陸從大，字履貞，號寶峰，華亭人也，應天司理應寅鶴江公之子。弱冠有雋才，即以儒士領嘉靖丁酉鄉薦，辛丑成進士」〔註67〕。崇禎《松江府志》亦載陸從大為陸應寅子〔註68〕，還載：「陸應寅……嘉靖戊子舉鄉薦，辛丑，長子從大成進士」；乾隆《青浦縣志》、嘉慶《松江府志》、光緒《重修華亭縣志》、光緒《松江府續志》也都同載〔註69〕。綜上可知，陸從大應為應天府推官陸應

〔註66〕《嘉靖二十年進士登科錄》，第68頁。

〔註67〕〔明〕何三畏：《雲間志略》卷一三《陸儀部寶峰公傳》，《明代傳記叢刊》第146冊，第523頁。

〔註68〕崇禎《松江府志》卷三四《選舉》，第868頁。

〔註69〕乾隆《青浦縣志》卷二二《科目》，乾隆刊本；嘉慶《松江府志》卷五三《古今人傳五》，《中國方志叢書・華中地方・第一〇號》，第1176頁；光緒《松江府續志》卷八六《古今人傳補遺》，光緒刊本；光緒《重修華亭縣志》卷一四《人物》，光緒刊本。

						寅子，但我們並不能因此而否認《登科錄》記載不確，因其有可能過繼給應辰為子。因其生父為應天府推官，會對從大考中進士產生或多或少的影響，故確認陸從大為上三代直系親屬有任實職官的家庭。
1522	唐愛	嘉靖二十年	無任何功名、官號和捐銜	七品散官	典膳	《嘉靖二十年進士登科錄》
1523	張鐸	嘉靖二十年	無任何功名、官號和捐銜	無任何功名、官號和捐銜	無任何功名、官號和捐銜	《嘉靖二十年進士登科錄》
1524	周俊民	嘉靖二十年	無任何功名、官號和捐銜	無任何功名、官號和捐銜	無任何功名、官號和捐銜	《嘉靖二十年進士登科錄》
1525	盛汝謙	嘉靖二十年	無任何功名、官號和捐銜	無任何功名、官號和捐銜	壽官	《嘉靖二十年進士登科錄》
1526	徐紳	嘉靖二十年	無任何功名、官號和捐銜	義官	義官	《嘉靖二十年進士登科錄》
1527	吳禎	嘉靖二十年	無任何功名、官號和捐銜	監生	陰陽訓術	《嘉靖二十年進士登科錄》
1528	華雲	嘉靖二十年	無任何功名、官號和捐銜	無任何功名、官號和捐銜	布政司都事	《嘉靖二十年進士登科錄》
1529	張習	嘉靖二十年	無任何功名、官號和捐銜	無任何功名、官號和捐銜	封徵仕郎中書舍人	《嘉靖二十年進士登科錄》
1530	劉璧	嘉靖二十年	贈工部主事	都察院右副都御史贈通議大夫	無任何功名、官號和捐銜	《嘉靖二十年進士登科錄》
1531	徐貢元	嘉靖二十年	無任何功名、官號和捐銜	義官	訓導	《嘉靖二十年進士登科錄》

1532	路伯鏜	嘉靖二十年	副千戶	副千戶	副千戶	《嘉靖二十年進士登科錄》
1533	梅守德	嘉靖二十年	無任何功名、官號和捐銜	無任何功名、官號和捐銜	無任何功名、官號和捐銜	《嘉靖二十年進士登科錄》
1534	瞿景淳	嘉靖二十三年	無任何功名、官號和捐銜	無任何功名、官號和捐銜	無任何功名、官號和捐銜	《嘉靖二十三年進士登科錄》
1535	吳情	嘉靖二十三年	無任何功名、官號和捐銜	無任何功名、官號和捐銜	無任何功名、官號和捐銜	《嘉靖二十三年進士登科錄》
1536	戴完	嘉靖二十三年	歲貢生	無任何功名、官號和捐銜	義官	《嘉靖二十三年進士登科錄》
1537	章士元	嘉靖二十三年	無任何功名、官號和捐銜	無任何功名、官號和捐銜	無任何功名、官號和捐銜	《嘉靖二十三年進士登科錄》
1538	王之臣	嘉靖二十三年	無任何功名、官號和捐銜	無任何功名、官號和捐銜	無任何功名、官號和捐銜	《嘉靖二十三年進士登科錄》
1539	阮鶚	嘉靖二十三年	無任何功名、官號和捐銜	無任何功名、官號和捐銜	壽官	《嘉靖二十三年進士登科錄》
1540	陳皋謨	嘉靖二十三年	七品散官	七品散官	無任何功名、官號和捐銜	《嘉靖二十三年進士登科錄》
1541	汪珀	嘉靖二十三年	無任何功名、官號和捐銜	無任何功名、官號和捐銜	訓導	《嘉靖二十三年進士登科錄》
1542	劉光濟	嘉靖二十三年	無任何功名、官號和捐銜	無任何功名、官號和捐銜	無任何功名、官號和捐銜	《嘉靖二十三年進士登科錄》
1543	馮有年	嘉靖二十三年	無任何功名、官號和捐銜	無任何功名、官號和捐銜	無任何功名、官號和捐銜	《嘉靖二十三年進士登科錄》
1544	季德甫	嘉靖二十三年	無任何功名、官號和捐銜	壽官	無任何功名、官號和捐銜	《嘉靖二十三年進士登科錄》

1545	劉崙	嘉靖二十三年	無任何功名、官號和捐銜	七品散官	義官	《嘉靖二十三年進士登科錄》
1546	方瑜	嘉靖二十三年	無任何功名、官號和捐銜	無任何功名、官號和捐銜	無任何功名、官號和捐銜	《嘉靖二十三年進士登科錄》
1547	皇甫濂	嘉靖二十三年	無任何功名、官號和捐銜	贈吏部員外郎	知府，封中憲大夫	《嘉靖二十三年進士登科錄》
1548	趙釴	嘉靖二十三年	無任何功名、官號和捐銜	無任何功名、官號和捐銜	無任何功名、官號和捐銜	《嘉靖二十三年進士登科錄》
1549	袁福徵	嘉靖二十三年	知州	無任何功名、官號和捐銜	訓導	《嘉靖二十三年進士登科錄》
1550	王會	嘉靖二十三年	無任何功名、官號和捐銜	義官	無任何功名、官號和捐銜	《嘉靖二十三年進士登科錄》
1551	蔣孝	嘉靖二十三年	無任何功名、官號和捐銜	無任何功名、官號和捐銜	壽官	《嘉靖二十三年進士登科錄》
1552	畢鏘	嘉靖二十三年	無任何功名、官號和捐銜	無任何功名、官號和捐銜	無任何功名、官號和捐銜	《嘉靖二十三年進士登科錄》
1553	王一陽	嘉靖二十三年	壽官	知縣	監生	《嘉靖二十三年進士登科錄》
1554	曹三暘	嘉靖二十三年	無任何功名、官號和捐銜	無任何功名、官號和捐銜	無任何功名、官號和捐銜	《嘉靖二十三年進士登科錄》
1555	劉鳳	嘉靖二十三年	無任何功名、官號和捐銜	義官	推官	《嘉靖二十三年進士登科錄》
1556	張承憲	嘉靖二十三年	贈監察御史	無任何功名、官號和捐銜	無任何功名、官號和捐銜	《嘉靖二十三年進士登科錄》
1557	金九成	嘉靖二十三年	無任何功名、官號和捐銜	無任何功名、官號和捐銜	無任何功名、官號和捐銜	《嘉靖二十三年進士登科錄》

1558	倪潤	嘉靖二十三年	無任何功名、官號和捐銜	無任何功名、官號和捐銜	無任何功名、官號和捐銜	《嘉靖二十三年進士登科錄》
1559	繆宣	嘉靖二十三年	無任何功名、官號和捐銜	壽官	無任何功名、官號和捐銜	《嘉靖二十三年進士登科錄》
1560	胡景榮	嘉靖二十三年	無任何功名、官號和捐銜	無任何功名、官號和捐銜	無任何功名、官號和捐銜	《嘉靖二十三年進士登科錄》
1561	戚慎	嘉靖二十三年	無任何功名、官號和捐銜	無任何功名、官號和捐銜	無任何功名、官號和捐銜	《嘉靖二十三年進士登科錄》
1562	甘觀	嘉靖二十三年	贈明威將軍	指揮僉事贈昭勇將軍	無任何功名、官號和捐銜	《嘉靖二十三年進士登科錄》
1563	申思夔	嘉靖二十三年	七品散官	州判官	監生	《嘉靖二十三年進士登科錄》
1564	張侃	嘉靖二十三年	無任何功名、官號和捐銜	義官	義官	《嘉靖二十三年進士登科錄》
1565	凌汝志	嘉靖二十三年	無任何功名、官號和捐銜	無任何功名、官號和捐銜	無任何功名、官號和捐銜	《嘉靖二十三年進士登科錄》
1566	江珍	嘉靖二十三年	無任何功名、官號和捐銜	無任何功名、官號和捐銜	無任何功名、官號和捐銜	《嘉靖二十三年進士登科錄》
1567	朱曰藩	嘉靖二十三年	無任何功名、官號和捐銜	知縣，封戶部主事進三品服	布政司參政	《嘉靖二十三年進士登科錄》
1568	俞謹	嘉靖二十三年	無任何功名、官號和捐銜	無任何功名、官號和捐銜	無任何功名、官號和捐銜	《嘉靖二十三年進士登科錄》
1569	金九齡	嘉靖二十三年	無任何功名、官號和捐銜	無任何功名、官號和捐銜	無任何功名、官號和捐銜	《嘉靖二十三年進士登科錄》
1570	李文麟	嘉靖二十三年	無任何功名、官號和捐銜	壽官贈刑部員外郎	工部郎中進階朝列大夫	《嘉靖二十三年進士登科錄》

1571	吳岳	嘉靖二十三年	無任何功名、官號和捐銜	義官	引禮舍人	《嘉靖二十三年進士登科錄》
1572	朱木	嘉靖二十三年	無任何功名、官號和捐銜	無任何功名、官號和捐銜	工部主事	《嘉靖二十三年進士登科錄》
1573	鄭河	嘉靖二十三年	無任何功名、官號和捐銜	知府	封監察御史	《嘉靖二十三年進士登科錄》
1574	汪一中	嘉靖二十三年	無任何功名、官號和捐銜	無任何功名、官號和捐銜	無任何功名、官號和捐銜	《嘉靖二十三年進士登科錄》
1575	許彥忠	嘉靖二十三年	無任何功名、官號和捐銜	無任何功名、官號和捐銜	無任何功名、官號和捐銜	《嘉靖二十三年進士登科錄》
1576	宋贇	嘉靖二十三年	無任何功名、官號和捐銜	無任何功名、官號和捐銜	無任何功名、官號和捐銜	《嘉靖二十三年進士登科錄》
1577	彭應麟	嘉靖二十三年	無任何功名、官號和捐銜	無任何功名、官號和捐銜	無任何功名、官號和捐銜	《嘉靖二十三年進士登科錄》
1578	馬震章	嘉靖二十三年	無任何功名、官號和捐銜	無任何功名、官號和捐銜	無任何功名、官號和捐銜	《嘉靖二十三年進士登科錄》
1579	周美	嘉靖二十三年	無任何功名、官號和捐銜	無任何功名、官號和捐銜	無任何功名、官號和捐銜	《嘉靖二十三年進士登科錄》
1580	尤瑛	嘉靖二十三年	無任何功名、官號和捐銜	無任何功名、官號和捐銜	無任何功名、官號和捐銜	《嘉靖二十三年進士登科錄》
1581	汪任	嘉靖二十三年	無任何功名、官號和捐銜	無任何功名、官號和捐銜	無任何功名、官號和捐銜	《嘉靖二十三年進士登科錄》
1582	楊允繩	嘉靖二十三年	贈承德郎工部主事	四川按察司副使	無任何功名、官號和捐銜	《嘉靖二十三年進士登科錄》

1583	李春芳	嘉靖二十六年	無任何功名、官號和捐銜	無任何功名、官號和捐銜	無任何功名、官號和捐銜	《嘉靖二十六年進士登科錄》
1584	惲紹芳	嘉靖二十六年	贈南京戶部郎中	無任何功名、官號和捐銜	無任何功名、官號和捐銜	《嘉靖二十六年進士登科錄》
1585	楊豫孫	嘉靖二十六年	七品散官	典膳正	推官	《嘉靖二十六年進士登科錄》
1586	章世仁	嘉靖二十六年	無任何功名、官號和捐銜	無任何功名、官號和捐銜	無任何功名、官號和捐銜	《嘉靖二十六年進士登科錄》
1587	徐陟	嘉靖二十六年	無任何功名、官號和捐銜	贈通議大夫吏部右侍郎	縣丞，累贈通議大夫吏部右侍郎	《嘉靖二十六年進士登科錄》
1588	凌雲翼	嘉靖二十六年	無任何功名、官號和捐銜	無任何功名、官號和捐銜	無任何功名、官號和捐銜	《嘉靖二十六年進士登科錄》
1589	朱笈	嘉靖二十六年	無任何功名、官號和捐銜	縣丞	衛知事	《嘉靖二十六年進士登科錄》
1590	顧柄	嘉靖二十六年	無任何功名、官號和捐銜	無任何功名、官號和捐銜	無任何功名、官號和捐銜	《嘉靖二十六年進士登科錄》
1591	張勉學	嘉靖二十六年	無任何功名、官號和捐銜	無任何功名、官號和捐銜	無任何功名、官號和捐銜	《嘉靖二十六年進士登科錄》
1592	張任	嘉靖二十六年	無任何功名、官號和捐銜	無任何功名、官號和捐銜	監生	《嘉靖二十六年進士登科錄》
1593	周思兼	嘉靖二十六年	無任何功名、官號和捐銜	縣主簿	無任何功名、官號和捐銜	《嘉靖二十六年進士登科錄》
1594	顧允揚	嘉靖二十六年	封知縣	府通判	無任何功名、官號和捐銜	《嘉靖二十六年進士登科錄》

1595	李一元	嘉靖二十六年	無任何功名、官號和捐銜	恩例冠帶	監生	《嘉靖二十六年進士登科錄》
1596	李心學	嘉靖二十六年	無任何功名、官號和捐銜	無任何功名、官號和捐銜	訓導	《嘉靖二十六年進士登科錄》
1597	王世貞	嘉靖二十六年	累贈通議大夫南京兵部右侍郎	通議大夫南京兵部右侍郎	監察御史	《嘉靖二十六年進士登科錄》
1598	周鏜	嘉靖二十六年	無任何功名、官號和捐銜	無任何功名、官號和捐銜	無任何功名、官號和捐銜	《嘉靖二十六年進士登科錄》
1599	高尚文	嘉靖二十六年	無任何功名、官號和捐銜	無任何功名、官號和捐銜	無任何功名、官號和捐銜	《嘉靖二十六年進士登科錄》
1600	王樵	嘉靖二十六年	無任何功名、官號和捐銜	贈兵部主事	按察司副使	《嘉靖二十六年進士登科錄》
1601	吳仲禮	嘉靖二十六年	縣丞	無任何功名、官號和捐銜	無任何功名、官號和捐銜	《嘉靖二十六年進士登科錄》
1602	馬一龍	嘉靖二十六年	贈徵仕郎衛經歷	衛經歷	前兵科給事中	《嘉靖二十六年進士登科錄》
1603	李昭祥	嘉靖二十六年	無任何功名、官號和捐銜	無任何功名、官號和捐銜	縣主簿	《嘉靖二十六年進士登科錄》
1604	徐敦	嘉靖二十六年	無任何功名、官號和捐銜	無任何功名、官號和捐銜	無任何功名、官號和捐銜	《嘉靖二十六年進士登科錄》
1605	邵德	嘉靖二十六年	義官	無任何功名、官號和捐銜	無任何功名、官號和捐銜	《嘉靖二十六年進士登科錄》
1606	袁俞洪	嘉靖二十六年	無任何功名、官號和捐銜	無任何功名、官號和捐銜	無任何功名、官號和捐銜	《嘉靖二十六年進士登科錄》

1607	龔愷	嘉靖二十六年	無任何功名、官號和捐銜	無任何功名、官號和捐銜	無任何功名、官號和捐銜	《嘉靖二十六年進士登科錄》
1608	於業	嘉靖二十六年	贈通議大夫都察院右副都御史	知縣，封兵部郎中，贈通議大夫都察院右副都御史	無任何功名、官號和捐銜	《嘉靖二十六年進士登科錄》
1609	皇甫渙	嘉靖二十六年	無任何功名、官號和捐銜	義官	無任何功名、官號和捐銜	《嘉靖二十六年進士登科錄》
1610	程嗣功	嘉靖二十六年	無任何功名、官號和捐銜	無任何功名、官號和捐銜	無任何功名、官號和捐銜	《嘉靖二十六年進士登科錄》
1611	章美中	嘉靖二十六年	無任何功名、官號和捐銜	無任何功名、官號和捐銜	無任何功名、官號和捐銜	《嘉靖二十六年進士登科錄》
1612	郭仁	嘉靖二十六年	無任何功名、官號和捐銜	無任何功名、官號和捐銜	無任何功名、官號和捐銜	《嘉靖二十六年進士登科錄》
1613	李彬	嘉靖二十六年	無任何功名、官號和捐銜	無任何功名、官號和捐銜	無任何功名、官號和捐銜	《嘉靖二十六年進士登科錄》
1614	汪道昆	嘉靖二十六年	無任何功名、官號和捐銜	無任何功名、官號和捐銜	無任何功名、官號和捐銜	《嘉靖二十六年進士登科錄》
1615	丘緯	嘉靖二十六年	無任何功名、官號和捐銜	無任何功名、官號和捐銜	無任何功名、官號和捐銜	《嘉靖二十六年進士登科錄》
1616	戴愬	嘉靖二十六年	無任何功名、官號和捐銜	無任何功名、官號和捐銜	無任何功名、官號和捐銜	《嘉靖二十六年進士登科錄》
1617	狄斯彬	嘉靖二十六年	無任何功名、官號和捐銜	贈南京工部郎中	無任何功名、官號和捐銜	《嘉靖二十六年進士登科錄》

1618	王陳策	嘉靖二十六年	知縣	教諭	無任何功名、官號和捐銜	《嘉靖二十六年進士登科錄》
1619	葉應麟	嘉靖二十六年	無任何功名、官號和捐銜	訓導	無任何功名、官號和捐銜	《嘉靖二十六年進士登科錄》
1620	高士	嘉靖二十六年	無任何功名、官號和捐銜	州學正	歲貢生	《嘉靖二十六年進士登科錄》
1621	秦梁	嘉靖二十六年	旌表孝子	南京都察院都事	無任何功名、官號和捐銜	《嘉靖二十六年進士登科錄》
1622	胡曉	嘉靖二十六年	無任何功名、官號和捐銜	無任何功名、官號和捐銜	無任何功名、官號和捐銜	《嘉靖二十六年進士登科錄》
1623	徐栻	嘉靖二十六年	無任何功名、官號和捐銜	無任何功名、官號和捐銜	無任何功名、官號和捐銜	《嘉靖二十六年進士登科錄》
1624	沈晃	嘉靖二十六年	無任何功名、官號和捐銜	無任何功名、官號和捐銜	壽官	《嘉靖二十六年進士登科錄》
1625	何璿	嘉靖二十六年	無任何功名、官號和捐銜	兵馬司指揮	監生	《嘉靖二十六年進士登科錄》
1626	王任用	嘉靖二十六年	壽官	七品散官	無任何功名、官號和捐銜	《嘉靖二十六年進士登科錄》
1627	韓叔陽	嘉靖二十六年	無任何功名、官號和捐銜	無任何功名、官號和捐銜	無任何功名、官號和捐銜	《嘉靖二十六年進士登科錄》
1628	朱大韶	嘉靖二十六年	按察司副使進階中議大夫贊治尹	南京天策衛經歷	監生	《嘉靖二十六年進士登科錄》
1629	鄭綺	嘉靖二十六年	縣丞	無任何功名、官號和捐銜	無任何功名、官號和捐銜	《嘉靖二十六年進士登科錄》

1630	殷正茂	嘉靖二十六年	無任何功名、官號和捐銜	無任何功名、官號和捐銜	無任何功名、官號和捐銜	《嘉靖二十六年進士登科錄》
1631	陳誎	嘉靖二十九年	無任何功名、官號和捐銜	無任何功名、官號和捐銜	通判	《嘉靖二十九年進士登科錄》
1632	宗臣	嘉靖二十九年	無任何功名、官號和捐銜	無任何功名、官號和捐銜	知縣	《嘉靖二十九年進士登科錄》
1633	方弘靜	嘉靖二十九年	無任何功名、官號和捐銜	無任何功名、官號和捐銜	無任何功名、官號和捐銜	《嘉靖二十九年進士登科錄》
1634	欽拱極	嘉靖二十九年	無任何功名、官號和捐銜	無任何功名、官號和捐銜	無任何功名、官號和捐銜	《嘉靖二十九年進士登科錄》
1635	黃憲卿	嘉靖二十九年	南京太常寺典簿贈刑部員外郎	運使進階資治少尹	七品散官	《嘉靖二十九年進士登科錄》
1636	張蘊	嘉靖二十九年	無任何功名、官號和捐銜	無任何功名、官號和捐銜	通判	《嘉靖二十九年進士登科錄》
1637	黃甲	嘉靖二十九年	無任何功名、官號和捐銜	無任何功名、官號和捐銜	無任何功名、官號和捐銜	《嘉靖二十九年進士登科錄》
1638	徐學詩	嘉靖二十九年	無任何功名、官號和捐銜	無任何功名、官號和捐銜	無任何功名、官號和捐銜	《嘉靖二十九年進士登科錄》
1639	沈應魁	嘉靖二十九年	贈刑部主事	知府	兵馬司指揮	《嘉靖二十九年進士登科錄》
1640	邵齡	嘉靖二十九年	無任何功名、官號和捐銜	義官	義官	《嘉靖二十九年進士登科錄》
1641	張選	嘉靖二十九年	壽官	無任何功名、官號和捐銜	封工部郎中	《嘉靖二十九年進士登科錄》

1642	周後叔	嘉靖二十九年	無任何功名、官號和捐銜	無任何功名、官號和捐銜	無任何功名、官號和捐銜	《嘉靖二十九年進士登科錄》
1643	方邦慶	嘉靖二十九年	壽官	無任何功名、官號和捐銜	無任何功名、官號和捐銜	《嘉靖二十九年進士登科錄》
1644	孟羽正	嘉靖二十九年	無任何功名、官號和捐銜	無任何功名、官號和捐銜	無任何功名、官號和捐銜	《嘉靖二十九年進士登科錄》
1645	錢庶	嘉靖二十九年	無任何功名、官號和捐銜	無任何功名、官號和捐銜	無任何功名、官號和捐銜	《嘉靖二十九年進士登科錄》
1646	丘鵬	嘉靖二十九年	無任何功名、官號和捐銜	無任何功名、官號和捐銜	無任何功名、官號和捐銜	《嘉靖二十九年進士登科錄》
1647	吳國寶	嘉靖二十九年	壽官	贈吏部主事	布政使司左參議	《嘉靖二十九年進士登科錄》
1648	張楙	嘉靖二十九年	無任何功名、官號和捐銜	無任何功名、官號和捐銜	歲貢生	《嘉靖二十九年進士登科錄》
1649	孫濬	嘉靖二十九年	無任何功名、官號和捐銜	無任何功名、官號和捐銜	無任何功名、官號和捐銜	《嘉靖二十九年進士登科錄》
1650	朱景賢	嘉靖二十九年	無任何功名、官號和捐銜	遇例冠帶	無任何功名、官號和捐銜	《嘉靖二十九年進士登科錄》
1651	查絳	嘉靖二十九年	無任何功名、官號和捐銜	無任何功名、官號和捐銜	無任何功名、官號和捐銜	《嘉靖二十九年進士登科錄》
1652	沈紹慶	嘉靖二十九年	知縣	贈奉政大夫南京吏部郎中	知府	《嘉靖二十九年進士登科錄》
1653	潘陽	嘉靖二十九年	無任何功名、官號和捐銜	七品散官	無任何功名、官號和捐銜	《嘉靖二十九年進士登科錄》

1654	沈應乾	嘉靖二十九年	監生	審理正進階奉議大夫	無任何功名、官號和捐銜	《嘉靖二十九年進士登科錄》
1655	蕭可教	嘉靖二十九年	醫學正科	無任何功名、官號和捐銜	無任何功名、官號和捐銜	《嘉靖二十九年進士登科錄》
1656	董傳策	嘉靖二十九年	知州進階奉議大夫	無任何功名、官號和捐銜	歲貢生	《嘉靖二十九年進士登科錄》
1657	柳希玭	嘉靖二十九年	無任何功名、官號和捐銜	無任何功名、官號和捐銜	無任何功名、官號和捐銜	《嘉靖二十九年進士登科錄》
1658	袁世榮	嘉靖二十九年	布政使司左布政使	中書舍人	前鴻臚寺少卿	《嘉靖二十九年進士登科錄》
1659	謝教	嘉靖二十九年	壽官	無任何功名、官號和捐銜	無任何功名、官號和捐銜	《嘉靖二十九年進士登科錄》
1660	曹本	嘉靖二十九年	知縣	教諭，贈戶部主事	知府，贈光祿寺卿	《嘉靖二十九年進士登科錄》
1661	薛如淮	嘉靖二十九年	無任何功名、官號和捐銜	壽官	州判	《嘉靖二十九年進士登科錄》
1662	施堯臣	嘉靖二十九年	無任何功名、官號和捐銜	無任何功名、官號和捐銜	無任何功名、官號和捐銜	《嘉靖二十九年進士登科錄》
1663	馬濂	嘉靖二十九年	無任何功名、官號和捐銜	壽官	無任何功名、官號和捐銜	《嘉靖二十九年進士登科錄》
1664	麻瀛	嘉靖二十九年	無任何功名、官號和捐銜	無任何功名、官號和捐銜	無任何功名、官號和捐銜	《嘉靖二十九年進士登科錄》
1665	劉畿	嘉靖二十九年	承事郎	知縣	陰陽正術	《嘉靖二十九年進士登科錄》
1666	周岱	嘉靖二十九年	無任何功名、官號和捐銜	無任何功名、官號和捐銜	無任何功名、官號和捐銜	《嘉靖二十九年進士登科錄》

1667	裘天佑	嘉靖二十九年	無任何功名、官號和捐銜	縣丞	監生	《嘉靖二十九年進士登科錄》
1668	陳斗南	嘉靖二十九年	無任何功名、官號和捐銜	無任何功名、官號和捐銜	知縣	《嘉靖二十九年進士登科錄》
1669	巫繼咸	嘉靖二十九年	無任何功名、官號和捐銜	無任何功名、官號和捐銜	無任何功名、官號和捐銜	《嘉靖二十九年進士登科錄》
1670	鄭伯興	嘉靖二十九年	無任何功名、官號和捐銜	無任何功名、官號和捐銜	無任何功名、官號和捐銜	《嘉靖二十九年進士登科錄》
1671	孫應魁	嘉靖二十九年	七品散官	刑部司務	監生	《嘉靖二十九年進士登科錄》
1672	錢有威	嘉靖二十九年	無任何功名、官號和捐銜	無任何功名、官號和捐銜	無任何功名、官號和捐銜	《嘉靖二十九年進士登科錄》
1673	曹大章	嘉靖三十二年	無任何功名、官號和捐銜	無任何功名、官號和捐銜	戶部司務	《嘉靖三十二年進士登科錄》
1674	龐遠	嘉靖三十二年	無任何功名、官號和捐銜	無任何功名、官號和捐銜	無任何功名、官號和捐銜	《嘉靖三十二年進士登科錄》
1675	許汝驥	嘉靖三十二年	無任何功名、官號和捐銜	無任何功名、官號和捐銜	知縣	《嘉靖三十二年進士登科錄》
1676	楊準	嘉靖三十二年	無任何功名、官號和捐銜	無任何功名、官號和捐銜	無任何功名、官號和捐銜	《嘉靖三十二年進士登科錄》
1677	江一麟	嘉靖三十二年	無任何功名、官號和捐銜	無任何功名、官號和捐銜	無任何功名、官號和捐銜	《嘉靖三十二年進士登科錄》
1678	齊遇	嘉靖三十二年	衛經歷	贈刑科給事中	布政司都事	《嘉靖三十二年進士登科錄》
1679	鄒察	嘉靖三十二年	無任何功名、官號和捐銜	無任何功名、官號和捐銜	無任何功名、官號和捐銜	《嘉靖三十二年進士登科錄》

1680	周道光	嘉靖三十二年	光祿寺署丞	無任何功名、官號和捐銜	無任何功名、官號和捐銜	《嘉靖三十二年進士登科錄》
1681	何汝健	嘉靖三十二年	無任何功名、官號和捐銜	無任何功名、官號和捐銜	無任何功名、官號和捐銜	《嘉靖三十二年進士登科錄》
1682	張大韶	嘉靖三十二年	贈南京刑部主事	教諭	監生	《嘉靖三十二年進士登科錄》
1683	趙與治	嘉靖三十二年	壽官	歲貢生	通判	《嘉靖三十二年進士登科錄》
1684	吳邦楨	嘉靖三十二年	封刑部主事贈中大夫太常寺卿	南京刑部尚書贈太子少保	前刑部尚書	《嘉靖三十二年進士登科錄》
1685	姜寶	嘉靖三十二年	無任何功名、官號和捐銜	無任何功名、官號和捐銜	無任何功名、官號和捐銜	《嘉靖三十二年進士登科錄》
1686	胡汝嘉	嘉靖三十二年	無任何功名、官號和捐銜	無任何功名、官號和捐銜	無任何功名、官號和捐銜	《嘉靖三十二年進士登科錄》
1687	於惟一	嘉靖三十二年	無任何功名、官號和捐銜	無任何功名、官號和捐銜	無任何功名、官號和捐銜	《嘉靖三十二年進士登科錄》
1688	屠寬	嘉靖三十二年	無任何功名、官號和捐銜	生員	無任何功名、官號和捐銜	《嘉靖三十二年進士登科錄》載屠寬上三代直系親屬名諱及履歷為「曾祖升，祖敏，父源」〔註 70〕。其中載「祖敏」為無任何功名的平民，不確。據《嘉靖三十二年癸丑科進士同年序齒錄》載：「屠寬……祖敏，生員；父源」〔註 71〕，由此可知，屠寬祖敏應為生員。明代童生考取生員一般不過弱冠之年，屠寬中進士時已 40 歲，則其祖早已年過弱冠，這就說明其祖早在其中進士前已成為生員，擁有學校功名而非平民。

〔註 70〕《嘉靖三十二年進士登科錄》，第 26 頁。

〔註 71〕《嘉靖三十二年癸丑科進士同年序齒錄》，《明代登科錄彙編》第 12 冊，第 6140 頁。

1689	方良曙	嘉靖三十二年	無任何功名、官號和捐銜	無任何功名、官號和捐銜	無任何功名、官號和捐銜	《嘉靖三十二年進士登科錄》
1690	王宇	嘉靖三十二年	翰林院檢討	教諭	無任何功名、官號和捐銜	《嘉靖三十二年進士登科錄》
1691	徐師曾	嘉靖三十二年	無任何功名、官號和捐銜	縣主簿	醫學正科	《嘉靖三十二年進士登科錄》
1692	程金	嘉靖三十二年	無任何功名、官號和捐銜	義官	無任何功名、官號和捐銜	《嘉靖三十二年進士登科錄》
1693	王可大	嘉靖三十二年	無任何功名、官號和捐銜	封奉直大夫吏部考功司員外郎	奉政大夫吏部驗封司郎中	《嘉靖三十二年進士登科錄》
1694	程廷策	嘉靖三十二年	無任何功名、官號和捐銜	無任何功名、官號和捐銜	無任何功名、官號和捐銜	《嘉靖三十二年進士登科錄》
1695	汪春時	嘉靖三十二年	無任何功名、官號和捐銜	無任何功名、官號和捐銜	無任何功名、官號和捐銜	《嘉靖三十二年進士登科錄》
1696	顧章志	嘉靖三十二年	無任何功名、官號和捐銜	封刑科給事中	刑科給事中	《嘉靖三十二年進士登科錄》
1697	徐仲楫	嘉靖三十二年	無任何功名、官號和捐銜	無任何功名、官號和捐銜	無任何功名、官號和捐銜	《嘉靖三十二年進士登科錄》
1698	方敏	嘉靖三十二年	無任何功名、官號和捐銜	無任何功名、官號和捐銜	無任何功名、官號和捐銜	《嘉靖三十二年進士登科錄》
1699	徐爌	嘉靖三十二年	壽官	無任何功名、官號和捐銜	無任何功名、官號和捐銜	《嘉靖三十二年進士登科錄》
1700	李叔和	嘉靖三十二年	無任何功名、官號和捐銜	無任何功名、官號和捐銜	無任何功名、官號和捐銜	《嘉靖三十二年進士登科錄》

1701	曹灼	嘉靖三十二年	無任何功名、官號和捐銜	訓導，封兵馬指揮	兵馬指揮	《嘉靖三十二年進士登科錄》
1702	吳承燾	嘉靖三十二年	資善大夫南京刑部尚書贈太子少保	前刑部尚書	監生	《嘉靖三十二年進士登科錄》
1703	唐自化	嘉靖三十二年	贈兵部主事	壽官	無任何功名、官號和捐銜	《嘉靖三十二年進士登科錄》
1704	吳可行	嘉靖三十二年	無任何功名、官號和捐銜	封南京戶部主事	南京禮部郎中	《嘉靖三十二年進士登科錄》
1705	葉可成	嘉靖三十二年	廣西布政司副理問贈尚寶司少卿	尚寶司少卿	無任何功名、官號和捐銜	《嘉靖三十二年進士登科錄》
1706	秦禾	嘉靖三十二年	旌表孝子	南京都察院都事	歲貢生	《嘉靖三十二年進士登科錄》
1707	汪汝達	嘉靖三十二年	無任何功名、官號和捐銜	壽官	無任何功名、官號和捐銜	《嘉靖三十二年進士登科錄》
1708	朱賢	嘉靖三十二年	無任何功名、官號和捐銜	無任何功名、官號和捐銜	無任何功名、官號和捐銜	《嘉靖三十二年進士登科錄》
1709	劉泉	嘉靖三十二年	無任何功名、官號和捐銜	無任何功名、官號和捐銜	無任何功名、官號和捐銜	《嘉靖三十二年進士登科錄》
1710	萬鵬	嘉靖三十二年	無任何功名、官號和捐銜	無任何功名、官號和捐銜	無任何功名、官號和捐銜	《嘉靖三十二年進士登科錄》
1711	金燕	嘉靖三十二年	無任何功名、官號和捐銜	無任何功名、官號和捐銜	無任何功名、官號和捐銜	《嘉靖三十二年進士登科錄》

1712	戴文奎	嘉靖三十二年	無任何功名、官號和捐銜	府經歷	無任何功名、官號和捐銜	《嘉靖三十二年進士登科錄》
1713	俞文榮	嘉靖三十二年	壽官	無任何功名、官號和捐銜	無任何功名、官號和捐銜	《嘉靖三十二年進士登科錄》
1714	陳甲	嘉靖三十二年	無任何功名、官號和捐銜	貢士	無任何功名、官號和捐銜	《嘉靖三十二年進士登科錄》
1715	林有望	嘉靖三十二年	無任何功名、官號和捐銜	無任何功名、官號和捐銜	無任何功名、官號和捐銜	《嘉靖三十二年進士登科錄》
1716	燕仲義	嘉靖三十二年	無任何功名、官號和捐銜	無任何功名、官號和捐銜	無任何功名、官號和捐銜	《嘉靖三十二年進士登科錄》
1717	顧曾唯	嘉靖三十二年	無任何功名、官號和捐銜	無任何功名、官號和捐銜	無任何功名、官號和捐銜	《嘉靖三十二年進士登科錄》
1718	凌儒	嘉靖三十二年	無任何功名、官號和捐銜	無任何功名、官號和捐銜	無任何功名、官號和捐銜	《嘉靖三十二年進士登科錄》
1719	許從龍	嘉靖三十二年	無任何功名、官號和捐銜	州吏目	州判官	《嘉靖三十二年進士登科錄》
1720	凌邦奇	嘉靖三十二年	無任何功名、官號和捐銜	無任何功名、官號和捐銜	無任何功名、官號和捐銜	《嘉靖三十二年進士登科錄》
1721	歸大道	嘉靖三十二年	無任何功名、官號和捐銜	無任何功名、官號和捐銜	無任何功名、官號和捐銜	《嘉靖三十二年進士登科錄》
1722	華秉中	嘉靖三十二年	無任何功名、官號和捐銜	無任何功名、官號和捐銜	無任何功名、官號和捐銜	《嘉靖三十二年進士登科錄》
1723	夏儒	嘉靖三十二年	無任何功名、官號和捐銜	無任何功名、官號和捐銜	無任何功名、官號和捐銜	《嘉靖三十二年進士登科錄》

1724	張書紳	嘉靖三十二年	無任何功名、官號和捐銜	無任何功名、官號和捐銜	無任何功名、官號和捐銜	《嘉靖三十二年進士登科錄》
1725	唐繼祿	嘉靖三十二年	無任何功名、官號和捐銜	無任何功名、官號和捐銜	無任何功名、官號和捐銜	《嘉靖三十二年進士登科錄》
1726	何烇	嘉靖三十二年	無任何功名、官號和捐銜	無任何功名、官號和捐銜	無任何功名、官號和捐銜	《嘉靖三十二年進士登科錄》
1727	史起蟄	嘉靖三十二年	無任何功名、官號和捐銜	無任何功名、官號和捐銜	無任何功名、官號和捐銜	《嘉靖三十二年進士登科錄》
1728	深熙載	嘉靖三十二年	無任何功名、官號和捐銜	無任何功名、官號和捐銜	無任何功名、官號和捐銜	《嘉靖三十二年進士登科錄》
1729	祝舜齡	嘉靖三十二年	無任何功名、官號和捐銜	無任何功名、官號和捐銜	無任何功名、官號和捐銜	《嘉靖三十二年進士登科錄》
1730	何惟慜	嘉靖三十二年	無任何功名、官號和捐銜	無任何功名、官號和捐銜	無任何功名、官號和捐銜	《嘉靖三十二年進士登科錄》
1731	季科	嘉靖三十二年	無任何功名、官號和捐銜	無任何功名、官號和捐銜	無任何功名、官號和捐銜	《嘉靖三十二年進士登科錄》
1732	龔情	嘉靖三十二年	無任何功名、官號和捐銜	無任何功名、官號和捐銜	無任何功名、官號和捐銜	《嘉靖三十二年進士登科錄》
1733	王可立	嘉靖三十二年	無任何功名、官號和捐銜	州判	貢士	《嘉靖三十二年進士登科錄》
1734	袁隨	嘉靖三十五年	壽官	無任何功名、官號和捐銜	無任何功名、官號和捐銜	《嘉靖三十五年進士登科錄》
1735	阮自嵩	嘉靖三十五年	無任何功名、官號和捐銜	贈刑部主事	監生	《嘉靖三十五年進士登科錄》

1736	吳一介	嘉靖三十五年	無任何功名、官號和捐銜	生員	生員	《嘉靖三十五年進士登科錄》載吳一介上三代直系親屬名諱及履歷為「曾祖佐，祖希瑞，父堂」〔註 72〕。其中載「祖希瑞，父堂」俱為無任何功名的平民，不確。據萬曆二十三年榜眼湯賓尹所撰《河南右布政菲庵吳公暨配孫恭人墓誌銘》載：「公諱一介，字元石，別號菲庵，家桐之廠溪……王父希瑞，父堂，皆以學行著膠庠間。父以公貴，贈中憲大夫。公生而穎異……嘉靖己酉舉應天鄉試，丙辰會試第十二名」〔註 73〕，由此可知，吳一介祖、父皆擁有生員功名而非平民；吳一介子吳應賓中萬曆十四年進士，《萬曆十四年進士同年總錄》亦載：「吳一介……曾祖希瑞，庠生；祖堂，庠生，贈中憲大夫按察司副使；父一介，丙辰進士，河南右布政」〔註 74〕。綜上可知，吳一介上三代直系親屬名諱及履歷在《登科錄》中正確的寫法應為「曾祖佐；祖希瑞，庠生；父堂，庠生」。
1737	楊成	嘉靖三十五年	無任何功名、官號和捐銜	無任何功名、官號和捐銜	無任何功名、官號和捐銜	《嘉靖三十五年進士登科錄》
1738	葉宗春	嘉靖三十五年	無任何功名、官號和捐銜	壽官	無任何功名、官號和捐銜	《嘉靖三十五年進士登科錄》
1739	葛邦典	嘉靖三十五年	無任何功名、官號和捐銜	無任何功名、官號和捐銜	教諭	《嘉靖三十五年進士登科錄》
1740	屠羲英	嘉靖三十五年	無任何功名、官號和捐銜	無任何功名、官號和捐銜	無任何功名、官號和捐銜	《嘉靖三十五年進士登科錄》

〔註 72〕《嘉靖三十五年進士登科錄》，第 15 頁。

〔註 73〕〔明〕湯賓尹：《睡庵稿》卷一八《河南右布政菲庵吳公暨配孫恭人墓誌銘》，《四庫禁燬書叢刊》集部第 63 冊，第 269～270 頁。

〔註 74〕《萬曆十四年進士同年總錄》，《明代登科錄彙編》第 20 冊，第 11072 頁。

1741	張人紀	嘉靖三十五年	無任何功名、官號和捐銜	無任何功名、官號和捐銜	恩例冠帶	《嘉靖三十五年進士登科錄》
1742	陳汲	嘉靖三十五年	訓導贈戶部郎中	壽官	援例千戶	《嘉靖三十五年進士登科錄》
1743	張諧	嘉靖三十五年	指揮使	指揮使	指揮使	《嘉靖三十五年進士登科錄》
1744	葛綸	嘉靖三十五年	無任何功名、官號和捐銜	無任何功名、官號和捐銜	無任何功名、官號和捐銜	《嘉靖三十五年進士登科錄》
1745	施篤臣	嘉靖三十五年	無任何功名、官號和捐銜	無任何功名、官號和捐銜	無任何功名、官號和捐銜	《嘉靖三十五年進士登科錄》
1746	程大賓	嘉靖三十五年	無任何功名、官號和捐銜	散官	無任何功名、官號和捐銜	《嘉靖三十五年進士登科錄》
1747	鮮明瑞	嘉靖三十五年	指揮僉事	指揮僉事	指揮僉事	《嘉靖三十五年進士登科錄》
1748	趙灼	嘉靖三十五年	七品散官	聽選官	監生	《嘉靖三十五年進士登科錄》
1749	楊銓	嘉靖三十五年	無任何功名、官號和捐銜	無任何功名、官號和捐銜	七品散官	《嘉靖三十五年進士登科錄》
1750	查光述	嘉靖三十五年	無任何功名、官號和捐銜	無任何功名、官號和捐銜	無任何功名、官號和捐銜	《嘉靖三十五年進士登科錄》
1751	常三省	嘉靖三十五年	無任何功名、官號和捐銜	無任何功名、官號和捐銜	無任何功名、官號和捐銜	《嘉靖三十五年進士登科錄》
1752	胡應嘉	嘉靖三十五年	封刑部主事贈都察院右副都御史	戶部右侍郎兼都察院右僉都御史	知縣	《嘉靖三十五年進士登科錄》
1753	馮符	嘉靖三十五年	無任何功名、官號和捐銜	無任何功名、官號和捐銜	無任何功名、官號和捐銜	《嘉靖三十五年進士登科錄》

1754	姚汝循	嘉靖三十五年	無任何功名、官號和捐銜	無任何功名、官號和捐銜	無任何功名、官號和捐銜	《嘉靖三十五年進士登科錄》
1755	張膽	嘉靖三十五年	無任何功名、官號和捐銜	無任何功名、官號和捐銜	歲貢生	《嘉靖三十五年進士登科錄》
1756	徐必進	嘉靖三十五年	無任何功名、官號和捐銜	壽官	監生	《嘉靖三十五年進士登科錄》
1757	沈桂	嘉靖三十五年	無任何功名、官號和捐銜	無任何功名、官號和捐銜	無任何功名、官號和捐銜	《嘉靖三十五年進士登科錄》
1758	夏時	嘉靖三十五年	無任何功名、官號和捐銜	壽官	無任何功名、官號和捐銜	《嘉靖三十五年進士登科錄》
1759	吳宗周	嘉靖三十五年	無任何功名、官號和捐銜	無任何功名、官號和捐銜	無任何功名、官號和捐銜	《嘉靖三十五年進士登科錄》
1760	王道充	嘉靖三十五年	無任何功名、官號和捐銜	訓導	無任何功名、官號和捐銜	《嘉靖三十五年進士登科錄》
1761	陳應詔	嘉靖三十五年	壽官	州判官	無任何功名、官號和捐銜	《嘉靖三十五年進士登科錄》
1762	謝封	嘉靖三十五年	無任何功名、官號和捐銜	無任何功名、官號和捐銜	縣丞	《嘉靖三十五年進士登科錄》
1763	金甌	嘉靖三十五年	無任何功名、官號和捐銜	壽官	壽官	《嘉靖三十五年進士登科錄》
1764	李維	嘉靖三十五年	無任何功名、官號和捐銜	無任何功名、官號和捐銜	無任何功名、官號和捐銜	《嘉靖三十五年進士登科錄》
1765	趙大河	嘉靖三十五年	壽官	義官	無任何功名、官號和捐銜	《嘉靖三十五年進士登科錄》

1766	唐汝迪	嘉靖三十五年	無任何功名、官號和捐銜	無任何功名、官號和捐銜	監生	《嘉靖三十五年進士登科錄》
1767	陳瓚	嘉靖三十五年	無任何功名、官號和捐銜	通判贈刑部郎中	無任何功名、官號和捐銜	《嘉靖三十五年進士登科錄》
1768	黃鶚	嘉靖三十五年	無任何功名、官號和捐銜	無任何功名、官號和捐銜	無任何功名、官號和捐銜	《嘉靖三十五年進士登科錄》
1769	方新	嘉靖三十五年	無任何功名、官號和捐銜	無任何功名、官號和捐銜	監生	《嘉靖三十五年進士登科錄》
1770	丁士美	嘉靖三十八年	無任何功名、官號和捐銜	無任何功名、官號和捐銜	無任何功名、官號和捐銜	《嘉靖三十八年進士登科錄》
1771	張烈	嘉靖三十八年	七品散官	知州	無任何功名、官號和捐銜	《嘉靖三十八年進士登科錄》
1772	張祥鳶	嘉靖三十八年	無任何功名、官號和捐銜	無任何功名、官號和捐銜	無任何功名、官號和捐銜	《嘉靖三十八年進士登科錄》
1773	張仲謙	嘉靖三十八年	州判官	府通判	無任何功名、官號和捐銜	《嘉靖三十八年進士登科錄》
1774	李紀	嘉靖三十八年	無任何功名、官號和捐銜	無任何功名、官號和捐銜	無任何功名、官號和捐銜	《嘉靖三十八年進士登科錄》
1775	程道東	嘉靖三十八年	無任何功名、官號和捐銜	無任何功名、官號和捐銜	無任何功名、官號和捐銜	《嘉靖三十八年進士登科錄》
1776	汪如海	嘉靖三十八年	工部郎中	無任何功名、官號和捐銜	無任何功名、官號和捐銜	《嘉靖三十八年進士登科錄》
1777	皮豹	嘉靖三十八年	無任何功名、官號和捐銜	無任何功名、官號和捐銜	州判官	《嘉靖三十八年進士登科錄》

1778	沈奎	嘉靖三十八年	無任何功名、官號和捐銜	無任何功名、官號和捐銜	無任何功名、官號和捐銜	《嘉靖三十八年進士登科錄》
1779	李學禮	嘉靖三十八年	無任何功名、官號和捐銜	無任何功名、官號和捐銜	無任何功名、官號和捐銜	《嘉靖三十八年進士登科錄》
1780	趙宋	嘉靖三十八年	無任何功名、官號和捐銜	無任何功名、官號和捐銜	無任何功名、官號和捐銜	《嘉靖三十八年進士登科錄》
1781	錢藻	嘉靖三十八年	無任何功名、官號和捐銜	縣丞	無任何功名、官號和捐銜	《嘉靖三十八年進士登科錄》
1782	華汝礪	嘉靖三十八年	無任何功名、官號和捐銜	無任何功名、官號和捐銜	無任何功名、官號和捐銜	《嘉靖三十八年進士登科錄》
1783	徐卿龍	嘉靖三十八年	無任何功名、官號和捐銜	無任何功名、官號和捐銜	歲貢生	《嘉靖三十八年進士登科錄》
1784	范惟丕	嘉靖三十八年	無任何功名、官號和捐銜	無任何功名、官號和捐銜	無任何功名、官號和捐銜	《嘉靖三十八年進士登科錄》
1785	韓邦憲	嘉靖三十八年	無任何功名、官號和捐銜	贈知縣	知府	《嘉靖三十八年進士登科錄》
1786	顧名世	嘉靖三十八年	無任何功名、官號和捐銜	散官	副千戶	《嘉靖三十八年進士登科錄》
1787	錢順時	嘉靖三十八年	遇例冠帶	無任何功名、官號和捐銜	無任何功名、官號和捐銜	《嘉靖三十八年進士登科錄》
1788	張子仁	嘉靖三十八年	無任何功名、官號和捐銜	義官	無任何功名、官號和捐銜	《嘉靖三十八年進士登科錄》
1789	游醇卿	嘉靖三十八年	無任何功名、官號和捐銜	無任何功名、官號和捐銜	無任何功名、官號和捐銜	《嘉靖三十八年進士登科錄》

1790	陳紹登	嘉靖三十八年	無任何功名、官號和捐銜	無任何功名、官號和捐銜	按察司僉事	《嘉靖三十八年進士登科錄》
1791	秦嘉楫	嘉靖三十八年	義官	義官	無任何功名、官號和捐銜	《嘉靖三十八年進士登科錄》
1792	解宋	嘉靖三十八年	無任何功名、官號和捐銜	無任何功名、官號和捐銜	無任何功名、官號和捐銜	《嘉靖三十八年進士登科錄》
1793	王之翰	嘉靖三十八年	無任何功名、官號和捐銜	無任何功名、官號和捐銜	無任何功名、官號和捐銜	《嘉靖三十八年進士登科錄》
1794	佘敬中	嘉靖三十八年	無任何功名、官號和捐銜	義官	知縣	《嘉靖三十八年進士登科錄》
1795	張憲臣	嘉靖三十八年	無任何功名、官號和捐銜	無任何功名、官號和捐銜	無任何功名、官號和捐銜	《嘉靖三十八年進士登科錄》
1796	王天爵	嘉靖三十八年	無任何功名、官號和捐銜	無任何功名、官號和捐銜	無任何功名、官號和捐銜	《嘉靖三十八年進士登科錄》
1797	趙熙靖	嘉靖三十八年	無任何功名、官號和捐銜	無任何功名、官號和捐銜	無任何功名、官號和捐銜	《嘉靖三十八年進士登科錄》
1798	荊文炤	嘉靖三十八年	無任何功名、官號和捐銜	無任何功名、官號和捐銜	無任何功名、官號和捐銜	《嘉靖三十八年進士登科錄》
1799	賀邦泰	嘉靖三十八年	七品散官	封兵馬指揮	兵馬指揮	《嘉靖三十八年進士登科錄》
1800	顧奎	嘉靖三十八年	七品散官	無任何功名、官號和捐銜	無任何功名、官號和捐銜	《嘉靖三十八年進士登科錄》
1801	張翰翔	嘉靖三十八年	無任何功名、官號和捐銜	無任何功名、官號和捐銜	無任何功名、官號和捐銜	《嘉靖三十八年進士登科錄》
1802	蔣彬	嘉靖三十八年	無任何功名、官號和捐銜	無任何功名、官號和捐銜	無任何功名、官號和捐銜	《嘉靖三十八年進士登科錄》

1803	邵夢麟	嘉靖三十八年	無任何功名、官號和捐銜	教授	教諭	《嘉靖三十八年進士登科錄》
1804	朱纁	嘉靖三十八年	無任何功名、官號和捐銜	無任何功名、官號和捐銜	無任何功名、官號和捐銜	《嘉靖三十八年進士登科錄》
1805	萬慶	嘉靖三十八年	無任何功名、官號和捐銜	無任何功名、官號和捐銜	無任何功名、官號和捐銜	《嘉靖三十八年進士登科錄》
1806	顧堅	嘉靖三十八年	無任何功名、官號和捐銜	無任何功名、官號和捐銜	無任何功名、官號和捐銜	《嘉靖三十八年進士登科錄》
1807	沈人種	嘉靖三十八年	無任何功名、官號和捐銜	無任何功名、官號和捐銜	無任何功名、官號和捐銜	《嘉靖三十八年進士登科錄》
1808	程光甸	嘉靖三十八年	無任何功名、官號和捐銜	知縣	知縣	《嘉靖三十八年進士登科錄》
1809	曹棟	嘉靖三十八年	無任何功名、官號和捐銜	義官	引禮舍人	《嘉靖三十八年進士登科錄》
1810	雷鳴春	嘉靖三十八年	無任何功名、官號和捐銜	義官	監生	《嘉靖三十八年進士登科錄》
1811	王世懋	嘉靖三十八年	贈通議大夫南京兵部右侍郎	通議大夫南京兵部右侍郎	總督軍務都察院右都御使兼兵部左侍郎	《嘉靖三十八年進士登科錄》
1812	蔡悉	嘉靖三十八年	無任何功名、官號和捐銜	無任何功名、官號和捐銜	無任何功名、官號和捐銜	《嘉靖三十八年進士登科錄》
1813	翟臺	嘉靖三十八年	無任何功名、官號和捐銜	無任何功名、官號和捐銜	無任何功名、官號和捐銜	《嘉靖三十八年進士登科錄》
1814	顧廷對	嘉靖三十八年	府經歷	縣丞	知縣	《嘉靖三十八年進士登科錄》

1815	鮑宗沂	嘉靖三十八年	無任何功名、官號和捐銜	無任何功名、官號和捐銜	無任何功名、官號和捐銜	《嘉靖三十八年進士登科錄》
1816	張振之	嘉靖三十八年	無任何功名、官號和捐銜	無任何功名、官號和捐銜	無任何功名、官號和捐銜	《嘉靖三十八年進士登科錄》
1817	徐廷祼	嘉靖三十八年	無任何功名、官號和捐銜	無任何功名、官號和捐銜	無任何功名、官號和捐銜	《嘉靖三十八年進士登科錄》
1818	徐時行	嘉靖四十一年	無任何功名、官號和捐銜	無任何功名、官號和捐銜	生員	《嘉靖四十一年進士登科錄》載徐時行上三代直系親屬名諱及履歷為「曾祖周；父乾；父士章」〔註75〕。其中，載「父士章」為無任何功名的平民，不確。據徐時行自撰《家傳》載：「父士章，字俊民，號古愚，長洲縣學生……府君生正德丙子七月二日，卒嘉靖己未二月七日」〔註76〕。嘉靖己未即嘉靖三十八年，由此可知，在徐時行中進士之前，其父雖已去世，但擁有學校功名而非平民。綜上可知，徐時行上三代直系親屬名諱及履歷在《登科錄》中正確的寫法應為「曾祖周；祖乾，庠生；父士章，生員」。
1819	王錫爵	嘉靖四十一年	無任何功名、官號和捐銜	無任何功名、官號和捐銜	監生	《嘉靖四十一年進士登科錄》
1820	潘允端	嘉靖四十一年	贈都察院左都御史	封按察司僉事贈都察院左都御史	都察院左都御史	《嘉靖四十一年進士登科錄》
1821	朱潤身	嘉靖四十一年	無任何功名、官號和捐銜	無任何功名、官號和捐銜	無任何功名、官號和捐銜	《嘉靖四十一年進士登科錄》
1822	徐元氣	嘉靖四十一年	歲貢生	典膳	縣主簿	《嘉靖四十一年進士登科錄》

〔註75〕《嘉靖四十一年進士登科錄》，第8頁。

〔註76〕〔明〕申時行：《賜閒堂集》卷十《家傳》，《四庫全書存目叢書》集部第134冊，第199頁。

1823	蘇愚	嘉靖四十一年	無任何功名、官號和捐銜	無任何功名、官號和捐銜	縣主簿	《嘉靖四十一年進士登科錄》
1824	馬顧澤	嘉靖四十一年	無任何功名、官號和捐銜	無任何功名、官號和捐銜	無任何功名、官號和捐銜	《嘉靖四十一年進士登科錄》
1825	呂一靜	嘉靖四十一年	無任何功名、官號和捐銜	無任何功名、官號和捐銜	無任何功名、官號和捐銜	《嘉靖四十一年進士登科錄》
1826	萬振孫	嘉靖四十一年	無任何功名、官號和捐銜	無任何功名、官號和捐銜	府通判	《嘉靖四十一年進士登科錄》
1827	張從律	嘉靖四十一年	無任何功名、官號和捐銜	無任何功名、官號和捐銜	無任何功名、官號和捐銜	《嘉靖四十一年進士登科錄》
1828	沈廷觀	嘉靖四十一年	無任何功名、官號和捐銜	無任何功名、官號和捐銜	無任何功名、官號和捐銜	《嘉靖四十一年進士登科錄》
1829	王謨	嘉靖四十一年	無任何功名、官號和捐銜	無任何功名、官號和捐銜	壽官	《嘉靖四十一年進士登科錄》
1830	李寅賓	嘉靖四十一年	無任何功名、官號和捐銜	無任何功名、官號和捐銜	無任何功名、官號和捐銜	《嘉靖四十一年進士登科錄》
1831	劉泮	嘉靖四十一年	無任何功名、官號和捐銜	無任何功名、官號和捐銜	無任何功名、官號和捐銜	《嘉靖四十一年進士登科錄》
1832	王嘉言	嘉靖四十一年	散官	散官	州同知	《嘉靖四十一年進士登科錄》
1833	趙睿	嘉靖四十一年	無任何功名、官號和捐銜	府通判	無任何功名、官號和捐銜	《嘉靖四十一年進士登科錄》
1834	蔣致大	嘉靖四十一年	知州，贈工部員外郎	引禮舍人	無任何功名、官號和捐銜	《嘉靖四十一年進士登科錄》
1835	艾克久	嘉靖四十一年	贈斷事	都司斷事	無任何功名、官號和捐銜	《嘉靖四十一年進士登科錄》

1836	王納言	嘉靖四十一年	壽官	無任何功名、官號和捐銜	縣主簿	《嘉靖四十一年進士登科錄》
1837	史文龍	嘉靖四十一年	無任何功名、官號和捐銜	無任何功名、官號和捐銜	無任何功名、官號和捐銜	《嘉靖四十一年進士登科錄》
1838	鮑尚伊	嘉靖四十一年	無任何功名、官號和捐銜	無任何功名、官號和捐銜	無任何功名、官號和捐銜	《嘉靖四十一年進士登科錄》
1839	華啟直	嘉靖四十一年	壽官	贈戶部主事	知府	《嘉靖四十一年進士登科錄》
1840	殷登瀛	嘉靖四十一年	壽官	義官	監生	《嘉靖四十一年進士登科錄》
1841	鄭欽	嘉靖四十一年	無任何功名、官號和捐銜	無任何功名、官號和捐銜	無任何功名、官號和捐銜	《嘉靖四十一年進士登科錄》
1842	程文著	嘉靖四十一年	無任何功名、官號和捐銜	無任何功名、官號和捐銜	無任何功名、官號和捐銜	《嘉靖四十一年進士登科錄》
1843	周希旦	嘉靖四十一年	無任何功名、官號和捐銜	無任何功名、官號和捐銜	無任何功名、官號和捐銜	《嘉靖四十一年進士登科錄》
1844	郭諫臣	嘉靖四十一年	無任何功名、官號和捐銜	無任何功名、官號和捐銜	無任何功名、官號和捐銜	《嘉靖四十一年進士登科錄》
1845	陳大壯	嘉靖四十一年	無任何功名、官號和捐銜	贈工部主事	七品散官	《嘉靖四十一年進士登科錄》
1846	劉繼文	嘉靖四十一年	遞運所大使	無任何功名、官號和捐銜	無任何功名、官號和捐銜	《嘉靖四十一年進士登科錄》
1847	張守中	嘉靖四十一年	無任何功名、官號和捐銜	無任何功名、官號和捐銜	知州	《嘉靖四十一年進士登科錄》
1848	凌琯	嘉靖四十一年	無任何功名、官號和捐銜	無任何功名、官號和捐銜	無任何功名、官號和捐銜	《嘉靖四十一年進士登科錄》

1849	王問臣	嘉靖四十一年	無任何功名、官號和捐銜	無任何功名、官號和捐銜	無任何功名、官號和捐銜	《嘉靖四十一年進士登科錄》
1850	馬近奎	嘉靖四十一年	無任何功名、官號和捐銜	無任何功名、官號和捐銜	無任何功名、官號和捐銜	《嘉靖四十一年進士登科錄》
1851	吳自峒	嘉靖四十一年	無任何功名、官號和捐銜	贈兵部郎中	右參政	《嘉靖四十一年進士登科錄》
1852	伊在庭	嘉靖四十四年	按察司僉事	府同知，贈奉政大夫	布政司參政	《嘉靖四十四年進士登科錄》
1853	周鐸	嘉靖四十四年	七品散官	贈按察司副使	無任何功名、官號和捐銜	《嘉靖四十四年進士登科錄》
1854	湯希閔	嘉靖四十四年	壽官	貢士	無任何功名、官號和捐銜	《嘉靖四十四年進士登科錄》
1855	潘志伊	嘉靖四十四年	無任何功名、官號和捐銜	無任何功名、官號和捐銜	無任何功名、官號和捐銜	《嘉靖四十四年進士登科錄》
1856	李汝節	嘉靖四十四年	無任何功名、官號和捐銜	無任何功名、官號和捐銜	無任何功名、官號和捐銜	《嘉靖四十四年進士登科錄》
1857	王鑑	嘉靖四十四年	壽官	封南京兵部郎中	按察司僉事	《嘉靖四十四年進士登科錄》
1858	李存文	嘉靖四十四年	無任何功名、官號和捐銜	通判	無任何功名、官號和捐銜	《嘉靖四十四年進士登科錄》
1859	周子義	嘉靖四十四年	無任何功名、官號和捐銜	無任何功名、官號和捐銜	無任何功名、官號和捐銜	《嘉靖四十四年進士登科錄》
1860	顧應龍	嘉靖四十四年	無任何功名、官號和捐銜	典膳	無任何功名、官號和捐銜	《嘉靖四十四年進士登科錄》

1861	袁尊尼	嘉靖四十四年	無任何功名、官號和捐銜	封刑部主事	提學僉事	《嘉靖四十四年進士登科錄》
1862	陳懿德	嘉靖四十四年	無任何功名、官號和捐銜	無任何功名、官號和捐銜	無任何功名、官號和捐銜	《嘉靖四十四年進士登科錄》
1863	陳王道	嘉靖四十四年	無任何功名、官號和捐銜	無任何功名、官號和捐銜	生員	《嘉靖四十四年進士登科錄》載：「陳王道，貫直隸蘇州府崑山縣民籍……曾祖復吉，祖可樂，父唐」〔註 77〕。其中載「父唐」為無任何功名的平民，不確。據《嘉靖四十四年進士履歷便覽》載：「陳王道……崑山人……乙丑八月，授鄭州知州……曾祖復吉，祖可樂，父唐，庠生，贈知州」〔註 78〕；《嘉靖乙丑科進士同年鄉籍》也載：「陳王道，崑山人……授鄭州知州……曾祖復吉，祖可樂，父唐，庠生，贈知州」〔註 79〕。由上可知，陳王道父唐擁有庠生功名，且被追贈為知州；需指出的是，明代舉子選補為生員時一般不過弱冠之年，陳王道中進士時 33 歲，則其父早已年過弱冠，這就說明在其中進士前其父已擁有生員功名而非平民；至於陳唐被追贈為知州，顯然是其去世後，以子王道貴而獲贈。
1864	寧珂	嘉靖四十四年	無任何功名、官號和捐銜	無任何功名、官號和捐銜	無任何功名、官號和捐銜	《嘉靖四十四年進士登科錄》
1865	顧養謙	嘉靖四十四年	義官	義官	監生	《嘉靖四十四年進士登科錄》
1866	張明正	嘉靖四十四年	無任何功名、官號和捐銜	無任何功名、官號和捐銜	無任何功名、官號和捐銜	《嘉靖四十四年進士登科錄》
1867	盛居晉	嘉靖四十四年	無任何功名、官號和捐銜	推官	無任何功名、官號和捐銜	《嘉靖四十四年進士登科錄》

〔註 77〕《嘉靖四十四年進士登科錄》，第 18 頁。

〔註 78〕《嘉靖四十四年進士履歷便覽》，第 401 頁。

〔註 79〕《嘉靖乙丑科進士同年鄉籍》，第 563 頁。

1868	徐汝翼	嘉靖四十四年	無任何功名、官號和捐銜	無任何功名、官號和捐銜	貢士	《嘉靖四十四年進士登科錄》
1869	游應乾	嘉靖四十四年	無任何功名、官號和捐銜	無任何功名、官號和捐銜	無任何功名、官號和捐銜	《嘉靖四十四年進士登科錄》
1870	喬懋敬	嘉靖四十四年	無任何功名、官號和捐銜	州判官	縣丞	《嘉靖四十四年進士登科錄》
1871	盛當時	嘉靖四十四年	無任何功名、官號和捐銜	無任何功名、官號和捐銜	無任何功名、官號和捐銜	《嘉靖四十四年進士登科錄》
1872	李世臣	嘉靖四十四年	無任何功名、官號和捐銜	義官	知事	《嘉靖四十四年進士登科錄》
1873	唐一麐	嘉靖四十四年	無任何功名、官號和捐銜	學正	知縣	《嘉靖四十四年進士登科錄》
1874	陸萬鍾	嘉靖四十四年	贈推官	推官	無任何功名、官號和捐銜	《嘉靖四十四年進士登科錄》
1875	萬言策	嘉靖四十四年	無任何功名、官號和捐銜	義官	無任何功名、官號和捐銜	《嘉靖四十四年進士登科錄》
1876	王執禮	嘉靖四十四年	封知縣	布政使司布政使	監生	《嘉靖四十四年進士登科錄》
1877	陳王道	嘉靖四十四年	無任何功名、官號和捐銜	無任何功名、官號和捐銜	無任何功名、官號和捐銜	《嘉靖四十四年進士登科錄》
1878	潘允哲	嘉靖四十四年	贈都察院左都御史	累贈都察院左都御史	都察院左都御史致仕	《嘉靖四十四年進士登科錄》
1879	徐元太	嘉靖四十四年	歲貢生	典膳	主簿	《嘉靖四十四年進士登科錄》
1880	馮汝騏	嘉靖四十四年	無任何功名、官號和捐銜	無任何功名、官號和捐銜	無任何功名、官號和捐銜	《嘉靖四十四年進士登科錄》

1881	蔣夢龍	嘉靖四十四年	無任何功名、官號和捐銜	無任何功名、官號和捐銜	無任何功名、官號和捐銜	《嘉靖四十四年進士登科錄》
1882	許天賜	嘉靖四十四年	訓導	教諭	無任何功名、官號和捐銜	《嘉靖四十四年進士登科錄》
1883	范崙	嘉靖四十四年	通判	無任何功名、官號和捐銜	無任何功名、官號和捐銜	《嘉靖四十四年進士登科錄》
1884	許國	嘉靖四十四年	無任何功名、官號和捐銜	無任何功名、官號和捐銜	無任何功名、官號和捐銜	《嘉靖四十四年進士登科錄》
1885	林樹德	嘉靖四十四年	無任何功名、官號和捐銜	無任何功名、官號和捐銜	封翰林院編修	《嘉靖四十四年進士登科錄》
1886	錢錫汝	嘉靖四十四年	無任何功名、官號和捐銜	無任何功名、官號和捐銜	無任何功名、官號和捐銜	《嘉靖四十四年進士登科錄》
1887	李鳴謙	嘉靖四十四年	無任何功名、官號和捐銜	無任何功名、官號和捐銜	生員	《嘉靖四十四年進士登科錄》載李鳴謙上三代直系親屬名諱及履歷為「曾祖鎬，祖文貫，父宗」〔註 80〕。其中載「父宗」為無任何功名的平民，不確。據《嘉靖四十四年進士履歷便覽》《嘉靖乙丑科進士同年鄉籍》皆載李鳴謙父為「生員」〔註 81〕；需指出的是，明代舉子選補為生員時一般不過弱冠之年，李鳴謙中進士時已 32 歲，則其父早已年過弱冠，這就說明在其中進士前其父已為生員功名，擁有學校功名而非平民。
1888	胡澪	嘉靖四十四年	無任何功名、官號和捐銜	無任何功名、官號和捐銜	無任何功名、官號和捐銜	《嘉靖四十四年進士登科錄》
1889	曹慎	嘉靖四十四年	無任何功名、官號和捐銜	贈監察御史	南京太僕寺少卿	《嘉靖四十四年進士登科錄》

〔註 80〕《嘉靖四十四年進士登科錄》，第 57 頁。

〔註 81〕《嘉靖四十四年進士履歷便覽》，第 398 頁；《嘉靖乙丑科進士同年鄉籍》，第 516 頁。

1890	季膺	嘉靖四十四年	無任何功名、官號和捐銜	無任何功名、官號和捐銜	無任何功名、官號和捐銜	《嘉靖四十四年進士登科錄》
1891	歸有光	嘉靖四十四年	知縣	無任何功名、官號和捐銜	無任何功名、官號和捐銜	《嘉靖四十四年進士登科錄》
1892	李得陽	嘉靖四十四年	無任何功名、官號和捐銜	州判官	知縣	《嘉靖四十四年進士登科錄》
1893	王圻	嘉靖四十四年	無任何功名、官號和捐銜	無任何功名、官號和捐銜	醫學正科	《嘉靖四十四年進士登科錄》
1894	查鐸	嘉靖四十四年	無任何功名、官號和捐銜	壽官	無任何功名、官號和捐銜	《嘉靖四十四年進士登科錄》載查鐸上三代直系親屬名諱及履歷為「曾祖厫，祖世倫，父景明」〔註82〕。其中載「祖世倫」為無任何官號的平民，不確。《嘉靖四十四年進士履歷便覽》《嘉靖乙丑科進士同年鄉籍》皆載查鐸祖世倫為「壽官」〔註83〕；此外，查鐸中進士時已50歲，《登科錄》載其祖、父母存世情況時為「具慶」，表明其祖在其中進士時業已去世，這就說明查世倫在其孫中進士前已獲得朝廷授予的壽官官號，而非無任何官號的平民。
1895	李薦佳	嘉靖四十四年	義官	縣丞	監生	《嘉靖四十四年進士登科錄》
1896	張克家	嘉靖四十四年	無任何功名、官號和捐銜	無任何功名、官號和捐銜	無任何功名、官號和捐銜	《嘉靖四十四年進士登科錄》
1897	李謨	嘉靖四十四年	縣丞	無任何功名、官號和捐銜	無任何功名、官號和捐銜	《嘉靖四十四年進士登科錄》
1898	朱一松	嘉靖四十四年	無任何功名、官號和捐銜	縣丞	貢士	《嘉靖四十四年進士登科錄》

〔註82〕《嘉靖四十四年進士登科錄》，第73頁。

〔註83〕《嘉靖四十四年進士履歷便覽》，第397頁；《嘉靖乙丑科進士同年鄉籍》，第490頁。

1899	余一龍	嘉靖四十四年	無任何功名、官號和捐銜	無任何功名、官號和捐銜	無任何功名、官號和捐銜	《嘉靖四十四年進士登科錄》
1900	金應徵	嘉靖四十四年	無任何功名、官號和捐銜	無任何功名、官號和捐銜	無任何功名、官號和捐銜	《嘉靖四十四年進士登科錄》
1901	俞一貫	嘉靖四十四年	歲貢生	無任何功名、官號和捐銜	無任何功名、官號和捐銜	《嘉靖四十四年進士登科錄》
1902	鄭宣化	嘉靖四十四年	百戶	無任何功名、官號和捐銜	無任何功名、官號和捐銜	《嘉靖四十四年進士登科錄》
1903	陸士鼇	嘉靖四十四年	無任何功名、官號和捐銜	無任何功名、官號和捐銜	無任何功名、官號和捐銜	《嘉靖四十四年進士登科錄》
1904	陳宣	嘉靖四十四年	無任何功名、官號和捐銜	無任何功名、官號和捐銜	無任何功名、官號和捐銜	《嘉靖四十四年進士登科錄》
1905	胡效才	嘉靖四十四年	無任何功名、官號和捐銜	壽官	生員	《嘉靖四十四年進士登科錄》
1906	戚傑	嘉靖四十四年	無任何功名、官號和捐銜	封經歷	經歷	《嘉靖四十四年進士登科錄》
1907	梁子琦	嘉靖四十四年	無任何功名、官號和捐銜	無任何功名、官號和捐銜	經歷	《嘉靖四十四年進士登科錄》
1908	汪文輝	嘉靖四十四年	無任何功名、官號和捐銜	無任何功名、官號和捐銜	無任何功名、官號和捐銜	《嘉靖四十四年進士登科錄》
1909	王之屏	嘉靖四十四年	無任何功名、官號和捐銜	無任何功名、官號和捐銜	無任何功名、官號和捐銜	《嘉靖四十四年進士登科錄》
1910	龔紱	嘉靖四十四年	無任何功名、官號和捐銜	無任何功名、官號和捐銜	無任何功名、官號和捐銜	《嘉靖四十四年進士登科錄》

1911	孫濟遠	嘉靖四十四年	知縣	無任何功名、官號和捐銜	府同知進階朝列大夫	《嘉靖四十四年進士登科錄》
1912	楊家相	嘉靖四十四年	府丞	無任何功名、官號和捐銜	無任何功名、官號和捐銜	《嘉靖四十四年進士登科錄》
1913	李逢陽	隆慶二年	無任何功名、官號和捐銜	恩例冠帶	無任何功名、官號和捐銜	《隆慶二年進士登科錄》
1914	王周紹	隆慶二年	貢士，贈南京禮部主事	按察司提學副使	無任何功名、官號和捐銜	《隆慶二年進士登科錄》
1915	王鼎爵	隆慶二年	無任何功名、官號和捐銜	無任何功名、官號和捐銜	序班封翰林院編修	《隆慶二年進士登科錄》
1916	華叔陽	隆慶二年	無任何功名、官號和捐銜	州判官封兵部郎中	南京翰林院侍讀學士	《隆慶二年進士登科錄》
1917	宋堯武	隆慶二年	貢士	監生	王府引禮舍人	《隆慶二年進士登科錄》
1918	徐顯卿	隆慶二年	無任何功名、官號和捐銜	無任何功名、官號和捐銜	無任何功名、官號和捐銜	《隆慶二年進士登科錄》
1919	殷建中	隆慶二年	無任何功名、官號和捐銜	贈太常寺典簿	無任何功名、官號和捐銜	《隆慶二年進士登科錄》
1920	施夢龍	隆慶二年	通判	無任何功名、官號和捐銜	無任何功名、官號和捐銜	《隆慶二年進士登科錄》
1921	喬木	隆慶二年	無任何功名、官號和捐銜	無任何功名、官號和捐銜	冠帶監生	《隆慶二年進士登科錄》
1922	陳允升	隆慶二年	教諭	無任何功名、官號和捐銜	無任何功名、官號和捐銜	《隆慶二年進士登科錄》
1923	江以東	隆慶二年	壽官	順天府庫大使	無任何功名、官號和捐銜	《隆慶二年進士登科錄》

1924	施近臣	隆慶二年	無任何功名、官號和捐銜	無任何功名、官號和捐銜	無任何功名、官號和捐銜	《隆慶二年進士登科錄》
1925	袁一虯	隆慶二年	累贈通議大夫南京太常寺卿	累贈通議大夫南京太常寺卿	無任何功名、官號和捐銜	《隆慶二年進士登科錄》
1926	韓世能	隆慶二年	壽官	無任何功名、官號和捐銜	無任何功名、官號和捐銜	《隆慶二年進士登科錄》
1927	林景暘	隆慶二年	無任何功名、官號和捐銜	無任何功名、官號和捐銜	無任何功名、官號和捐銜	《隆慶二年進士登科錄》
1928	顧顯仁	隆慶二年	無任何功名、官號和捐銜	無任何功名、官號和捐銜	無任何功名、官號和捐銜	《隆慶二年進士登科錄》
1929	吳自新	隆慶二年	無任何功名、官號和捐銜	壽官	無任何功名、官號和捐銜	《隆慶二年進士登科錄》
1930	吳肇東	隆慶二年	縣主簿	無任何功名、官號和捐銜	知州	《隆慶二年進士登科錄》
1931	焦玄鑑	隆慶二年	無任何功名、官號和捐銜	無任何功名、官號和捐銜	無任何功名、官號和捐銜	《隆慶二年進士登科錄》
1932	錢順德	隆慶二年	遇例冠帶	七品散官	無任何功名、官號和捐銜	《隆慶二年進士登科錄》
1933	馮時雨	隆慶二年	無任何功名、官號和捐銜	無任何功名、官號和捐銜	無任何功名、官號和捐銜	《隆慶二年進士登科錄》
1934	江廷寄	隆慶二年	贈推官	無任何功名、官號和捐銜	無任何功名、官號和捐銜	《隆慶二年進士登科錄》
1935	須用賓	隆慶二年	無任何功名、官號和捐銜	王府引禮舍人	監生	《隆慶二年進士登科錄》

1936	錢普	隆慶二年	無任何功名、官號和捐銜	無任何功名、官號和捐銜	貢士	《隆慶二年進士登科錄》
1937	蔡汝賢	隆慶二年	無任何功名、官號和捐銜	無任何功名、官號和捐銜	無任何功名、官號和捐銜	《隆慶二年進士登科錄》
1938	唐裔	隆慶二年	無任何功名、官號和捐銜	無任何功名、官號和捐銜	無任何功名、官號和捐銜	《隆慶二年進士登科錄》
1939	龔勉	隆慶二年	無任何功名、官號和捐銜	無任何功名、官號和捐銜	無任何功名、官號和捐銜	《隆慶二年進士登科錄》
1940	賈應璧	隆慶二年	無任何功名、官號和捐銜	無任何功名、官號和捐銜	無任何功名、官號和捐銜	《隆慶二年進士登科錄》
1941	張桐	隆慶二年	無任何功名、官號和捐銜	無任何功名、官號和捐銜	無任何功名、官號和捐銜	《隆慶二年進士登科錄》
1942	鍾遐齡	隆慶二年	無任何功名、官號和捐銜	無任何功名、官號和捐銜	無任何功名、官號和捐銜	《隆慶二年進士登科錄》
1943	徐大任	隆慶二年	壽官	無任何功名、官號和捐銜	無任何功名、官號和捐銜	《隆慶二年進士登科錄》
1944	王之臣	隆慶二年	無任何功名、官號和捐銜	無任何功名、官號和捐銜	無任何功名、官號和捐銜	《隆慶二年進士登科錄》
1945	湯聘尹	隆慶二年	無任何功名、官號和捐銜	奉祀正	廩生	《隆慶二年進士登科錄》載湯聘尹上三代直系親屬名諱及履歷為「曾祖鑑；祖珍，奉祀正；父修，歲貢生」〔註 84〕。其中載「父修」為「歲貢生」，不確。據嘉靖二十六年進士王世貞撰《封徵仕郎吏科給事中鳳岡湯公墓誌銘》載：「先生諱修……弱冠而補諸生……然公數奇，其試於南都輒不利，自是杜門不復當試。而給事（湯聘尹）之業成，迨其舉

〔註 84〕《隆慶二年進士登科錄》，《明代登科錄彙編》第 17 冊，第 8955 頁。

						進士，而公當貢當上春官，自顧笑曰：『夫欲用我者而不及吾壯哉！……天其佚，我老矣』……子三，長即給事君聘尹」〔註 85〕，可知，湯聘尹父修當貢而棄貢；嘉靖四十一年進士申時行撰《中順大夫廣西按察司副使湯君墓誌銘》亦載湯聘尹父湯修「以高材生久次當貢，棄不就，而就封給事」〔註 86〕。《萬曆嘉定縣志》卷十《選舉考・科貢表》、《康熙嘉定縣志》卷十一《選舉・貢生》、《光緒嘉定縣志》卷一四《選舉志上・科貢表》也都無載湯修〔註 87〕。另，即便湯修按制如期當貢，《登科錄》此處「歲貢生」亦不妥，因其當貢是在湯聘尹登進士之後。綜上，「父修」以「廩生」身份當貢而棄貢，履歷當為「廩生」。
1946	謝良琦	隆慶二年	無任何功名、官號和捐銜	無任何功名、官號和捐銜	無任何功名、官號和捐銜	《隆慶二年進士登科錄》
1947	黃應坤	隆慶二年	無任何功名、官號和捐銜	贈監察御史	南京刑部郎中	《隆慶二年進士登科錄》
1948	張明化	隆慶二年	無任何功名、官號和捐銜	無任何功名、官號和捐銜	贈南京禮部主事	《隆慶二年進士登科錄》
1949	叢文蔚	隆慶二年	無任何功名、官號和捐銜	無任何功名、官號和捐銜	無任何功名、官號和捐銜	《隆慶二年進士登科錄》

〔註 85〕〔明〕王世貞：《弇州續稿》卷一百《封徵仕郎吏科給事中鳳岡湯公墓誌銘》，《景印文淵閣四庫全書》第 1283 冊，第 431～432 頁。

〔註 86〕〔明〕申時行：《賜閒堂集》卷二九《中順大夫廣西按察司副使湯君墓誌銘》，《四庫全書存目叢書》集部 143 冊，第 607～608 頁。

〔註 87〕萬曆《嘉定縣志》卷十《選舉考・科貢表》，萬曆刊本；康熙《嘉定縣志》卷十一《選舉・貢生》，《中國地方志集成・上海府縣志輯》第 7 冊，第 667～671 頁；光緒《嘉定縣志》卷一四《選舉志上・科貢表》，《中國地方志集成・上海府縣志輯》第 8 冊，第 261～276 頁。

1950	張淳	隆慶二年	無任何功名、官號和捐銜	無任何功名、官號和捐銜	無任何功名、官號和捐銜	《隆慶二年進士登科錄》
1951	孫從龍	隆慶二年	無任何功名、官號和捐銜	無任何功名、官號和捐銜	無任何功名、官號和捐銜	《隆慶二年進士登科錄》
1952	汪在前	隆慶二年	無任何功名、官號和捐銜	王府引禮舍人	縣丞	《隆慶二年進士登科錄》
1953	李一中	隆慶二年	無任何功名、官號和捐銜	贈通議大夫通政使司通政使	知縣累封通議大夫通政使司通政使。	《隆慶二年進士登科錄》
1954	謝良弼	隆慶二年	無任何功名、官號和捐銜	無任何功名、官號和捐銜	無任何功名、官號和捐銜	《隆慶二年進士登科錄》
1955	許承周	隆慶二年	無任何功名、官號和捐銜	無任何功名、官號和捐銜	無任何功名、官號和捐銜	《隆慶二年進士登科錄》
1956	蔣科	隆慶二年	無任何功名、官號和捐銜	無任何功名、官號和捐銜	壽官	《隆慶二年進士登科錄》
1957	胡用賓	隆慶二年	無任何功名、官號和捐銜	無任何功名、官號和捐銜	壽官	《隆慶二年進士登科錄》
1958	陸從平	隆慶二年	無任何功名、官號和捐銜	贈推官	推官	《隆慶二年進士登科錄》
1959	殷濡	隆慶二年	無任何功名、官號和捐銜	無任何功名、官號和捐銜	無任何功名、官號和捐銜	《隆慶二年進士登科錄》
1960	葉楙中	隆慶二年	正千戶	贈刑部主事	按察司副使	《隆慶二年進士登科錄》
1961	蔣以忠	隆慶二年	知州	無任何功名、官號和捐銜	無任何功名、官號和捐銜	《隆慶二年進士登科錄》
1962	謝宗倫	隆慶二年	無任何功名、官號和捐銜	無任何功名、官號和捐銜	無任何功名、官號和捐銜	《隆慶二年進士登科錄》

1963	顧大典	隆慶二年	封刑部主事	知府	無任何功名、官號和捐銜	《隆慶二年進士登科錄》
1964	闞成章	隆慶二年	無任何功名、官號和捐銜	無任何功名、官號和捐銜	無任何功名、官號和捐銜	《隆慶二年進士登科錄》
1965	張朝瑞	隆慶二年	無任何功名、官號和捐銜	典史	恩例訓導	《隆慶二年進士登科錄》
1966	余懋學	隆慶二年	知縣	無任何功名、官號和捐銜	知縣	《隆慶二年進士登科錄》
1967	劉倬	隆慶二年	都察院右副都御史贈通議大夫	知府	無任何功名、官號和捐銜	《隆慶二年進士登科錄》
1968	鄭准	隆慶二年	無任何功名、官號和捐銜	無任何功名、官號和捐銜	無任何功名、官號和捐銜	《隆慶二年進士登科錄》
1969	顧梁材	隆慶二年	無任何功名、官號和捐銜	無任何功名、官號和捐銜	無任何功名、官號和捐銜	《隆慶二年進士登科錄》
1970	沈位	隆慶二年	贈刑科給事中	戶科左給事中	監生	《隆慶二年進士登科錄》
1971	毛圖南	隆慶二年	無任何功名、官號和捐銜	贈布政司右參議	按察司提學副使	《隆慶二年進士登科錄》
1972	王一誠	隆慶二年	南京工部郎中進階朝列大夫	貢士，贈南京禮部主事	按察司提學副使	《隆慶二年進士登科錄》
1973	曹銑	隆慶二年	義官	義官	無任何功名、官號和捐銜	《隆慶二年進士登科錄》載「曹銑，貫直隸松江府華亭縣民籍……曾祖文豫，祖麒，父玉」〔註 88〕。其中載「曾祖文豫，祖麒」俱為無任何捐銜的平民，不確。據嘉靖十七年進士莫如忠所撰《明故中憲大夫福建漳州府知府景坡曹公墓誌

〔註 88〕《隆慶二年進士登科錄》，《明代登科錄彙編》第 17 冊，第 9049 頁。

						銘》載：「公諱銑，字子良，別號景坡。裔出宋武惠王，其後避亂，徙華亭。勝國時有提舉彥明者，始著姓干溪里……子孫相繼以儒顯。而公大父麒，以例授七品官」〔註 89〕；乾隆《金山縣志》又載：「曹文豫，字盈和，號梅軒，干溪人……景泰丙子，首倡造船給漕運；成化丁酉，水潦禾稼，割私廩四百斛給散饑民，義聲動州邑；己亥，應詔輸粟於邊，授冠帶，將仕郎……曹麒，文豫子……成化甲辰年大水，出粟二千斛賑民，弘治壬子，又大水，復出粟賑民，授義官承事郎」〔註 90〕；嘉慶《松江府志》、光緒《金山縣志》也都載曹文豫、曹麒皆為義官〔註 91〕。綜上可知，曹銑曾祖文豫、祖麒皆擁有義官頭銜而非平民。
1974	劉瑊	隆慶五年	無任何功名、官號和捐銜	歲貢生	按察司經歷	《隆慶五年進士登科錄》
1975	施策	隆慶五年	無任何功名、官號和捐銜	醫學訓科	醫學訓科	《隆慶五年進士登科錄》
1976	方揚	隆慶五年	無任何功名、官號和捐銜	無任何功名、官號和捐銜	無任何功名、官號和捐銜	《隆慶五年進士登科錄》
1977	吳中行	隆慶五年	無任何功名、官號和捐銜	封南京戶部主事	尚寶司司丞	《隆慶五年進士登科錄》
1978	沈應科	隆慶五年	無任何功名、官號和捐銜	無任何功名、官號和捐銜	無任何功名、官號和捐銜	《隆慶五年進士登科錄》

〔註 89〕〔明〕莫如忠：《崇蘭館集》卷一九《明故中憲大夫福建漳州府知府景坡曹公墓誌銘》，《四庫全書存目叢書》集部第 105 冊，第 14 頁。

〔註 90〕乾隆《金山縣志》卷一一《科目・旌義》，《中國方志叢書・華中地方・第四〇五號》，第 457～458 頁。

〔註 91〕嘉慶《松江府志》卷七九《名蹟志》，《中國方志叢書・華中地方・第一〇號》，第 1788 頁；光緒《金山縣志》卷一三《名蹟志》，《中國方志叢書・華中地方・第一四〇號》，第 587 頁。

1979	姚純臣	隆慶五年	無任何功名、官號和捐銜	無任何功名、官號和捐銜	無任何功名、官號和捐銜	《隆慶五年進士登科錄》
1980	荊光裕	隆慶五年	無任何功名、官號和捐銜	無任何功名、官號和捐銜	七品散官	《隆慶五年進士登科錄》
1981	李伯春	隆慶五年	無任何功名、官號和捐銜	壽官	生員	《隆慶五年進士登科錄》載李伯春上三代直系親屬名諱及履歷為「曾祖觀；祖學，壽官；父得祥，恩例訓導」〔註 92〕。其中「恩例訓導」，不確。據嘉靖十七年進士莫如忠所撰《明故恩例儒官漸傳李公墓誌銘》載：「漸川先生李公歿三閱月，其子刑部君伯春奔歸……先生諱得祥，字元益，其先楚荊州人，宋端平末諱邃者仕浙西漕丞，避亂海上竹岡里，因家焉……傳至恒軒公觀，觀生壽官賓竹公學……生二子，先生其伯氏……年十七補博士弟子員……因銳於學，良苦遘疾……有司憐其才，強之應試，試輒不第……乃悉胠篋，發所藏書授刑部君，而自為逍遙遊，慕濠梁竹木之適。頃之，刑部君舉隆慶庚午鄉試，越明年成進士。郡大夫觴先生於廬，先生以縫腋見，大夫曰：『郎君貴矣，猶儒服，謂國典何？』乃援恩例授先生儒官……子男三，長即刑部君伯春」〔註 93〕。由該《墓誌銘》可知，李伯春父李得祥獲「恩例儒官（訓導）」是在其子伯春中進士之後，而在伯春中進士前，其應為博士弟子員也即生員。
1982	管志道	隆慶五年	無任何功名、官號和捐銜	無任何功名、官號和捐銜	無任何功名、官號和捐銜	《隆慶五年進士登科錄》
1983	勞遜志	隆慶五年	無任何功名、官號和捐銜	無任何功名、官號和捐銜	貢士	《隆慶五年進士登科錄》

〔註 92〕《隆慶五年進士登科錄》，第 18 頁。

〔註 93〕〔明〕莫如忠：《崇蘭館集》卷一九《明故恩例儒官漸傳李公墓誌銘》，《四庫全書存目叢書》集部第 105 冊，第 7～8 頁。

1984	史繼志	隆慶五年	無任何功名、官號和捐銜	無任何功名、官號和捐銜	無任何功名、官號和捐銜	《隆慶五年進士登科錄》
1985	楊士元	隆慶五年	無任何功名、官號和捐銜	無任何功名、官號和捐銜	監生	《隆慶五年進士登科錄》
1986	夏良心	隆慶五年	無任何功名、官號和捐銜	無任何功名、官號和捐銜	壽官	《隆慶五年進士登科錄》
1987	蕭良幹	隆慶五年	無任何功名、官號和捐銜	無任何功名、官號和捐銜	無任何功名、官號和捐銜	《隆慶五年進士登科錄》
1988	王世能	隆慶五年	無任何功名、官號和捐銜	無任何功名、官號和捐銜	無任何功名、官號和捐銜	《隆慶五年進士登科錄》
1989	施天麟	隆慶五年	無任何功名、官號和捐銜	無任何功名、官號和捐銜	無任何功名、官號和捐銜	《隆慶五年進士登科錄》
1990	唐鶴徵	隆慶五年	戶科給事中	知府	都察院右僉都御史	《隆慶五年進士登科錄》
1991	侯堯封	隆慶五年	無任何功名、官號和捐銜	無任何功名、官號和捐銜	無任何功名、官號和捐銜	《隆慶五年進士登科錄》
1992	王應乾	隆慶五年	壽官	無任何功名、官號和捐銜	無任何功名、官號和捐銜	《隆慶五年進士登科錄》
1993	蕭彥	隆慶五年	贈監察御史	布政司右參議	無任何功名、官號和捐銜	《隆慶五年進士登科錄》
1994	葉時新	隆慶五年	無任何功名、官號和捐銜	無任何功名、官號和捐銜	無任何功名、官號和捐銜	《隆慶五年進士登科錄》
1995	陳大科	隆慶五年	贈通議大夫工部右侍郎兼都察院右僉都御史	累贈通議大夫工部右侍郎兼都察院右僉都御史	刑部右侍郎	《隆慶五年進士登科錄》

1996	趙用賢	隆慶五年	無任何功名、官號和捐銜	累贈南京吏部郎中	布政司左參議	《隆慶五年進士登科錄》
1997	錢岱	隆慶五年	無任何功名、官號和捐銜	無任何功名、官號和捐銜	無任何功名、官號和捐銜	《隆慶五年進士登科錄》
1998	吳汝倫	隆慶五年	無任何功名、官號和捐銜	無任何功名、官號和捐銜	無任何功名、官號和捐銜	《隆慶五年進士登科錄》
1999	劉尚志	隆慶五年	無任何功名、官號和捐銜	無任何功名、官號和捐銜	無任何功名、官號和捐銜	《隆慶五年進士登科錄》
2000	顧其志	隆慶五年	無任何功名、官號和捐銜	無任何功名、官號和捐銜	無任何功名、官號和捐銜	《隆慶五年進士登科錄》
2001	楊德	隆慶五年	無任何功名、官號和捐銜	無任何功名、官號和捐銜	無任何功名、官號和捐銜	《隆慶五年進士登科錄》
2002	俞汝為	隆慶五年	推官	生員	廩生	《隆慶五年進士登科錄》
2003	唐應元	隆慶五年	無任何功名、官號和捐銜	無任何功名、官號和捐銜	無任何功名、官號和捐銜	《隆慶五年進士登科錄》
2004	王嘉柔	隆慶五年	通判	無任何功名、官號和捐銜	府同知	《隆慶五年進士登科錄》
2005	金從洋	隆慶五年	無任何功名、官號和捐銜	無任何功名、官號和捐銜	無任何功名、官號和捐銜	《隆慶五年進士登科錄》
2006	汪彥沖	隆慶五年	無任何功名、官號和捐銜	無任何功名、官號和捐銜	無任何功名、官號和捐銜	《隆慶五年進士登科錄》
2007	范鳴謙	隆慶五年	無任何功名、官號和捐銜	無任何功名、官號和捐銜	無任何功名、官號和捐銜	《隆慶五年進士登科錄》
2008	俞文達	隆慶五年	無任何功名、官號和捐銜	無任何功名、官號和捐銜	無任何功名、官號和捐銜	《隆慶五年進士登科錄》

2009	孫謀	隆慶五年	百戶	百戶	百戶	《隆慶五年進士登科錄》
2010	許夢熊	隆慶五年	無任何功名、官號和捐銜	知縣	縣主簿	《隆慶五年進士登科錄》
2011	許樂善	隆慶五年	無任何功名、官號和捐銜	無任何功名、官號和捐銜	無任何功名、官號和捐銜	《隆慶五年進士登科錄》
2012	張應元	隆慶五年	無任何功名、官號和捐銜	無任何功名、官號和捐銜	無任何功名、官號和捐銜	《隆慶五年進士登科錄》
2013	馮竻	隆慶五年	無任何功名、官號和捐銜	無任何功名、官號和捐銜	封工部主事，加封中憲大夫知府	《隆慶五年進士登科錄》
2014	丁元復	隆慶五年	訓導	無任何功名、官號和捐銜	無任何功名、官號和捐銜	《隆慶五年進士登科錄》
2015	秦燿	隆慶五年	南京都察院都事	知縣封南京戶部主事	知府	《隆慶五年進士登科錄》
2016	王炳衡	隆慶五年	贈翰林院編修	國子監司業兼司經局校書	監生	《隆慶五年進士登科錄》
2017	曹樓	隆慶五年	貢士	貢士	無任何功名、官號和捐銜	《隆慶五年進士登科錄》
2018	武尚耕	隆慶五年	無任何功名、官號和捐銜	無任何功名、官號和捐銜	按察司照磨	《隆慶五年進士登科錄》
2019	戴洪恩	隆慶五年	無任何功名、官號和捐銜	無任何功名、官號和捐銜	無任何功名、官號和捐銜	《隆慶五年進士登科錄》
2020	顧九思	隆慶五年	無任何功名、官號和捐銜	按察司知事	監生	《隆慶五年進士登科錄》

2021	羅應鶴	隆慶五年	無任何功名、官號和捐銜	無任何功名、官號和捐銜	無任何功名、官號和捐銜	《隆慶五年進士登科錄》
2022	趙卿	隆慶五年	百戶	百戶	無任何功名、官號和捐銜	《隆慶五年進士登科錄》
2023	詹沂	隆慶五年	無任何功名、官號和捐銜	無任何功名、官號和捐銜	無任何功名、官號和捐銜	《隆慶五年進士登科錄》
2024	唐本堯	隆慶五年	七品散官	贈兵部郎中	監察御史	《隆慶五年進士登科錄》
2025	金應照	隆慶五年	無任何功名、官號和捐銜	無任何功名、官號和捐銜	無任何功名、官號和捐銜	《隆慶五年進士登科錄》
2026	李貞	隆慶五年	義官	義官	義官	《隆慶五年進士登科錄》
2027	宋存德	隆慶五年	無任何功名、官號和捐銜	無任何功名、官號和捐銜	通判	《隆慶五年進士登科錄》
2028	鄭銑	隆慶五年	無任何功名、官號和捐銜	無任何功名、官號和捐銜	封太常寺博士	《隆慶五年進士登科錄》
2029	馮時可	隆慶五年	無任何功名、官號和捐銜	贈南京監察御史	大理寺寺丞進階朝列大夫	《隆慶五年進士登科錄》
2030	黄道年	隆慶五年	無任何功名、官號和捐銜	無任何功名、官號和捐銜	省祭官	《隆慶五年進士登科錄》
2031	曹司勳	隆慶五年	贈布政司左布政使	贈布政司左布政使	都察院右副都御史	《隆慶五年進士登科錄》
2032	郝孔昭	隆慶五年	無任何功名、官號和捐銜	無任何功名、官號和捐銜	無任何功名、官號和捐銜	《隆慶五年進士登科錄》
2033	趙善政	隆慶五年	無任何功名、官號和捐銜	無任何功名、官號和捐銜	訓導	《隆慶五年進士登科錄》

2034	梅淳	隆慶五年	義官	無任何功名、官號和捐銜	無任何功名、官號和捐銜	《隆慶五年進士登科錄》
2035	楊維新	隆慶五年	無任何功名、官號和捐銜	無任何功名、官號和捐銜	無任何功名、官號和捐銜	《隆慶五年進士登科錄》
2036	高文炳	隆慶五年	贈奉政大夫修政 庶尹府同知	無任何功名、官號和捐銜	無任何功名、官號和捐銜	《隆慶五年進士登科錄》
2037	吳之彥	隆慶五年	無任何功名、官號和捐銜	監生	無任何功名、官號和捐銜	《隆慶五年進士登科錄》
2038	孫秉陽	隆慶五年	無任何功名、官號和捐銜	無任何功名、官號和捐銜	無任何功名、官號和捐銜	《隆慶五年進士登科錄》
2039	劉玉成	隆慶五年	無任何功名、官號和捐銜	無任何功名、官號和捐銜	無任何功名、官號和捐銜	《隆慶五年進士登科錄》
2040	曹誥	隆慶五年	知縣	無任何功名、官號和捐銜	無任何功名、官號和捐銜	《隆慶五年進士登科錄》
2041	李天植	隆慶五年	無任何功名、官號和捐銜	知縣	無任何功名、官號和捐銜	《隆慶五年進士登科錄》
2042	胡宥	隆慶五年	無任何功名、官號和捐銜	無任何功名、官號和捐銜	無任何功名、官號和捐銜	《隆慶五年進士登科錄》
2043	孫繼皋	萬曆二年	無任何功名、官號和捐銜	無任何功名、官號和捐銜	無任何功名、官號和捐銜	《萬曆二年進士登科錄》
2044	余孟麟	萬曆二年	無任何功名、官號和捐銜	累贈文林郎監察御史	監察御史	《萬曆二年進士登科錄》
2045	支可大	萬曆二年	無任何功名、官號和捐銜	無任何功名、官號和捐銜	冠帶生員	《萬曆二年進士登科錄》

2046	沈璟	萬曆二年	戶科左給事中贈太常寺少卿	上林苑監署丞	監生	《萬曆二年進士登科錄》
2047	陸檄	萬曆二年	無任何功名、官號和捐銜	無任何功名、官號和捐銜	無任何功名、官號和捐銜	《萬曆二年進士登科錄》
2048	蕭應宮	萬曆二年	訓導	無任何功名、官號和捐銜	冠帶生員	《萬曆二年進士登科錄》
2049	薛道生	萬曆二年	無任何功名、官號和捐銜	無任何功名、官號和捐銜	無任何功名、官號和捐銜	《萬曆二年進士登科錄》
2050	佘毅中	萬曆二年	無任何功名、官號和捐銜	義官	知縣封吏部員外郎	《萬曆二年進士登科錄》
2051	陳夢庚	萬曆二年	無任何功名、官號和捐銜	無任何功名、官號和捐銜	恩例訓導	《萬曆二年進士登科錄》
2052	謝袠	萬曆二年	無任何功名、官號和捐銜	無任何功名、官號和捐銜	教諭	《萬曆二年進士登科錄》
2053	陳邦彥	萬曆二年	無任何功名、官號和捐銜	無任何功名、官號和捐銜	無任何功名、官號和捐銜	《萬曆二年進士登科錄》
2054	汪應蛟	萬曆二年	無任何功名、官號和捐銜	無任何功名、官號和捐銜	無任何功名、官號和捐銜	《萬曆二年進士登科錄》
2055	鄔迪光	萬曆二年	王府引禮舍人	府同知	監生	《萬曆二年進士登科錄》
2056	蔡惟亨	萬曆二年	無任何功名、官號和捐銜	無任何功名、官號和捐銜	無任何功名、官號和捐銜	《萬曆二年進士登科錄》
2057	王橋	萬曆二年	無任何功名、官號和捐銜	無任何功名、官號和捐銜	無任何功名、官號和捐銜	《萬曆二年進士登科錄》
2058	張國輔	萬曆二年	無任何功名、官號和捐銜	無任何功名、官號和捐銜	無任何功名、官號和捐銜	《萬曆二年進士登科錄》

2059	楊以忠	萬曆二年	無任何功名、官號和捐銜	醫學正科	冠帶生員	《萬曆二年進士登科錄》
2060	顏素	萬曆二年	無任何功名、官號和捐銜	無任何功名、官號和捐銜	貢士	《萬曆二年進士登科錄》
2061	王問卿	萬曆二年	無任何功名、官號和捐銜	無任何功名、官號和捐銜	無任何功名、官號和捐銜	《萬曆二年進士登科錄》
2062	黃時雨	萬曆二年	無任何功名、官號和捐銜	無任何功名、官號和捐銜	無任何功名、官號和捐銜	《萬曆二年進士登科錄》
2063	何鑛	萬曆二年	無任何功名、官號和捐銜	無任何功名、官號和捐銜	布政司都事	《萬曆二年進士登科錄》
2064	馬貫	萬曆二年	無任何功名、官號和捐銜	無任何功名、官號和捐銜	無任何功名、官號和捐銜	《萬曆二年進士登科錄》
2065	王炳璿	萬曆二年	贈翰林院編修	國子監司業兼司經局校書	監生	《萬曆二年進士登科錄》
2066	陳正誼	萬曆二年	無任何功名、官號和捐銜	無任何功名、官號和捐銜	無任何功名、官號和捐銜	《萬曆二年進士登科錄》
2067	李際春	萬曆二年	無任何功名、官號和捐銜	無任何功名、官號和捐銜	無任何功名、官號和捐銜	《萬曆二年進士登科錄》
2068	韓國楨	萬曆二年	無任何功名、官號和捐銜	無任何功名、官號和捐銜	無任何功名、官號和捐銜	《萬曆二年進士登科錄》
2069	毛在	萬曆二年	恩例冠帶	無任何功名、官號和捐銜	無任何功名、官號和捐銜	《萬曆二年進士登科錄》
2070	龔錫爵	萬曆二年	監生	監生	無任何功名、官號和捐銜	《萬曆二年進士登科錄》

2071	王國賓	萬曆二年	無任何功名、官號和捐銜	無任何功名、官號和捐銜	無任何功名、官號和捐銜	《萬曆二年進士登科錄》
2072	俞良史	萬曆二年	光祿大夫太子太保兼刑部尚書	贈光祿寺典簿	知縣	《萬曆二年進士登科錄》
2073	黃門	萬曆二年	壽官	恩例冠帶	無任何功名、官號和捐銜	《萬曆二年進士登科錄》
2074	顧夢鯉	萬曆二年	無任何功名、官號和捐銜	無任何功名、官號和捐銜	無任何功名、官號和捐銜	《萬曆二年進士登科錄》
2075	程有守	萬曆二年	無任何功名、官號和捐銜	無任何功名、官號和捐銜	無任何功名、官號和捐銜	《萬曆二年進士登科錄》
2076	范涞	萬曆二年	無任何功名、官號和捐銜	無任何功名、官號和捐銜	無任何功名、官號和捐銜	《萬曆二年進士登科錄》
2077	余啟元	萬曆二年	無任何功名、官號和捐銜	無任何功名、官號和捐銜	無任何功名、官號和捐銜	《萬曆二年進士登科錄》
2078	陳應芳	萬曆二年	壽官	恩例千戶	刑部主事	《萬曆二年進士登科錄》
2079	黃雲龍	萬曆二年	無任何功名、官號和捐銜	無任何功名、官號和捐銜	無任何功名、官號和捐銜	《萬曆二年進士登科錄》
2080	顧起淹	萬曆二年	無任何功名、官號和捐銜	無任何功名、官號和捐銜	知縣	《萬曆二年進士登科錄》
2081	朱熙洽	萬曆二年	無任何功名、官號和捐銜	無任何功名、官號和捐銜	無任何功名、官號和捐銜	《萬曆二年進士登科錄》
2082	李寀	萬曆二年	無任何功名、官號和捐銜	無任何功名、官號和捐銜	無任何功名、官號和捐銜	《萬曆二年進士登科錄》

2083	黃體乾	萬曆二年	無任何功名、官號和捐銜	貢士	無任何功名、官號和捐銜	《萬曆二年進士登科錄》
2084	金和	萬曆二年	無任何功名、官號和捐銜	無任何功名、官號和捐銜	無任何功名、官號和捐銜	《萬曆二年進士登科錄》
2085	馬洛	萬曆二年	監察御史	知縣	恩例千戶	《萬曆二年進士登科錄》
2086	羅應兆	萬曆二年	無任何功名、官號和捐銜	無任何功名、官號和捐銜	無任何功名、官號和捐銜	《萬曆二年進士登科錄》
2087	張夢蟾	萬曆二年	壽官	贈知縣	衛知事	《萬曆二年進士登科錄》
2088	袁應祺	萬曆二年	無任何功名、官號和捐銜	知府	知州	《萬曆二年進士登科錄》
2089	嵇應科	萬曆二年	無任何功名、官號和捐銜	無任何功名、官號和捐銜	無任何功名、官號和捐銜	《萬曆二年進士登科錄》
2090	方范	萬曆二年	壽官	贈禮部主事	按察司僉事進階朝列大夫	《萬曆二年進士登科錄》載方范上三代直系親屬名諱及履歷為「曾祖盛，壽官；祖麟，禮部主事；父鳳，按察司僉事進階朝列大夫」〔註 94〕。其中「禮部主事」，不確。據弘治十二年進士王守仁所撰《節菴方公墓表》載：「蘇之崑山有節菴方公麟者，始為士業舉子，已而棄去……會歲歉，盡出其所有以賑饑乏，朝廷義其所為，榮之冠服，後復遙授建寧州吏目……以士業授其二子鵬、鳳，皆舉進士……鄉人表其墓曰：明贈禮部主事節菴方公之墓」〔註 95〕；正德三年進士方鵬自撰《南京太常寺卿矯亭方公鵬生壙誌》又載：「先生姓方氏，名鵬……祖槐庭府君諱盛，始業儒，教授鄉里，以高年懿德膺冠服，與鄉欽；父節菴府君諱麟，例授福寧州幕賓，贈承德郎禮部主事……公以明經補縣學生，領弘治辛酉

〔註 94〕《萬曆二年進士登科錄》，第 83 頁。

〔註 95〕〔明〕王守仁：《王陽明先生全集》卷十《節菴方公墓表》，《四庫全書存目叢書》集部第 50 冊，第 586～587 頁。

						鄉薦第二名……正德戊辰與母弟鳳同舉進士」〔註96〕；嘉靖《崑山縣志》也載：「方麟，原任州吏目，以子鵬貴，贈禮部主事」〔註97〕。綜上可知，方范祖麟應為「贈禮部主事」而非實職官。
2091	貢靖國	萬曆二年	無任何功名、官號和捐銜	無任何功名、官號和捐銜	壽官	《萬曆二年進士登科錄》
2092	陳國華	萬曆二年	贈按察司僉事	按察司副使	無任何功名、官號和捐銜	《萬曆二年進士登科錄》
2093	容若玉	萬曆二年	無任何功名、官號和捐銜	無任何功名、官號和捐銜	審理副	《萬曆二年進士登科錄》
2094	夏應星	萬曆二年	無任何功名、官號和捐銜	贈刑部主事	布政司參議	《萬曆二年進士登科錄》
2095	沈懋學	萬曆五年	無任何功名、官號和捐銜	贈文林郎知縣	布政司參議	《萬曆五年進士登科錄》
2096	張文奇	萬曆五年	封知縣	知州	監生	《萬曆五年進士登科錄》
2097	盛世承	萬曆五年	無任何功名、官號和捐銜	封御史贈都察院右僉事御史	戶部右侍郎	《萬曆五年進士登科錄》
2098	黃學顏	萬曆五年	無任何功名、官號和捐銜	恩例冠帶	無任何功名、官號和捐銜	《萬曆五年進士登科錄》
2099	趙健	萬曆五年	義官	無任何功名、官號和捐銜	冠帶生員	《萬曆五年進士登科錄》
2100	王明時	萬曆五年	無任何功名、官號和捐銜	無任何功名、官號和捐銜	無任何功名、官號和捐銜	《萬曆五年進士登科錄》

〔註96〕〔明〕焦竑：《國朝獻徵錄》卷七十《南京太常寺卿矯亭方公鵬生壙誌》，《續修四庫全書》史部第528冊，第788頁。
〔註97〕嘉靖《崑山縣志》卷八《恩典》，嘉靖刊本。

2101	郭師古	萬曆五年	無任何功名、官號和捐銜	無任何功名、官號和捐銜	無任何功名、官號和捐銜	《萬曆五年進士登科錄》
2102	章潤	萬曆五年	無任何功名、官號和捐銜	無任何功名、官號和捐銜	無任何功名、官號和捐銜	《萬曆五年進士登科錄》
2103	周汝礪	萬曆五年	府通判	無任何功名、官號和捐銜	無任何功名、官號和捐銜	《萬曆五年進士登科錄》
2104	張鼎思	萬曆五年	義官	義官	縣主簿	《萬曆五年進士登科錄》
2105	劉際可	萬曆五年	無任何功名、官號和捐銜	典史	縣丞	《萬曆五年進士登科錄》
2106	王之麟	萬曆五年	無任何功名、官號和捐銜	無任何功名、官號和捐銜	無任何功名、官號和捐銜	《萬曆五年進士登科錄》
2107	任可容	萬曆五年	無任何功名、官號和捐銜	無任何功名、官號和捐銜	儒官	《萬曆五年進士登科錄》
2108	賈三策	萬曆五年	無任何功名、官號和捐銜	壽官	壽官	《萬曆五年進士登科錄》
2109	俞霑	萬曆五年	無任何功名、官號和捐銜	壽官	省祭官	《萬曆五年進士登科錄》
2110	顧紹芳	萬曆五年	封刑科給事中	刑科給事中贈中憲大夫	布政司右參政	《萬曆五年進士登科錄》
2111	王鍵	萬曆五年	都司都事	無任何功名、官號和捐銜	無任何功名、官號和捐銜	《萬曆五年進士登科錄》
2112	張新	萬曆五年	無任何功名、官號和捐銜	無任何功名、官號和捐銜	無任何功名、官號和捐銜	《萬曆五年進士登科錄》
2113	史繼辰	萬曆五年	贈刑科給事中	指揮使	南京鴻臚寺署丞	《萬曆五年進士登科錄》

2114	李國士	萬曆五年	無任何功名、官號和捐銜	無任何功名、官號和捐銜	壽官	《萬曆五年進士登科錄》
2115	朱來遠	萬曆五年	無任何功名、官號和捐銜	無任何功名、官號和捐銜	冠帶生員	《萬曆五年進士登科錄》
2116	蘇酇	萬曆五年	無任何功名、官號和捐銜	無任何功名、官號和捐銜	無任何功名、官號和捐銜	《萬曆五年進士登科錄》
2117	吳夢熊	萬曆五年	訓導，封翰林院編修贈禮部右侍郎；	資善大夫南京禮部尚書贈太子少保諡文肅	知府，進階亞中大夫	《萬曆五年進士登科錄》
2118	陸承憲	萬曆五年	無任何功名、官號和捐銜	無任何功名、官號和捐銜	監生	《萬曆五年進士登科錄》
2119	張棟	萬曆五年	按察司僉事	貢士	監生	《萬曆五年進士登科錄》
2120	吳達可	萬曆五年	訓導封翰林院編修贈禮部右侍郎	贈光祿寺署丞	無任何功名、官號和捐銜	《萬曆五年進士登科錄》
2121	徐申	萬曆五年	無任何功名、官號和捐銜	贈刑部主事	監生	《萬曆五年進士登科錄》
2122	陳燁	萬曆五年	無任何功名、官號和捐銜	無任何功名、官號和捐銜	無任何功名、官號和捐銜	《萬曆五年進士登科錄》
2123	潘元和	萬曆五年	無任何功名、官號和捐銜	無任何功名、官號和捐銜	無任何功名、官號和捐銜	《萬曆五年進士登科錄》
2124	吳安國	萬曆五年	太子少保南京吏部尚書贈太子太保諡文端	布政司右參議	無任何功名、官號和捐銜	《萬曆五年進士登科錄》
2125	顧雲程	萬曆五年	無任何功名、官號和捐銜	無任何功名、官號和捐銜	無任何功名、官號和捐銜	《萬曆五年進士登科錄》

2126	李應祥	萬曆五年	無任何功名、官號和捐銜	教諭	無任何功名、官號和捐銜	《萬曆五年進士登科錄》
2127	丘度	萬曆五年	無任何功名、官號和捐銜	無任何功名、官號和捐銜	無任何功名、官號和捐銜	《萬曆五年進士登科錄》
2128	徐三重	萬曆五年	無任何功名、官號和捐銜	無任何功名、官號和捐銜	無任何功名、官號和捐銜	《萬曆五年進士登科錄》
2129	沈孚聞	萬曆五年	醫學訓科贈知府	監生	監生	《萬曆五年進士登科錄》
2130	鍾宇淳	萬曆五年	無任何功名、官號和捐銜	無任何功名、官號和捐銜	無任何功名、官號和捐銜	《萬曆五年進士登科錄》
2131	趙一鵬	萬曆五年	無任何功名、官號和捐銜	無任何功名、官號和捐銜	無任何功名、官號和捐銜	《萬曆五年進士登科錄》
2132	吳之鵬	萬曆五年	無任何功名、官號和捐銜	陰陽正術	府通判	《萬曆五年進士登科錄》
2133	馬玉麟	萬曆五年	無任何功名、官號和捐銜	府知事	府經歷	《萬曆五年進士登科錄》
2134	黃鍾	萬曆五年	無任何功名、官號和捐銜	無任何功名、官號和捐銜	無任何功名、官號和捐銜	《萬曆五年進士登科錄》
2135	程奎	萬曆五年	無任何功名、官號和捐銜	無任何功名、官號和捐銜	無任何功名、官號和捐銜	《萬曆五年進士登科錄》
2136	方萬山	萬曆五年	無任何功名、官號和捐銜	無任何功名、官號和捐銜	無任何功名、官號和捐銜	《萬曆五年進士登科錄》
2137	萬象春	萬曆五年	無任何功名、官號和捐銜	無任何功名、官號和捐銜	無任何功名、官號和捐銜	《萬曆五年進士登科錄》

2138	朱維藩	萬曆五年	千戶，封武略將軍	贈武略將軍	進階指揮僉事	《萬曆五年進士登科錄》
2139	吳文梓	萬曆五年	無任何功名、官號和捐銜	無任何功名、官號和捐銜	無任何功名、官號和捐銜	《萬曆五年進士登科錄》
2140	江東之	萬曆五年	無任何功名、官號和捐銜	無任何功名、官號和捐銜	生員	《萬曆五年進士登科錄》載江東之上三代直系親屬「曾祖文安，祖璀，父汝楫」俱為無任何功名的平民〔註98〕，不確。據萬曆五年進士鄒元標所撰《都察院右僉都御史念所江公東之傳》載：「名東之……歙縣人也……諱汝楫為邑諸生，封侍御者，即中丞父，中丞登萬曆丁丑進士」〔註99〕。需指出的是，明代舉子選補為生員時一般不過弱冠之年，江東之中進士時33歲，則其父早已年過弱冠，這就說明在其中進士前其父已擁有生員功名而非平民。
2141	顧憲成	萬曆八年	生員	無任何功名、官號和捐銜	無任何功名、官號和捐銜	《萬曆八年進士登科錄》載顧憲成上三代直系親屬名諱及履歷為「曾祖緯，祖夔，父學」〔註100〕。其中載曾祖緯為無任何功名的平民，不確。據萬曆五年進士鄒元標所撰《明朝列大夫南京光祿寺少卿涇陽顧公墓誌銘》載：「公諱憲成……曾祖諱緯，邑諸生；緯生夔，夔生南野公學，以公貴，贈戶部主事」〔註101〕；顧憲成同父弟允成中萬曆十四年進士，《萬曆十四年進士同年總錄》也載：「顧允成……曾祖緯，生員」〔註102〕。綜上可知，顧憲成曾祖緯擁有生員功名而非平民，這就說明顧憲成並非出身於上三代俱為純平民之家。

〔註98〕《萬曆五年進士登科錄》，第83頁。

〔註99〕〔明〕焦竑：《國朝獻徵錄》卷六三《都察院右僉都御史念所江公東之傳》，《續修四庫全書》史部第528冊，第509頁。

〔註100〕《萬曆八年進士登科錄》，《明代登科錄彙編》第19冊，第10240頁。

〔註101〕〔明〕鄒元標：《願學集》卷六上《明朝列大夫南京光祿寺少卿涇陽顧公墓誌銘》，《景印文淵閣四庫全書》第1294冊，第240頁。

〔註102〕《萬曆十四年進士同年總錄》，《明代進士登科錄彙編》第20冊，第11021頁。

2142	李同芳	萬曆八年	無任何功名、官號和捐銜	無任何功名、官號和捐銜	無任何功名、官號和捐銜	《萬曆八年進士登科錄》
2143	路雲龍	萬曆八年	無任何功名、官號和捐銜	無任何功名、官號和捐銜	歲貢生	《萬曆八年進士登科錄》
2144	姜士昌	萬曆八年	無任何功名、官號和捐銜	贈通政使司右通政	南京國子監祭酒	《萬曆八年進士登科錄》
2145	湯日昭	萬曆八年	壽官	州判官	府經歷	《萬曆八年進士登科錄》
2146	於文熙	萬曆八年	知縣贈都察院右副都御史	都察院右副都御史贈右都御史	貢士	《萬曆八年進士登科錄》
2147	楊同善	萬曆八年	無任何功名、官號和捐銜	無任何功名、官號和捐銜	壽官	《萬曆八年進士登科錄》
2148	袁年	萬曆八年	無任何功名、官號和捐銜	封刑部主事	監生	《萬曆八年進士登科錄》
2149	楊於庭	萬曆八年	無任何功名、官號和捐銜	無任何功名、官號和捐銜	恩例冠帶	《萬曆八年進士登科錄》
2150	陸汴	萬曆八年	無任何功名、官號和捐銜	無任何功名、官號和捐銜	無任何功名、官號和捐銜	《萬曆八年進士登科錄》
2151	張恒	萬曆八年	無任何功名、官號和捐銜	無任何功名、官號和捐銜	無任何功名、官號和捐銜	《萬曆八年進士登科錄》
2152	史邦載	萬曆八年	無任何功名、官號和捐銜	無任何功名、官號和捐銜	無任何功名、官號和捐銜	《萬曆八年進士登科錄》
2153	蔣瑞卿	萬曆八年	壽官	壽官	無任何功名、官號和捐銜	《萬曆八年進士登科錄》

2154	盧文勳	萬曆八年	無任何功名、官號和捐銜	無任何功名、官號和捐銜	無任何功名、官號和捐銜	《萬曆八年進士登科錄》
2155	錢濬	萬曆八年	無任何功名、官號和捐銜	無任何功名、官號和捐銜	無任何功名、官號和捐銜	《萬曆八年進士登科錄》
2156	徐泰時	萬曆八年	無任何功名、官號和捐銜	贈刑部主事	尚寶司少卿	《萬曆八年進士登科錄》
2157	鄒雲鵬	萬曆八年	無任何功名、官號和捐銜	千戶	監生	《萬曆八年進士登科錄》
2158	彭夢祖	萬曆八年	無任何功名、官號和捐銜	府同知	訓導	《萬曆八年進士登科錄》
2159	陳榛	萬曆八年	無任何功名、官號和捐銜	無任何功名、官號和捐銜	無任何功名、官號和捐銜	《萬曆八年進士登科錄》
2160	尤錫類	萬曆八年	無任何功名、官號和捐銜	無任何功名、官號和捐銜	無任何功名、官號和捐銜	《萬曆八年進士登科錄》
2161	吳岳秀	萬曆八年	無任何功名、官號和捐銜	無任何功名、官號和捐銜	南京戶部主事	《萬曆八年進士登科錄》
2162	鄒龍光	萬曆八年	引禮舍人	府同知	知縣	《萬曆八年進士登科錄》
2163	褚九臯	萬曆八年	無任何功名、官號和捐銜	無任何功名、官號和捐銜	無任何功名、官號和捐銜	《萬曆八年進士登科錄》
2164	張後甲	萬曆八年	指揮	指揮	指揮	《萬曆八年進士登科錄》
2165	王守素	萬曆八年	無任何功名、官號和捐銜	無任何功名、官號和捐銜	無任何功名、官號和捐銜	《萬曆八年進士登科錄》
2166	王道增	萬曆八年	無任何功名、官號和捐銜	無任何功名、官號和捐銜	無任何功名、官號和捐銜	《萬曆八年進士登科錄》

2167	王希會	萬曆八年	無任何功名、官號和捐銜	無任何功名、官號和捐銜	省祭官	《萬曆八年進士登科錄》
2168	閻士選	萬曆八年	縣主簿	王府典膳	府照磨	《萬曆八年進士登科錄》
2169	褚棟	萬曆八年	無任何功名、官號和捐銜	壽官	省祭官	《萬曆八年進士登科錄》
2170	葉隆光	萬曆八年	無任何功名、官號和捐銜	無任何功名、官號和捐銜	七品散官	《萬曆八年進士登科錄》
2171	蔡逢時	萬曆八年	無任何功名、官號和捐銜	無任何功名、官號和捐銜	無任何功名、官號和捐銜	《萬曆八年進士登科錄》
2172	張肇	萬曆八年	無任何功名、官號和捐銜	無任何功名、官號和捐銜	無任何功名、官號和捐銜	《萬曆八年進士登科錄》
2173	趙士登	萬曆八年	無任何功名、官號和捐銜	無任何功名、官號和捐銜	無任何功名、官號和捐銜	《萬曆八年進士登科錄》
2174	江有源	萬曆八年	指揮僉事	無任何功名、官號和捐銜	無任何功名、官號和捐銜	《萬曆八年進士登科錄》
2175	褚國祥	萬曆八年	無任何功名、官號和捐銜	無任何功名、官號和捐銜	無任何功名、官號和捐銜	《萬曆八年進士登科錄》
2176	茅崇本	萬曆八年	贈奉政大夫南京戶部郎中	無任何功名、官號和捐銜	無任何功名、官號和捐銜	《萬曆八年進士登科錄》
2177	伍袁萃	萬曆八年	封工部主事	知府	無任何功名、官號和捐銜	《萬曆八年進士登科錄》
2178	吳之佳	萬曆八年	無任何功名、官號和捐銜	無任何功名、官號和捐銜	無任何功名、官號和捐銜	《萬曆八年進士登科錄》
2179	張鶴鳴	萬曆八年	無任何功名、官號和捐銜	無任何功名、官號和捐銜	散官	《萬曆八年進士登科錄》

2180	侯先春	萬曆八年	贈知縣	太僕寺寺丞	無任何功名、官號和捐銜	《萬曆八年進士登科錄》
2181	盧泮	萬曆八年	無任何功名、官號和捐銜	無任何功名、官號和捐銜	壽官	《萬曆八年進士登科錄》
2182	於孔兼	萬曆八年	知縣贈都察院右副都御史	都察院右副都御史贈右都御史	貢士	《萬曆八年進士登科錄》
2183	吳之龍	萬曆八年	無任何功名、官號和捐銜	陰陽正術	國子監助教	《萬曆八年進士登科錄》
2184	葉初春	萬曆八年	無任何功名、官號和捐銜	無任何功名、官號和捐銜	無任何功名、官號和捐銜	《萬曆八年進士登科錄》
2185	麻溶	萬曆十一年	無任何功名、官號和捐銜	無任何功名、官號和捐銜	貢士	《萬曆十一年進士登科錄》
2186	史孟麟	萬曆十一年	無任何功名、官號和捐銜	無任何功名、官號和捐銜	無任何功名、官號和捐銜	《萬曆十一年進士登科錄》
2187	方應選	萬曆十一年	無任何功名、官號和捐銜	無任何功名、官號和捐銜	無任何功名、官號和捐銜	《萬曆十一年進士登科錄》
2188	申用懋	萬曆十一年	累贈光祿大夫柱國少保兼太子太保戶部尚書武英殿大學士	贈光祿大夫柱國少保兼太子太保戶部尚書武英殿大學士	光祿大夫柱國少保兼太子太保戶部尚書武英殿大學士	《萬曆十一年進士登科錄》
2189	袁應陽	萬曆十一年	壽官	無任何功名、官號和捐銜	壽官	《萬曆十一年進士登科錄》
2190	俞顯卿	萬曆十一年	無任何功名、官號和捐銜	無任何功名、官號和捐銜	無任何功名、官號和捐銜	《萬曆十一年進士登科錄》

2191	殷都	萬曆十一年	無任何功名、官號和捐銜	無任何功名、官號和捐銜	無任何功名、官號和捐銜	《萬曆十一年進士登科錄》
2192	於玉立	萬曆十一年	都察院右副都御史贈右都御史	貢士	貢士	《萬曆十一年進士登科錄》
2193	陳一簡	萬曆十一年	訓導	無任何功名、官號和捐銜	壽官	《萬曆十一年進士登科錄》
2194	盧夢錫	萬曆十一年	府同知	壽官	無任何功名、官號和捐銜	《萬曆十一年進士登科錄》
2195	陸起龍	萬曆十一年	無任何功名、官號和捐銜	無任何功名、官號和捐銜	無任何功名、官號和捐銜	《萬曆十一年進士登科錄》
2196	潘士藻	萬曆十一年	無任何功名、官號和捐銜	無任何功名、官號和捐銜	無任何功名、官號和捐銜	《萬曆十一年進士登科錄》
2197	吳堯臣	萬曆十一年	無任何功名、官號和捐銜	無任何功名、官號和捐銜	無任何功名、官號和捐銜	《萬曆十一年進士登科錄》
2198	錢一本	萬曆十一年	壽官	無任何功名、官號和捐銜	無任何功名、官號和捐銜	《萬曆十一年進士登科錄》
2199	徐榜	萬曆十一年	無任何功名、官號和捐銜	無任何功名、官號和捐銜	府經歷	《萬曆十一年進士登科錄》
2200	李周策	萬曆十一年	無任何功名、官號和捐銜	無任何功名、官號和捐銜	儒官	《萬曆十一年進士登科錄》
2201	周子文	萬曆十一年	無任何功名、官號和捐銜	進士	翰林院孔目	《萬曆十一年進士登科錄》
2202	寧中立	萬曆十一年	指揮同知	指揮同知	指揮同知	《萬曆十一年進士登科錄》

2203	張應揚	萬曆十一年	無任何功名、官號和捐銜	無任何功名、官號和捐銜	無任何功名、官號和捐銜	《萬曆十一年進士登科錄》
2204	王有功	萬曆十一年	無任何功名、官號和捐銜	無任何功名、官號和捐銜	無任何功名、官號和捐銜	《萬曆十一年進士登科錄》
2205	俞士章	萬曆十一年	壽官	封南京吏部主事	南京吏部主事	《萬曆十一年進士登科錄》
2206	何必麟	萬曆十一年	無任何功名、官號和捐銜	無任何功名、官號和捐銜	無任何功名、官號和捐銜	《萬曆十一年進士登科錄》
2207	蔣應震	萬曆十一年	無任何功名、官號和捐銜	無任何功名、官號和捐銜	無任何功名、官號和捐銜	《萬曆十一年進士登科錄》
2208	楊應聘	萬曆十一年	教諭封南京戶部郎中	按察司僉事進階中憲大夫	監生	《萬曆十一年進士登科錄》
2209	沈昌期	萬曆十一年	無任何功名、官號和捐銜	無任何功名、官號和捐銜	無任何功名、官號和捐銜	《萬曆十一年進士登科錄》
2210	程文	萬曆十一年	無任何功名、官號和捐銜	醫官	府知事	《萬曆十一年進士登科錄》
2211	韓光曙	萬曆十一年	百戶	無任何功名、官號和捐銜	無任何功名、官號和捐銜	《萬曆十一年進士登科錄》
2212	梅鵾祚	萬曆十一年	王府典膳	無任何功名、官號和捐銜	無任何功名、官號和捐銜	《萬曆十一年進士登科錄》
2213	華廷詔	萬曆十一年	無任何功名、官號和捐銜	無任何功名、官號和捐銜	無任何功名、官號和捐銜	《萬曆十一年進士登科錄》
2214	張貞觀	萬曆十一年	無任何功名、官號和捐銜	無任何功名、官號和捐銜	無任何功名、官號和捐銜	《萬曆十一年進士登科錄》

2215	時偕行	萬曆十一年	無任何功名、官號和捐銜	無任何功名、官號和捐銜	無任何功名、官號和捐銜	《萬曆十一年進士登科錄》
2216	夏之臣	萬曆十一年	無任何功名、官號和捐銜	無任何功名、官號和捐銜	無任何功名、官號和捐銜	《萬曆十一年進士登科錄》
2217	徐常吉	萬曆十一年	壽官	無任何功名、官號和捐銜	無任何功名、官號和捐銜	《萬曆十一年進士登科錄》
2218	陳汝麟	萬曆十一年	百戶	百戶	鎮撫	《萬曆十一年進士登科錄》
2219	陳舜仁	萬曆十一年	無任何功名、官號和捐銜	無任何功名、官號和捐銜	無任何功名、官號和捐銜	《萬曆十一年進士登科錄》
2220	袁一驥	萬曆十一年	無任何功名、官號和捐銜	無任何功名、官號和捐銜	無任何功名、官號和捐銜	《萬曆十一年進士登科錄》
2221	龔聞道	萬曆十一年	無任何功名、官號和捐銜	無任何功名、官號和捐銜	無任何功名、官號和捐銜	《萬曆十一年進士登科錄》
2222	徐應聘	萬曆十一年	刑部主事	縣主簿	無任何功名、官號和捐銜	《萬曆十一年進士登科錄》
2223	嚴貞度	萬曆十一年	壽官	無任何功名、官號和捐銜	無任何功名、官號和捐銜	《萬曆十一年進士登科錄》
2224	田勸	萬曆十一年	無任何功名、官號和捐銜	無任何功名、官號和捐銜	王府紀善	《萬曆十一年進士登科錄》
2225	汪道亨	萬曆十一年	無任何功名、官號和捐銜	無任何功名、官號和捐銜	無任何功名、官號和捐銜	《萬曆十一年進士登科錄》
2226	邵庶	萬曆十一年	無任何功名、官號和捐銜	無任何功名、官號和捐銜	無任何功名、官號和捐銜	《萬曆十一年進士登科錄》
2227	何鯉	萬曆十一年	無任何功名、官號和捐銜	無任何功名、官號和捐銜	無任何功名、官號和捐銜	《萬曆十一年進士登科錄》

2228	胡篤卿	萬曆十一年	無任何功名、官號和捐銜	無任何功名、官號和捐銜	無任何功名、官號和捐銜	《萬曆十一年進士登科錄》
2229	蕭雍	萬曆十一年	贈監察御史	布政司參議	累贈戶科都給事中	《萬曆十一年進士登科錄》
2230	王堯封	萬曆十一年	贈兵部主事	監生	冠帶生員	《萬曆十一年進士登科錄》
2231	於仕廉	萬曆十四年	知縣贈都察院右副都御史	州判官	庠生	《萬曆十四年進士同年總錄》
2232	陸大成	萬曆十四年	典史	無任何功名、官號和捐銜	庠生	《萬曆十四年進士同年總錄》
2233	顧時化	萬曆十四年	無任何功名、官號和捐銜	無任何功名、官號和捐銜	無任何功名、官號和捐銜	《萬曆十四年進士同年總錄》
2234	韓文	萬曆十四年	無任何功名、官號和捐銜	無任何功名、官號和捐銜	無任何功名、官號和捐銜	《萬曆十四年進士同年總錄》
2235	葉煒	萬曆十四年	壽官	無任何功名、官號和捐銜	無任何功名、官號和捐銜	《萬曆十四年進士同年總錄》
2236	錢允元	萬曆十四年	贈資政大夫南京刑部尚書	封南京刑部右侍郎贈資政大夫南京刑部尚書	南京刑部尚書致仕	《萬曆十四年進士同年總錄》
2237	毛壽南	萬曆十四年	無任何功名、官號和捐銜	贈奉政大夫四川按察司僉事	四川按察司提學副使	《萬曆十四年進士同年總錄》
2238	盛世翼	萬曆十四年	無任何功名、官號和捐銜	累贈南京都察院右僉都御史	南京戶部右侍郎	《萬曆十四年進士同年總錄》
2239	褚壽賢	萬曆十四年	贈刑部主事	刑部主事	庠生	《萬曆十四年進士同年總錄》
2240	顧允元	萬曆十四年	封監察御史	布政司都事	蘄州同知	《萬曆十四年進士同年總錄》

2241	邵鏊	萬曆十四年	無任何功名、官號和捐銜	無任何功名、官號和捐銜	教諭	《萬曆十四年進士同年總錄》
2242	顏文選	萬曆十四年	無任何功名、官號和捐銜	無任何功名、官號和捐銜	無任何功名、官號和捐銜	《萬曆十四年進士同年總錄》
2243	盛稔	萬曆十四年	無任何功名、官號和捐銜	無任何功名、官號和捐銜	無任何功名、官號和捐銜	《萬曆十四年進士同年總錄》
2244	陸經	萬曆十四年	無任何功名、官號和捐銜	無任何功名、官號和捐銜	無任何功名、官號和捐銜	《萬曆十四年進士同年總錄》
2245	方大美	萬曆十四年	監生	縣丞	庠生	《萬曆十四年進士同年總錄》
2246	王就學	萬曆十四年	無任何功名、官號和捐銜	無任何功名、官號和捐銜	無任何功名、官號和捐銜	《萬曆十四年進士同年總錄》
2247	吳之望	萬曆十四年	壽官	無任何功名、官號和捐銜	無任何功名、官號和捐銜	《萬曆十四年進士同年總錄》
2248	姚尚德	萬曆十四年	無任何功名、官號和捐銜	庠生	無任何功名、官號和捐銜	《萬曆十四年進士同年總錄》
2249	龔道立	萬曆十四年	監察御史	引禮舍人	知縣	《萬曆十四年進士同年總錄》
2250	周嗣哲	萬曆十四年	無任何功名、官號和捐銜	無任何功名、官號和捐銜	無任何功名、官號和捐銜	《萬曆十四年進士同年總錄》
2251	蔡淑逵	萬曆十四年	無任何功名、官號和捐銜	無任何功名、官號和捐銜	生員	《萬曆十四年進士同年總錄》
2252	徐堯莘	萬曆十四年	無任何功名、官號和捐銜	無任何功名、官號和捐銜	生員	《萬曆十四年進士同年總錄》
2253	唐文獻	萬曆十四年	無任何功名、官號和捐銜	布政司都事	無任何功名、官號和捐銜	《萬曆十四年進士同年總錄》
2254	張斗	萬曆十四年	無任何功名、官號和捐銜	無任何功名、官號和捐銜	無任何功名、官號和捐銜	《萬曆十四年進士同年總錄》

2255	柴堯年	萬曆十四年	通議大夫應天府府尹	贈光祿寺署丞	兩浙鹽運司判官	《萬曆十四年進士同年總錄》
2256	吳中明	萬曆十四年	無任何功名、官號和捐銜	無任何功名、官號和捐銜	無任何功名、官號和捐銜	《萬曆十四年進士同年總錄》
2257	張輔之	萬曆十四年	無任何功名、官號和捐銜	無任何功名、官號和捐銜	無任何功名、官號和捐銜	《萬曆十四年進士同年總錄》
2258	顧龍禎	萬曆十四年	封典簿	府同知	生員	《萬曆十四年進士同年總錄》
2259	褚國賢	萬曆十四年	無任何功名、官號和捐銜	無任何功名、官號和捐銜	恩例儒官	《萬曆十四年進士同年總錄》
2260	王嘉賓	萬曆十四年	貢士	貢士	廩生	《萬曆十四年進士同年總錄》
2261	浦士衡	萬曆十四年	散官	國子生	恩例儒官	《萬曆十四年進士同年總錄》
2262	董肇胤	萬曆十四年	訓導	庠生	知縣	《萬曆十四年進士同年總錄》
2263	黃道月	萬曆十四年	無任何功名、官號和捐銜	無任何功名、官號和捐銜	省祭官	《萬曆十四年進士同年總錄》
2264	程子	萬曆十四年	無任何功名、官號和捐銜	散官	無任何功名、官號和捐銜	《萬曆十四年進士同年總錄》
2265	葉重第	萬曆十四年	尚寶司少卿前禮科左給事中	無任何功名、官號和捐銜	庠生	《萬曆十四年進士同年總錄》
2266	何淳之	萬曆十四年	生員	封禮部郎中	浙江參議	《萬曆十四年進士同年總錄》
2267	周玄	萬曆十四年	贈雲南左布政使	南京太僕寺卿	襄府良醫正	《萬曆十四年進士同年總錄》
2268	李大武	萬曆十四年	庠生	無任何功名、官號和捐銜	生員	《萬曆十四年進士同年總錄》
2269	沈瓚	萬曆十四年	戶科左給事中贈太常寺少卿	上林苑署丞	監生	《萬曆十四年進士同年總錄》

2270	顧允成	萬曆十四年	生員	無任何功名、官號和捐銜	贈戶部主事	《萬曆十四年進士同年總錄》
2271	袁光宇	萬曆十四年	無任何功名、官號和捐銜	訓導	無任何功名、官號和捐銜	《萬曆十四年進士同年總錄》
2272	徐夢麟	萬曆十四年	無任何功名、官號和捐銜	無任何功名、官號和捐銜	主簿	《萬曆十四年進士同年總錄》
2273	梅守峻	萬曆十四年	無任何功名、官號和捐銜	王府典膳	教授	《萬曆十四年進士同年總錄》
2274	沈天啟	萬曆十四年	無任何功名、官號和捐銜	無任何功名、官號和捐銜	無任何功名、官號和捐銜	《萬曆十四年進士同年總錄》
2275	張令聞	萬曆十四年	無任何功名、官號和捐銜	楚府良醫	無任何功名、官號和捐銜	《萬曆十四年進士同年總錄》
2276	顧雲鳳	萬曆十四年	無任何功名、官號和捐銜	無任何功名、官號和捐銜	無任何功名、官號和捐銜	《萬曆十四年進士同年總錄》
2277	劉源澄	萬曆十四年	無任何功名、官號和捐銜	無任何功名、官號和捐銜	鄧州知州致仕	《萬曆十四年進士同年總錄》
2278	金繼震	萬曆十四年	無任何功名、官號和捐銜	無任何功名、官號和捐銜	貢士	《萬曆十四年進士同年總錄》
2279	安希范	萬曆十四年	無任何功名、官號和捐銜	贈戶部員外郎	無任何功名、官號和捐銜	《萬曆十四年進士同年總錄》
2280	吳應賓	萬曆十四年	庠生	庠生誥贈中憲大夫按察司副使	布政使	《萬曆十四年進士同年總錄》
2281	焦竑	萬曆十七年	副千戶	副千戶	副千戶	《萬曆十七年進士履歷便覽》
2282	何湛之	萬曆十七年	生員	封禮部郎中	布政司參議	《萬曆十七年進士履歷便覽》

2283	章士雅	萬曆十七年	無任何功名、官號和捐銜	贈大理寺評事	按察司副使	《萬曆十七年進士履歷便覽》
2284	衛勳	萬曆十七年	無任何功名、官號和捐銜	縣丞	監生	《萬曆十七年進士履歷便覽》
2285	沈麟祥	萬曆十七年	無任何功名、官號和捐銜	無任何功名、官號和捐銜	無任何功名、官號和捐銜	《萬曆十七年進士履歷便覽》
2286	王禹聲	萬曆十七年	光祿大夫柱國少傅兼太子太傅戶部尚書武英殿大學士	大理寺右寺副贈尚寶司卿	太常寺少卿掌尚寶司事	《萬曆十七年進士履歷便覽》
2287	陸夢履	萬曆十七年	無任何功名、官號和捐銜	無任何功名、官號和捐銜	無任何功名、官號和捐銜	《萬曆十七年進士履歷便覽》
2288	徐維濂	萬曆十七年	無任何功名、官號和捐銜	無任何功名、官號和捐銜	貢士	《萬曆十七年進士履歷便覽》
2289	朱世節	萬曆十七年	監察御史	無任何功名、官號和捐銜	生員	《萬曆十七年進士履歷便覽》
2290	王臨亨	萬曆十七年	禮部主事	知州	按察司經歷	《萬曆十七年進士履歷便覽》載王臨亨上三代直系親屬名諱及履歷為「曾祖時陽，禮部主事；祖三錫，進士；父貴，按察司經歷」〔註 103〕。其中載「祖三錫」為進士，未載其入仕後最終任官，容易讓人誤解其祖未入仕途，不符合《履歷便覽》記載的規範性。據嘉靖《崑山縣志》《太倉州志》的相關記載，王三錫最終任官為河南光州知州〔註 104〕，其在《履歷便覽》中正確的寫法應為「祖三錫，知州」。

〔註 103〕《萬曆十七年進士履歷便覽》，第 5 頁。

〔註 104〕嘉靖《崑山縣志》卷六《進士》，嘉靖刊本；嘉靖《太倉州志》卷六《選舉》，嘉靖刊本。

2291	儲純臣	萬曆十七年	無任何功名、官號和捐銜	無任何功名、官號和捐銜	生員	《萬曆十七年進士履歷便覽》
2292	王孝	萬曆十七年	七品散官	中書舍人	監生	《萬曆十七年進士履歷便覽》
2293	錢桓	萬曆十七年	無任何功名、官號和捐銜	無任何功名、官號和捐銜	無任何功名、官號和捐銜	《萬曆十七年進士履歷便覽》
2294	王士騏	萬曆十七年	兵部右侍郎	都察院右副都御史兼兵部左侍郎贈兵部尚書	南京刑部尚書	《萬曆十七年進士履歷便覽》
2295	黃元勳	萬曆十七年	無任何功名、官號和捐銜	無任何功名、官號和捐銜	生員	《萬曆十七年進士履歷便覽》
2296	孫文龍	萬曆十七年	無任何功名、官號和捐銜	無任何功名、官號和捐銜	貢士	《萬曆十七年進士履歷便覽》
2297	吳炯	萬曆十七年	無任何功名、官號和捐銜	無任何功名、官號和捐銜	無任何功名、官號和捐銜	《萬曆十七年進士履歷便覽》
2298	董其昌	萬曆十七年	廩生	無任何功名、官號和捐銜	生員	《萬曆十七年進士履歷便覽》
2299	殷廷樞	萬曆十七年	將仕郎	無任何功名、官號和捐銜	知縣	《萬曆十七年進士履歷便覽》
2300	陸彥章	萬曆十七年	贈資政大夫禮部尚書	贈資政大夫禮部尚書	太子少保禮部尚書	《萬曆十七年進士履歷便覽》
2301	李叔春	萬曆十七年	無任何功名、官號和捐銜	壽官	恩例儒官	《萬曆十七年進士履歷便覽》
2302	朱正色	萬曆十七年	無任何功名、官號和捐銜	縣丞	無任何功名、官號和捐銜	《萬曆十七年進士履歷便覽》

2303	薛敷教	萬曆十七年	封吏部主事	按察司副使	選貢生	《萬曆十七年進士履歷便覽》
2304	蔣良鼎	萬曆十七年	王府引禮舍人	刑部郎中	儒官	《萬曆十七年進士履歷便覽》
2305	唐儆純	萬曆十七年	知府	都察院右僉都御史	光祿寺少卿	《萬曆十七年進士履歷便覽》
2306	楊應文	萬曆十七年	無任何功名、官號和捐銜	監生	監生	《萬曆十七年進士履歷便覽》
2307	陳幼學	萬曆十七年	無任何功名、官號和捐銜	無任何功名、官號和捐銜	無任何功名、官號和捐銜	《萬曆十七年進士履歷便覽》
2308	葉茂才	萬曆十七年	無任何功名、官號和捐銜	無任何功名、官號和捐銜	無任何功名、官號和捐銜	《萬曆十七年進士履歷便覽》
2309	高攀龍	萬曆十七年	無任何功名、官號和捐銜	知縣	無任何功名、官號和捐銜	《萬曆十七年進士履歷便覽》
2310	堵維垣	萬曆十七年	無任何功名、官號和捐銜	無任何功名、官號和捐銜	生員	《萬曆十七年進士履歷便覽》
2311	儲昌祚	萬曆十七年	無任何功名、官號和捐銜	無任何功名、官號和捐銜	監生	《萬曆十七年進士履歷便覽》
2312	吳正志	萬曆十七年	贈光祿寺署丞	無任何功名、官號和捐銜	監察御史	《萬曆十七年進士履歷便覽》
2313	潘守正	萬曆十七年	無任何功名、官號和捐銜	無任何功名、官號和捐銜	無任何功名、官號和捐銜	《萬曆十七年進士履歷便覽》
2314	張納陛	萬曆十七年	壽官	知縣	無任何功名、官號和捐銜	《萬曆十七年進士履歷便覽》
2315	華士標	萬曆十七年	山西參政	生員	無任何功名、官號和捐銜	《萬曆十七年進士履歷便覽》

2316	姜志禮	萬曆十七年	無任何功名、官號和捐銜	生員	冠帶生員	《萬曆十七年進士履歷便覽》
2317	王肯堂	萬曆十七年	贈兵部主事	按察司副使	尚寶司卿	《萬曆十七年進士履歷便覽》
2318	吳棐	萬曆十七年	無任何功名、官號和捐銜	無任何功名、官號和捐銜	無任何功名、官號和捐銜	《萬曆十七年進士履歷便覽》
2319	宗名世	萬曆十七年	儒官	貢士	縣丞	《萬曆十七年進士履歷便覽》
2320	黃全初	萬曆十七年	無任何功名、官號和捐銜	無任何功名、官號和捐銜	生員	《萬曆十七年進士履歷便覽》
2321	汪可進	萬曆十七年	無任何功名、官號和捐銜	壽官	無任何功名、官號和捐銜	《萬曆十七年進士履歷便覽》
2322	顧天埈	萬曆二十年	知府	中憲大夫江西右布政使	監生	《萬曆二十年進士履歷便覽》載顧天埈上三代直系親屬「曾祖潛；祖夢圭；父允默」俱為無任何功名的平民〔註105〕，不確。據嘉靖四十四年進士歸有光所撰《中憲大夫江西右布政使致仕雍里顧公權厝志》載：「公諱夢圭，字武祥，世居崑山之雍里……曾祖諱恂……祖諱宜之……父諱潛，監察御史，馬湖府知府，進階中憲大夫，顧氏自中憲始登進士，文康公位至台輔，而公父子仍世登科，貴顯於時……公卒於嘉靖三十七年……子二，允默、允熹」〔註106〕；顧天埈自撰《先父母行略》又載：「先父諱某，成均士也……先祖位至方伯……埈甫薦於鄉一歲，而先母逝矣；甫薦於南宮三月，而先父逝矣」〔註107〕。綜上可知，顧天埈上三代直系親屬名諱及履歷應為「曾祖潛，知府；祖夢圭，江西右布政使；父允默，監生」。

〔註105〕《萬曆二十年進士履歷便覽》，《明代登科錄彙編》第21冊，第11547頁。

〔註106〕〔明〕歸有光：《震川集》卷二二《中憲大夫江西右布政使致仕雍里顧公權厝志》，《景印文淵閣四庫全書》第1289冊，第329～330頁。

〔註107〕〔明〕顧天埈：《顧太史文集》卷四《先父母行略》，《四庫禁燬書叢刊》集部第9冊，第80頁。

2323	楊繼禮	萬曆二十年	無任何功名、官號和捐銜	無任何功名、官號和捐銜	貢士	《萬曆二十年進士履歷便覽》載楊繼禮上三代直系親屬「曾祖周；祖杲；父道東」俱為無任何功名的平民〔註 108〕，不確。據萬曆二十年進士陳懿典所撰《右春坊右諭德掌翰林院事石閭楊公墓誌銘》載：「公諱繼禮，姓楊氏……華亭人……周生杲，杲生公父道東，號南谷，舉鄉進士……公弱冠補諸生……已，喪南谷公，哀毀中更遭多難……壬辰始第進士」〔註 109〕；乾隆《華亭縣志》也載楊道東中嘉靖三十一年壬子科舉人〔註 110〕。綜上可知，楊繼禮上三代直系親屬名諱及履歷應為「曾祖周；祖杲；父道東，貢士」。
2324	沈鳳翔	萬曆二十年	無任何功名、官號和捐銜	無任何功名、官號和捐銜	無任何功名、官號和捐銜	據萬曆十七年狀元焦竑所撰《戶科右給事中沈君孟威墓誌銘》載：「君沈姓，諱鳳翔，字孟威，先世諱福者，國初從征陳友諒，大戰鄱陽湖，死之，高皇帝為立廟康山，錄其子庸為旗手衛百戶，沈世為衛人自此始……珵生紋，並隱德弗耀，紋生九思，君父也」〔註 111〕。綜上可知，沈鳳翔上三代直系親屬俱為無任何功名、官號和捐銜的平民。
2325	李名芳	萬曆二十年	無任何功名、官號和捐銜	無任何功名、官號和捐銜	無任何功名、官號和捐銜	據萬曆二十年進士顧天埈所撰《翰林院庶吉士李君墓誌銘》載：「公諱名芳……年十四試於郡邑，郡邑守令競相賞異，皆置第一，聲名籍甚……辛卯登名鄉書，壬辰舉進士……父諱汝筠……祖諱文邦」〔註 112〕，該《墓誌銘》未提及墓主曾祖，可知其曾祖應為無任何功名、官號和捐銜的平民，否則，不會略去不提。綜上可知，沈鳳翔上三代直系親屬俱為無任何功名、官號和捐銜的平民。

〔註 108〕《萬曆二十年進士履歷便覽》，《明代登科錄彙編》第 21 冊，第 11549 頁。
〔註 109〕〔明〕陳懿典：《陳學士先生初集》，《四庫禁燬書叢刊》集部第 79 冊，第 176～177 頁。
〔註 110〕〔明〕乾隆《華亭縣志》卷十《選舉上》，乾隆刊本。
〔註 111〕〔明〕焦竑：《焦氏澹園續集》卷一三《戶科右給事中沈君孟威墓誌銘》，《續修四庫全書》集部第 1365 冊，第 27～28 頁。
〔註 112〕〔明〕顧天埈：《顧太史文集》卷五《翰林院庶吉士李君墓誌銘》，《四庫禁燬書叢刊》集部第 9 冊，第 86～88 頁。

2326	朱之蕃	萬曆二十三年	無任何功名、官號和捐銜	無任何功名、官號和捐銜	知州	《萬曆二十三年進士履歷便覽》
2327	張文暉	萬曆二十三年	無任何功名、官號和捐銜	無任何功名、官號和捐銜	庠生	《萬曆二十三年進士履歷便覽》
2328	丁遂	萬曆二十三年	無任何功名、官號和捐銜	無任何功名、官號和捐銜	無任何功名、官號和捐銜	《萬曆二十三年進士履歷便覽》
2329	李鴻	萬曆二十三年	無任何功名、官號和捐銜	無任何功名、官號和捐銜	庠生	《萬曆二十三年進士履歷便覽》
2330	徐如珂	萬曆二十三年	無任何功名、官號和捐銜	無任何功名、官號和捐銜	無任何功名、官號和捐銜	《萬曆二十三年進士履歷便覽》
2331	沈琦	萬曆二十三年	戶科左給事中	國子生贈檢校	廩生	《萬曆二十三年進士履歷便覽》
2332	沈琉	萬曆二十三年	戶科左給事中	國子生贈檢校	廩生	《萬曆二十三年進士履歷便覽》
2333	顧秉謙	萬曆二十三年	無任何功名、官號和捐銜	無任何功名、官號和捐銜	儒官	《萬曆二十三年進士履歷便覽》
2334	柴大履	萬曆二十三年	刑部主事	無任何功名、官號和捐銜	無任何功名、官號和捐銜	《萬曆二十三年進士履歷便覽》
2335	張其廉	萬曆二十三年	贈官	國子生贈官	都察院右副都御史	《萬曆二十三年進士履歷便覽》
2336	陸彥楨	萬曆二十三年	贈官	贈官	都察院右僉都御史	《萬曆二十三年進士履歷便覽》
2337	王孫熙	萬曆二十三年	無任何功名、官號和捐銜	無任何功名、官號和捐銜	無任何功名、官號和捐銜	《萬曆二十三年進士履歷便覽》
2338	范允臨	萬曆二十三年	無任何功名、官號和捐銜	無任何功名、官號和捐銜	光祿寺少卿	《萬曆二十三年進士履歷便覽》

2339	張本嘉	萬曆二十三年	無任何功名、官號和捐銜	壽官	無任何功名、官號和捐銜	《萬曆二十三年進士履歷便覽》
2340	戴士琳	萬曆二十三年	無任何功名、官號和捐銜	無任何功名、官號和捐銜	生員	《萬曆二十三年進士履歷便覽》
2341	夏景華	萬曆二十三年	無任何功名、官號和捐銜	無任何功名、官號和捐銜	儒官	《萬曆二十三年進士履歷便覽》
2342	李中立	萬曆二十三年	無任何功名、官號和捐銜	無任何功名、官號和捐銜	無任何功名、官號和捐銜	《萬曆二十三年進士履歷便覽》
2343	洪都	萬曆二十三年	無任何功名、官號和捐銜	無任何功名、官號和捐銜	無任何功名、官號和捐銜	《萬曆二十三年進士履歷便覽》
2344	薛近兗	萬曆二十三年	庠生	封吏部主事	浙江提學副使	《萬曆二十三年進士履歷便覽》
2345	鄭振先	萬曆二十三年	光祿寺錄事	監生	庠生	《萬曆二十三年進士履歷便覽》
2346	劉觀文	萬曆二十三年	無任何功名、官號和捐銜	無任何功名、官號和捐銜	無任何功名、官號和捐銜	《萬曆二十三年進士履歷便覽》
2347	周應秋	萬曆二十三年	無任何功名、官號和捐銜	恩例冠帶	生員	《萬曆二十三年進士履歷便覽》
2348	孫愼行	萬曆二十三年	行太僕寺卿	國子生	國子生	《萬曆二十三年進士履歷便覽》
2349	錢九思	萬曆二十三年	無任何功名、官號和捐銜	無任何功名、官號和捐銜	庠生	《萬曆二十三年進士履歷便覽》
2350	洪世俊	萬曆二十三年	無任何功名、官號和捐銜	無任何功名、官號和捐銜	無任何功名、官號和捐銜	《萬曆二十三年進士履歷便覽》
2351	畢懋良	萬曆二十三年	無任何功名、官號和捐銜	訓導	無任何功名、官號和捐銜	《萬曆二十三年進士履歷便覽》
2352	汪元功	萬曆二十三年	無任何功名、官號和捐銜	無任何功名、官號和捐銜	無任何功名、官號和捐銜	《萬曆二十三年進士履歷便覽》

2353	程寰	萬曆二十三年	無任何功名、官號和捐銜	無任何功名、官號和捐銜	無任何功名、官號和捐銜	《萬曆二十三年進士履歷便覽》
2354	湯賓尹	萬曆二十三年	無任何功名、官號和捐銜	無任何功名、官號和捐銜	生員	《萬曆二十三年進士履歷便覽》
2355	施善教	萬曆二十三年	無任何功名、官號和捐銜	無任何功名、官號和捐銜	無任何功名、官號和捐銜	《萬曆二十三年進士履歷便覽》
2356	汪冀夔	萬曆二十三年	無任何功名、官號和捐銜	無任何功名、官號和捐銜	無任何功名、官號和捐銜	《萬曆二十三年進士履歷便覽》
2357	管橘	萬曆二十三年	無任何功名、官號和捐銜	無任何功名、官號和捐銜	無任何功名、官號和捐銜	《萬曆二十三年進士履歷便覽》
2358	王一楨	萬曆二十三年	無任何功名、官號和捐銜	無任何功名、官號和捐銜	庠生	《萬曆二十三年進士履歷便覽》
2359	檀之堅	萬曆二十三年	無任何功名、官號和捐銜	訓導	訓導	《萬曆二十三年進士履歷便覽》
2360	寧瑞鯉	萬曆二十三年	國子生	庠生	無任何功名、官號和捐銜	《萬曆二十三年進士履歷便覽》
2361	卜履吉	萬曆二十六年	無任何功名、官號和捐銜	無任何功名、官號和捐銜	無任何功名、官號和捐銜	《萬曆二十六年進士履歷便覽》
2362	顧起元	萬曆二十六年	無任何功名、官號和捐銜	贈按察司副使	按察司副使	《萬曆二十六年進士履歷便覽》
2363	呂昌期	萬曆二十六年	無任何功名、官號和捐銜	無任何功名、官號和捐銜	無任何功名、官號和捐銜	《萬曆二十六年進士履歷便覽》
2364	韓國藩	萬曆二十六年	百戶	百戶	無任何功名、官號和捐銜	《萬曆二十六年進士履歷便覽》

2365	周道登	萬曆二十六年	無任何功名、官號和捐銜	無任何功名、官號和捐銜	無任何功名、官號和捐銜	《萬曆二十六年進士履歷便覽》
2366	顧啟元	萬曆二十六年	無任何功名、官號和捐銜	無任何功名、官號和捐銜	無任何功名、官號和捐銜	《萬曆二十六年進士履歷便覽》
2367	須之彥	萬曆二十六年	無任何功名、官號和捐銜	無任何功名、官號和捐銜	無任何功名、官號和捐銜	《萬曆二十六年進士履歷便覽》
2368	毛堪	萬曆二十六年	監生	登仕郎	無任何功名、官號和捐銜	《萬曆二十六年進士履歷便覽》
2369	翁俞祥	萬曆二十六年	無任何功名、官號和捐銜	無任何功名、官號和捐銜	無任何功名、官號和捐銜	《萬曆二十六年進士履歷便覽》
2370	顧士琦	萬曆二十六年	無任何功名、官號和捐銜	壽官	無任何功名、官號和捐銜	《萬曆二十六年進士履歷便覽》
2371	劉嘉猷	萬曆二十六年	無任何功名、官號和捐銜	無任何功名、官號和捐銜	無任何功名、官號和捐銜	《萬曆二十六年進士履歷便覽》
2372	姚永濟	萬曆二十六年	庠生	知事	無任何功名、官號和捐銜	《萬曆二十六年進士履歷便覽》
2373	章元衡	萬曆二十六年	無任何功名、官號和捐銜	無任何功名、官號和捐銜	無任何功名、官號和捐銜	《萬曆二十六年進士履歷便覽》
2374	吳玄	萬曆二十六年	封戶部主事	尚寶司丞	侍讀學士	《萬曆二十六年進士履歷便覽》
2375	張師繹	萬曆二十六年	無任何功名、官號和捐銜	壽官	無任何功名、官號和捐銜	《萬曆二十六年進士履歷便覽》
2376	張履正	萬曆二十六年	無任何功名、官號和捐銜	無任何功名、官號和捐銜	廩生	《萬曆二十六年進士履歷便覽》
2377	周士龍	萬曆二十六年	無任何功名、官號和捐銜	無任何功名、官號和捐銜	無任何功名、官號和捐銜	《萬曆二十六年進士履歷便覽》

2378	何棟如	萬曆二十六年	封禮部郎中	布政司參政	按察司僉事	《萬曆二十六年進士履歷便覽》
2379	何士晉	萬曆二十六年	無任何功名、官號和捐銜	無任何功名、官號和捐銜	無任何功名、官號和捐銜	《萬曆二十六年進士履歷便覽》
2380	程希道	萬曆二十六年	無任何功名、官號和捐銜	壽官	無任何功名、官號和捐銜	《萬曆二十六年進士履歷便覽》
2381	劉濟	萬曆二十六年	無任何功名、官號和捐銜	無任何功名、官號和捐銜	壽官	《萬曆二十六年進士履歷便覽》
2382	何慶元	萬曆二十六年	貢士	廩生	廩生	《萬曆二十六年進士履歷便覽》
2383	宋之禎	萬曆二十六年	無任何功名、官號和捐銜	無任何功名、官號和捐銜	無任何功名、官號和捐銜	《萬曆二十六年進士履歷便覽》
2384	王之屏	萬曆二十六年	無任何功名、官號和捐銜	無任何功名、官號和捐銜	無任何功名、官號和捐銜	《萬曆二十六年進士履歷便覽》
2385	李思誠	萬曆二十六年	贈官	少師兼太子太師吏部尚書中極殿大學士	尚寶司丞	《萬曆二十六年進士履歷便覽》
2386	黃建中	萬曆二十六年	無任何功名、官號和捐銜	無任何功名、官號和捐銜	生員	《萬曆二十六年進士履歷便覽》
2387	朱一馮	萬曆二十六年	庠生	無任何功名、官號和捐銜	監生	《萬曆二十六年進士履歷便覽》
2388	程克顯	萬曆二十六年	無任何功名、官號和捐銜	無任何功名、官號和捐銜	兵馬指揮	《萬曆二十六年進士履歷便覽》
2389	潘之祥	萬曆二十六年	無任何功名、官號和捐銜	壽官	無任何功名、官號和捐銜	《萬曆二十六年進士履歷便覽》
2390	畢懋康	萬曆二十六年	廩生	知縣	貢士	《萬曆二十六年進士履歷便覽》

2391	洪翼聖	萬曆二十六年	無任何功名、官號和捐銜	封官	貢士	《萬曆二十六年進士履歷便覽》
2392	徐大望	萬曆二十六年	無任何功名、官號和捐銜	無任何功名、官號和捐銜	無任何功名、官號和捐銜	《萬曆二十六年進士履歷便覽》
2393	梅守和	萬曆二十六年	無任何功名、官號和捐銜	王府典膳	教授	《萬曆二十六年進士履歷便覽》
2394	劉仲斗	萬曆二十六年	無任何功名、官號和捐銜	無任何功名、官號和捐銜	監生	《萬曆二十六年進士履歷便覽》
2395	崔師訓	萬曆二十六年	無任何功名、官號和捐銜	無任何功名、官號和捐銜	無任何功名、官號和捐銜	《萬曆二十六年進士履歷便覽》
2396	黃一騰	萬曆二十六年	贈府知事	無任何功名、官號和捐銜	庠生	《萬曆二十六年進士履歷便覽》
2397	鄭三俊	萬曆二十六年	無任何功名、官號和捐銜	無任何功名、官號和捐銜	無任何功名、官號和捐銜	《萬曆二十六年進士履歷便覽》
2398	阮以鼎	萬曆二十六年	壽官	都察院右僉都御史	貢士	《萬曆二十六年進士履歷便覽》
2399	何如申	萬曆二十六年	無任何功名、官號和捐銜	無任何功名、官號和捐銜	知縣	《萬曆二十六年進士履歷便覽》
2400	何如寵	萬曆二十六年	無任何功名、官號和捐銜	無任何功名、官號和捐銜	知縣	《萬曆二十六年進士履歷便覽》
2401	馬孟禎	萬曆二十六年	無任何功名、官號和捐銜	無任何功名、官號和捐銜	無任何功名、官號和捐銜	《萬曆二十六年進士履歷便覽》
2402	阮自華	萬曆二十六年	無任何功名、官號和捐銜	贈官	都察院右僉都御史	《萬曆二十六年進士履歷便覽》

2403	王養俊	萬曆二十六年	無任何功名、官號和捐銜	無任何功名、官號和捐銜	廩生	《萬曆二十六年進士履歷便覽》
2404	張以誠	萬曆二十九年	無任何功名、官號和捐銜	監生	庠生	《萬曆二十九年進士登科錄》
2405	王衡	萬曆二十九年	累贈光祿大夫太子太保禮部尚書兼武英殿大學士	累封通議大夫詹事府詹事兼翰林院侍讀學士；贈光祿大夫太子太保禮部尚書兼武英殿大學士	光祿大夫太子太保吏部尚書兼建極殿大學士	《萬曆二十九年進士登科錄》
2406	龔三益	萬曆二十九年	廩生	庠生	無任何功名、官號和捐銜	《萬曆二十九年進士登科錄》載龔三益上三代直系親屬「曾祖某，祖安節，父一夔」俱為無功名的平民〔註 113〕。其中載「曾祖某，祖安節」俱為平民，不確。龔三益中萬曆二十六年會試，參加萬曆二十九殿試，成進士。《萬曆二十六年進士履歷便覽》載：「龔三益……曾祖祖禩，廩生；祖安節，庠生；父一夔」〔註 114〕，由此可知，其曾祖、祖皆擁有生員功名而非無任何功名的平民。
2407	張所望	萬曆二十九年	無任何功名、官號和捐銜	無任何功名、官號和捐銜	無任何功名、官號和捐銜	《萬曆二十九年進士登科錄》
2408	徐大用	萬曆二十九年	無任何功名、官號和捐銜	無任何功名、官號和捐銜	無任何功名、官號和捐銜	《萬曆二十九年進士登科錄》
2409	吳澄時	萬曆二十九年	封翰林院編修	右春坊右諭德兼翰林院侍讀	光祿寺署丞	《萬曆二十九年進士登科錄》

〔註 113〕《萬曆二十九年進士登科錄》，《明代科舉錄彙編》第 9 冊，第 7 頁。

〔註 114〕《萬曆二十六年進士履歷便覽》，第 6 頁。

2410	李胤昌	萬曆二十九年	無任何功名、官號和捐銜	贈承德郎刑部主事	布政司左參政	《萬曆二十九年進士登科錄》
2411	姚履素	萬曆二十九年	王府典膳	鴻臚寺序班	監生	《萬曆二十九年進士登科錄》
2412	葛錫璠	萬曆二十九年	贈刑部郎中	禮部儒士	無任何功名、官號和捐銜	《萬曆二十九年進士登科錄》
2413	陳一教	萬曆二十九年	壽官	無任何功名、官號和捐銜	無任何功名、官號和捐銜	《萬曆二十九年進士登科錄》
2414	洪佐聖	萬曆二十九年	無任何功名、官號和捐銜	封中書舍人	儒官	《萬曆二十九年進士登科錄》
2415	林鳳鳴	萬曆二十九年	無任何功名、官號和捐銜	無任何功名、官號和捐銜	無任何功名、官號和捐銜	《萬曆二十九年進士登科錄》
2416	錢策	萬曆二十九年	無任何功名、官號和捐銜	無任何功名、官號和捐銜	無任何功名、官號和捐銜	《萬曆二十九年進士登科錄》
2417	瞿汝說	萬曆二十九年	贈禮部左侍郎兼翰林院學士	贈禮部左侍郎兼翰林院學士	通議大夫禮部左侍郎兼翰林院學士贈尚書謚文懿	《萬曆二十九年進士登科錄》
2418	徐禎稷	萬曆二十九年	贈徵仕郎，衛經歷	封刑部主事	刑部主事	《萬曆二十九年進士登科錄》
2419	吳亮	萬曆二十九年	封承德郎南京戶部主事	尚寶司司丞	翰林院侍讀學士	《萬曆二十九年進士登科錄》
2420	眭石	萬曆二十九年	縣丞封徵仕郎	刑科都給事中	無任何功名、官號和捐銜	《萬曆二十九年進士登科錄》
2421	崔淐	萬曆二十九年	無任何功名、官號和捐銜	無任何功名、官號和捐銜	廩生	《萬曆二十九年進士登科錄》

2422	王世仁	萬曆二十九年	鴻臚寺署丞	庠生	庠生	《萬曆二十九年進士登科錄》
2423	王胤昌	萬曆二十九年	無任何功名、官號和捐銜	無任何功名、官號和捐銜	無任何功名、官號和捐銜	《萬曆二十九年進士登科錄》
2424	呂純如	萬曆二十九年	無任何功名、官號和捐銜	無任何功名、官號和捐銜	無任何功名、官號和捐銜	《萬曆二十九年進士登科錄》
2425	趙士諤	萬曆二十九年	府通判	無任何功名、官號和捐銜	無任何功名、官號和捐銜	《萬曆二十九年進士登科錄》
2426	王應乾	萬曆二十九年	都司斷事	無任何功名、官號和捐銜	儒官	《萬曆二十九年進士登科錄》
2427	李守俊	萬曆二十九年	戶部主事	府同知	無任何功名、官號和捐銜	《萬曆二十九年進士登科錄》
2428	周應偁	萬曆二十九年	資政大夫正治上卿太子少保吏部尚書贈太子太保謚恭肅	知府贈中憲大夫	光祿寺署丞	《萬曆二十九年進士登科錄》
2429	王羲民	萬曆二十九年	無任何功名、官號和捐銜	無任何功名、官號和捐銜	知縣	《萬曆二十九年進士登科錄》
2430	李徵儀	萬曆二十九年	累封禮科左給事中	按察司僉事	無任何功名、官號和捐銜	《萬曆二十九年進士登科錄》
2431	何琪枝	萬曆二十九年	無任何功名、官號和捐銜	監生	監生	《萬曆二十九年進士登科錄》
2432	汪起鳳	萬曆二十九年	庠生	無任何功名、官號和捐銜	貢士	《萬曆二十九年進士登科錄》
2433	朱萬春	萬曆二十九年	無任何功名、官號和捐銜	無任何功名、官號和捐銜	無任何功名、官號和捐銜	《萬曆二十九年進士登科錄》

2434	徐待聘	萬曆二十九年	贈通議大夫兵部右侍郎兼都察院右僉都御史	贈光祿寺錄事	光祿寺錄事	《萬曆二十九年進士登科錄》
2435	史樹德	萬曆二十九年	無任何功名、官號和捐銜	無任何功名、官號和捐銜	封文林郎知縣	《萬曆二十九年進士登科錄》
2436	劉永澄	萬曆二十九年	無任何功名、官號和捐銜	無任何功名、官號和捐銜	廩生	《萬曆二十九年進士登科錄》載劉永澄上三代直系親屬名諱及履歷為「曾祖貴，祖憲，父繼善」〔註 115〕。其中載「父繼善」為無任何功名的平民，不確。據萬曆十七年進士高攀龍所撰《職方劉靜之先生墓誌銘》載：「靜之名永澄……世為揚之寶應人。大父德齋公曰憲；父春宇公曰繼善，司訓鎮江」〔註 116〕；劉繼善子劉永沁所撰《明鎮江府儒學訓導劉府君行述》亦載：「府君諱繼善……寶應人。祖諱貴，父諱憲，皆有隱德。府君少秉義方，刻勵攻讀……入庠後以孝聞……七試秋闈，以歲貢官鎮江府訓導……子二，長永澄，萬曆辛丑進士，兵部職方司主事，次永沁」〔註 117〕；此外，萬曆《寶應縣志》載劉繼善為廩生〔註 118〕，康熙《揚州府志》載劉繼善為萬曆二十九年歲貢生〔註 119〕。綜上可知，劉繼善以歲貢生入仕為鎮江府學訓導，應在其子永澄中萬曆二十九年進士之後，而在此前，可確認其已為廩生，擁有學校功名而非平民。

〔註 115〕《萬曆二十九年進士登科錄》，《明代科舉錄彙編》第 9 冊，第 93 頁。

〔註 116〕〔明〕高攀龍：《高子遺書》卷一一《職方劉靜之先生墓誌銘》，《景印文淵閣四庫全書》第 1292 冊，第 652～653 頁。

〔註 117〕〔清〕劉繼善：《掩關集》卷一《明鎮江府儒學訓導劉府君行述》，《四庫未收書輯刊》第 7 輯第 16 冊，第 107～108 頁。

〔註 118〕萬曆《寶應縣志》卷一《疆域志》，萬曆刊本。

〔註 119〕康熙《揚州府志》卷一五《人物志上・歲貢》，康熙刊本。

2437	楊日森	萬曆二十九年	無任何功名、官號和捐銜	監生	庠生	《萬曆二十九年進士登科錄》
2438	楊成喬	萬曆二十九年	無任何功名、官號和捐銜	無任何功名、官號和捐銜	縣主簿	《萬曆二十九年進士登科錄》
2439	程汝繼	萬曆二十九年	無任何功名、官號和捐銜	無任何功名、官號和捐銜	無任何功名、官號和捐銜	《萬曆二十九年進士登科錄》
2440	程子鍪	萬曆二十九年	無任何功名、官號和捐銜	七品散官	恩例冠帶	《萬曆二十九年進士登科錄》
2441	潘汝楨	萬曆二十九年	無任何功名、官號和捐銜	無任何功名、官號和捐銜	無任何功名、官號和捐銜	《萬曆二十九年進士登科錄》
2442	丁天毓	萬曆二十九年	無任何功名、官號和捐銜	無任何功名、官號和捐銜	無任何功名、官號和捐銜	《萬曆二十九年進士登科錄》
2443	徐鏌	萬曆二十九年	封南京刑部員外郎	布政司參議	無任何功名、官號和捐銜	《萬曆二十九年進士登科錄》
2444	李時彥	萬曆二十九年	無任何功名、官號和捐銜	無任何功名、官號和捐銜	監生	《萬曆二十九年進士登科錄》
2445	吳光義	萬曆二十九年	無任何功名、官號和捐銜	無任何功名、官號和捐銜	無任何功名、官號和捐銜	《萬曆二十九年進士登科錄》
2446	濮陽春	萬曆二十九年	無任何功名、官號和捐銜	無任何功名、官號和捐銜	庠生	《萬曆二十九年進士登科錄》載濮陽春上三代直系親屬名諱及履歷為「曾祖元貞；祖鏞；父滋」〔註 120〕。其中載「父滋」為無任何功名的平民，不確。據《萬曆二十九年進士履歷便覽》載：「濮陽春……曾祖元貞；祖鏞；父滋，廩生」〔註 121〕。需指出的是，明代舉子選補為生員時一般不過弱

〔註 120〕《萬曆二十九年進士登科錄》，《明代科舉錄彙編》第 9 冊，第 147 頁。
〔註 121〕《萬曆二十九年進士履歷便覽》，第 7 頁。

						冠之年，濮陽春中進士時 33 歲，則其父早已年過弱冠，這就說明在其中進士前其父已擁有生員功名而非平民。
2447	張國維	萬曆二十九年	無任何功名、官號和捐銜	無任何功名、官號和捐銜	無任何功名、官號和捐銜	《萬曆二十九年進士登科錄》
2448	姚之蘭	萬曆二十九年	無任何功名、官號和捐銜	無任何功名、官號和捐銜	歲貢生	《萬曆二十九年進士登科錄》
2449	姚汝化	萬曆二十九年	無任何功名、官號和捐銜	無任何功名、官號和捐銜	無任何功名、官號和捐銜	《萬曆二十九年進士登科錄》
2450	姚若水	萬曆二十九年	無任何功名、官號和捐銜	無任何功名、官號和捐銜	無任何功名、官號和捐銜	《萬曆二十九年進士登科錄》
2451	吳宗達	萬曆三十二年	封承德郎南京戶部主事	尚寶司司丞	光祿寺監事	《萬曆三十二年進士登科錄》
2452	戴耆顯	萬曆三十二年	封承德郎戶部主事	中憲大夫按察司副使	無任何功名、官號和捐銜	《萬曆三十二年進士登科錄》
2453	鄭棟	萬曆三十二年	無任何功名、官號和捐銜	無任何功名、官號和捐銜	無任何功名、官號和捐銜	《萬曆三十二年進士登科錄》
2454	荊之琦	萬曆三十二年	無任何功名、官號和捐銜	無任何功名、官號和捐銜	恩貢生	《萬曆三十二年進士登科錄》
2455	張京元	萬曆三十二年	南京戶部右侍郎	無任何功名、官號和捐銜	貢士	《萬曆三十二年進士登科錄》
2456	吳友賢	萬曆三十二年	光祿寺署丞	府通判	廩生	《萬曆三十二年進士登科錄》
2457	史啟元	萬曆三十二年	恩榮官	庠生	庠生	《萬曆三十二年進士登科錄》
2458	胡允范	萬曆三十二年	恩例引禮	無任何功名、官號和捐銜	兵馬指揮	《萬曆三十二年進士登科錄》

2459	黃體仁	萬曆三十二年	無任何功名、官號和捐銜	無任何功名、官號和捐銜	教諭	《萬曆三十二年進士登科錄》
2460	王善繼	萬曆三十二年	無任何功名、官號和捐銜	無任何功名、官號和捐銜	無任何功名、官號和捐銜	《萬曆三十二年進士登科錄》
2461	吳汝顯	萬曆三十二年	無任何功名、官號和捐銜	王府典膳	監生	《萬曆三十二年進士登科錄》
2462	錢時俊	萬曆三十二年	無任何功名、官號和捐銜	封監察御史	監察御史	《萬曆三十二年進士登科錄》
2463	高登龍	萬曆三十二年	無任何功名、官號和捐銜	典史	無任何功名、官號和捐銜	《萬曆三十二年進士登科錄》
2464	張守道	萬曆三十二年	無任何功名、官號和捐銜	無任何功名、官號和捐銜	無任何功名、官號和捐銜	《萬曆三十二年進士登科錄》
2465	吳國仕	萬曆三十二年	無任何功名、官號和捐銜	無任何功名、官號和捐銜	知縣	《萬曆三十二年進士登科錄》
2466	周鉉	萬曆三十二年	無任何功名、官號和捐銜	無任何功名、官號和捐銜	無任何功名、官號和捐銜	《萬曆三十二年進士登科錄》
2467	張鼒	萬曆三十二年	知州	無任何功名、官號和捐銜	無任何功名、官號和捐銜	《萬曆三十二年進士登科錄》
2468	馮曾橝	萬曆三十二年	壽官	冠帶生員	無任何功名、官號和捐銜	《萬曆三十二年進士登科錄》
2469	李凌雲	萬曆三十二年	訓導，封知府	監生	冠帶生員	《萬曆三十二年進士登科錄》
2470	華玄褆	萬曆三十二年	無任何功名、官號和捐銜	都事，贈戶部主事	光祿寺監事	《萬曆三十二年進士登科錄》
2471	徐光啟	萬曆三十二年	無任何功名、官號和捐銜	無任何功名、官號和捐銜	壽官	《萬曆三十二年進士登科錄》

2472	劉胤昌	萬曆三十二年	州判官	監生	禮部儒士	《萬曆三十二年進士登科錄》
2473	錢春	萬曆三十二年	無任何功名、官號和捐銜	封知縣	監察御史，為民恩，詔閒住	《萬曆三十二年進士登科錄》
2474	朱應鵬	萬曆三十二年	無任何功名、官號和捐銜	無任何功名、官號和捐銜	壽官	《萬曆三十二年進士登科錄》
2475	鮑際明	萬曆三十二年	都事	無任何功名、官號和捐銜	無任何功名、官號和捐銜	《萬曆三十二年進士登科錄》
2476	趙一韓	萬曆三十二年	知縣	都司經歷	無任何功名、官號和捐銜	《萬曆三十二年進士登科錄》
2477	王繼美	萬曆三十二年	無任何功名、官號和捐銜	無任何功名、官號和捐銜	無任何功名、官號和捐銜	《萬曆三十二年進士登科錄》
2478	談自省	萬曆三十二年	無任何功名、官號和捐銜	無任何功名、官號和捐銜	無任何功名、官號和捐銜	《萬曆三十二年進士登科錄》
2479	周炳謨	萬曆三十二年	贈通議大夫吏部左侍郎兼翰林院侍讀學士	贈通議大夫吏部左侍郎兼翰林院侍讀學士	通議大夫吏部左侍郎兼翰林院侍讀學士掌詹事府累贈禮部尚書謚文恪	《萬曆三十二年進士登科錄》
2480	余懋孳	萬曆三十二年	知縣	贈文林郎知縣	知州贈奉直大夫	《萬曆三十二年進士登科錄》
2481	毛以燉	萬曆三十二年	贈朝議大夫布政司參議	朝議大夫按察司提學副使進階中憲大夫	監察御史	《萬曆三十二年進士登科錄》
2482	盧謙	萬曆三十二年	無任何功名、官號和捐銜	理問	無任何功名、官號和捐銜	《萬曆三十二年進士登科錄》

2483	楊公翰	萬曆三十二年	無任何功名、官號和捐銜	無任何功名、官號和捐銜	無任何功名、官號和捐銜	《萬曆三十二年進士登科錄》
2484	方道通	萬曆三十二年	無任何功名、官號和捐銜	無任何功名、官號和捐銜	無任何功名、官號和捐銜	《萬曆三十二年進士登科錄》
2485	凌漢翀	萬曆三十二年	無任何功名、官號和捐銜	無任何功名、官號和捐銜	無任何功名、官號和捐銜	《萬曆三十二年進士登科錄》
2486	程國祥	萬曆三十二年	無任何功名、官號和捐銜	無任何功名、官號和捐銜	無任何功名、官號和捐銜	《萬曆三十二年進士登科錄》
2487	吳應琦	萬曆三十二年	歲貢生	無任何功名、官號和捐銜	冠帶生員	《萬曆三十二年進士登科錄》
2488	陸問禮	萬曆三十二年	無任何功名、官號和捐銜	府同知	儒官	《萬曆三十二年進士登科錄》
2489	李蔚	萬曆三十二年	無任何功名、官號和捐銜	大使	無任何功名、官號和捐銜	《萬曆三十二年進士登科錄》
2490	周光祖	萬曆三十二年	無任何功名、官號和捐銜	贈文林郎知縣	知縣	《萬曆三十二年進士登科錄》
2491	周延侍	萬曆三十二年	無任何功名、官號和捐銜	無任何功名、官號和捐銜	贈文林郎知縣	《萬曆三十二年進士登科錄》
2492	萬崇德	萬曆三十二年	無任何功名、官號和捐銜	無任何功名、官號和捐銜	無任何功名、官號和捐銜	《萬曆三十二年進士登科錄》
2493	江世東	萬曆三十二年	無任何功名、官號和捐銜	無任何功名、官號和捐銜	無任何功名、官號和捐銜	《萬曆三十二年進士登科錄》
2494	朱邦楨	萬曆三十二年	布政司左布政使	南京兵馬指揮	監生	《萬曆三十二年進士登科錄》

2495	吳爾成	萬曆三十二年	無任何功名、官號和捐銜	無任何功名、官號和捐銜	無任何功名、官號和捐銜	《萬曆三十二年進士登科錄》
2496	魏應嘉	萬曆三十二年	知州	無任何功名、官號和捐銜	無任何功名、官號和捐銜	《萬曆三十二年進士登科錄》
2497	李萬化	萬曆三十二年	無任何功名、官號和捐銜	無任何功名、官號和捐銜	冠帶生員	《萬曆三十二年進士登科錄》
2498	孫養正	萬曆三十二年	無任何功名、官號和捐銜	無任何功名、官號和捐銜	無任何功名、官號和捐銜	《萬曆三十二年進士登科錄》
2499	惲厥初	萬曆三十二年	封刑部主事	布政司左參議	監生	《萬曆三十二年進士登科錄》
2500	陸卿榮	萬曆三十二年	無任何功名、官號和捐銜	無任何功名、官號和捐銜	無任何功名、官號和捐銜	《萬曆三十二年進士登科錄》
2501	沈珣	萬曆三十二年	戶科左給事中	監生	贈文林郎知縣	《萬曆三十二年進士登科錄》
2502	陶人群	萬曆三十二年	壽官	壽官	無任何功名、官號和捐銜	《萬曆三十二年進士登科錄》
2503	張泰階	萬曆三十二年	無任何功名、官號和捐銜	無任何功名、官號和捐銜	無任何功名、官號和捐銜	《萬曆三十二年進士登科錄》
2504	韓仲雍	萬曆三十二年	知縣	中憲大夫按察司副使	都司斷事	《萬曆三十二年進士登科錄》
2505	張翼軫	萬曆三十二年	承仕郎	無任何功名、官號和捐銜	庠生	《萬曆三十二年進士登科錄》
2506	劉汝佳	萬曆三十五年	七品散官	封承德郎刑部主事	監生	《萬曆三十五年進士登科錄》
2507	袁思明	萬曆三十五年	訓導封刑部主事	長史	庠生	《萬曆三十五年進士登科錄》載袁思明上三代名諱及履歷為「曾祖以嗣，訓導，封刑部主事；本生祖福徵，刑部郎中；

						父之熊，庠生」〔註 122〕。其中載「祖福徵」履歷為「刑部郎中」，不確。據萬曆十年貢士何三畏所撰《袁長史太沖公傳》載：「袁福徵，字履善，號太沖，華亭人……中嘉靖癸卯鄉科，甲辰同魯溪公成進士，授比部……庚戌，晉為郎中……左遷傅南陽王……忤中貴，褫職歸……其孫思明，中萬曆丁未進士」〔註 123〕；《明神宗實錄》載萬曆四年四月，「褫唐府長史袁福徵職」〔註 124〕，此後不見有對袁福徵的記載，可見，袁福徵最終任官為唐府長史；此外，乾隆《青浦縣志》載「唐府長史袁福徵墓」在該縣佘山之陰〔註 125〕。綜上可知，袁福徵最終任官為唐府長史，萬曆四年罷官歸，其孫思明登萬曆二十九年進士，按《登科錄》行文慣例，上三代直系親屬的履歷應為進士登科前其親屬所任最終（高）任官，則袁福徵在《登科錄》中的履歷應被書寫為「長史」，而非「刑部郎中」。
2508	錢龍錫	萬曆三十五年	監生	無任何功名、官號和捐銜	知縣	《萬曆三十五年進士登科錄》
2509	沈正宗	萬曆三十五年	按察司副使	無任何功名、官號和捐銜	無任何功名、官號和捐銜	《萬曆三十五年進士登科錄》載沈正宗上三代直系親屬名諱及履歷為「曾祖啟，都察院右副都御史；祖問；父令謨」〔註 126〕。其中載「曾祖啟」履歷為「都察院右副都御史」，不確。嘉靖《吳江縣志》載沈啟仕至湖廣副使〔註 127〕；徐師曾於隆慶四年所撰《大明故湖廣按察司副使沈公行狀》亦

〔註 122〕《萬曆三十五年進士登科錄》，《明代科舉錄彙編》第 9 冊，第 218 頁。
〔註 123〕〔明〕何三畏：《雲間志略》卷一六《袁長史太沖公傳》，《明代傳記叢刊》第 146 冊，第 456 頁。
〔註 124〕《明神宗實錄》卷四九「萬曆四年四月庚午」，第 1123 頁。
〔註 125〕乾隆《青浦縣志》卷二十《冢墓》，乾隆刊本。
〔註 126〕《萬曆三十五年進士登科錄》，《明代科舉錄彙編》第 9 冊，第 229 頁。
〔註 127〕嘉靖《吳江縣志》卷二一《人物志一・科第表》，嘉靖刊本。

						載：「公諱啟，字子由，姓沈氏，其先河南人，隨宋南蹕，居蘇之長洲。有諱思孟者，來贅吳江王氏，遂為吳江人……公十九入邑庠……正德十四年舉應天鄉試，嘉靖十七年始成進士……二十九年遷湖廣按擦司副使……三十二年覲事畢，科道例拾遺。紹人有掌戶科者銜公沮市舶，遂中傷公……乃解公官……子男四……曰問……孫男十三……曰令謨」〔註 128〕；王世貞所撰《湖廣按察司副使沈公傳》也載沈啟官至湖廣按察司副使〔註 129〕。綜上可知，沈啟於嘉靖三十二年在湖廣按察司副使任上被解職，其曾孫正宗登萬曆三十五年進士，按《登科錄》行文慣例，上三代直系親屬的履歷應為該進士登科前其親屬的最終（高）任官，則沈啟在《登科錄》中的履歷應被書寫為「按察司副使」。
2510	鄒志隆	萬曆三十五年	無任何功名、官號和捐銜	無任何功名、官號和捐銜	無任何功名、官號和捐銜	《萬曆三十五年進士登科錄》
2511	余大成	萬曆三十五年	監察御史贈翰林院侍讀學士	南京國子監祭酒	監生	《萬曆三十五年進士登科錄》
2512	董承詔	萬曆三十五年	無任何功名、官號和捐銜	無任何功名、官號和捐銜	無任何功名、官號和捐銜	《萬曆三十五年進士登科錄》
2513	鄭茂華	萬曆三十五年	無任何功名、官號和捐銜	無任何功名、官號和捐銜	省祭官	《萬曆三十五年進士登科錄》
2514	顧大章	萬曆三十五年	累贈南京太常寺卿	累贈南京太常寺卿	南京太常寺卿	《萬曆三十五年進士登科錄》
2515	王名登	萬曆三十五年	無任何功名、官號和捐銜	無任何功名、官號和捐銜	無任何功名、官號和捐銜	《萬曆三十五年進士登科錄》

〔註 128〕〔明〕徐師曾：《湖上集》卷一三《大明故湖廣按察司副使沈公行狀》，《續修四庫全書》集部第 1351 冊，第 209～211 頁。
〔註 129〕〔明〕王世貞：《弇州四部稿》卷八一《湖廣按察司副使沈公傳》，《景印文淵閣四庫全書》第 1280 冊，第 345 頁。

2516	楊萬里	萬曆三十五年	無任何功名、官號和捐銜	府照磨	無任何功名、官號和捐銜	《萬曆三十五年進士登科錄》
2517	陸完學	萬曆三十五年	無任何功名、官號和捐銜	訓導	知縣	《萬曆三十五年進士登科錄》
2518	何南金	萬曆三十五年	鴻臚寺主簿贈應天府推官	無任何功名、官號和捐銜	無任何功名、官號和捐銜	《萬曆三十五年進士登科錄》
2519	賈先春	萬曆三十五年	留守都司封鎮國將軍	府軍都督府都督僉事	無任何功名、官號和捐銜	《萬曆三十五年進士登科錄》
2520	李時榮	萬曆三十五年	無任何功名、官號和捐銜	無任何功名、官號和捐銜	無任何功名、官號和捐銜	《萬曆三十五年進士登科錄》
2521	馮士豪	萬曆三十五年	無任何功名、官號和捐銜	無任何功名、官號和捐銜	無任何功名、官號和捐銜	《萬曆三十五年進士登科錄》
2522	姚之騏	萬曆三十五年	無任何功名、官號和捐銜	無任何功名、官號和捐銜	無任何功名、官號和捐銜	《萬曆三十五年進士登科錄》
2523	陳舜道	萬曆三十五年	無任何功名、官號和捐銜	無任何功名、官號和捐銜	太醫院冠帶醫士	《萬曆三十五年進士登科錄》
2524	張肇林	萬曆三十五年	教授	冠帶生員	無任何功名、官號和捐銜	《萬曆三十五年進士登科錄》
2525	史垂則	萬曆三十五年	無任何功名、官號和捐銜	無任何功名、官號和捐銜	壽官	《萬曆三十五年進士登科錄》
2526	倪應眷	萬曆三十五年	無任何功名、官號和捐銜	無任何功名、官號和捐銜	無任何功名、官號和捐銜	《萬曆三十五年進士登科錄》
2527	湯啟燁	萬曆三十五年	無任何功名、官號和捐銜	無任何功名、官號和捐銜	無任何功名、官號和捐銜	《萬曆三十五年進士登科錄》

2528	左光斗	萬曆三十五年	壽官	無任何功名、官號和捐銜	無任何功名、官號和捐銜	《萬曆三十五年進士登科錄》
2529	李逢節	萬曆三十五年	儒官	無任何功名、官號和捐銜	禮科給事中	《萬曆三十五年進士登科錄》
2530	殷宗器	萬曆三十五年	知縣	壽官	無任何功名、官號和捐銜	《萬曆三十五年進士登科錄》
2531	劉有源	萬曆三十五年	無任何功名、官號和捐銜	監生	恩例冠帶	《萬曆三十五年進士登科錄》
2532	喬拱壁	萬曆三十五年	壽官	欽賜冠帶監生贈奉政大夫府同知	按察司副使	《萬曆三十五年進士登科錄》
2533	丁紹軾	萬曆三十五年	無任何功名、官號和捐銜	壽官	通判	《萬曆三十五年進士登科錄》
2534	仙克謹	萬曆三十五年	無任何功名、官號和捐銜	無任何功名、官號和捐銜	府經歷	《萬曆三十五年進士登科錄》
2535	洪輔聖	萬曆三十五年	無任何功名、官號和捐銜	封徵仕郎中書舍人	贈奉直大夫戶部員外郎	《萬曆三十五年進士登科錄》
2536	薛敷政	萬曆三十五年	封南京吏部主事	中憲大夫按察司副使	歲貢生	《萬曆三十五年進士登科錄》載薛敷政上三代直系親屬名諱及履歷為「曾祖卿，封南京吏部主事；祖應旂，贈中憲大夫按察司副使；父近魯，歲貢生」〔註 130〕。其中載「祖應旂」履歷為「贈中憲大夫按察司副使」，屬虛職，實則不確。據薛應旂所撰《因問並記》載：「嘉靖甲寅，套虜擁眾深入，直抵延安鄜州……中外聞之恟恟……嚴（嵩）乃調余延安兵

〔註 130〕《萬曆三十五年進士登科錄》，《明代科舉錄彙編》第 9 冊，第 308 頁。

						備副使」〔註 131〕；趙時春於嘉靖三十四年所撰《方山先生文錄序》亦載：「武進有君子曰方山薛仲常氏……為諸生時，從無錫邵文莊公遊……既而業成均……遂魁南宮，出為邑令……擢浙之按察副使，潛治學政……久之，迺兵備鄜延」〔註 132〕；萬曆《常州府志》也載薛應旂仕終副使〔註 133〕。綜上可知，薛應旂官至陝西兵備副使，為實職官，而非《登科錄》所載為贈官，「贈」屬衍字，應刪去。
2537	虞大復	萬曆三十五年	無任何功名、官號和捐銜	無任何功名、官號和捐銜	遙授鴻臚寺署丞	《萬曆三十五年進士登科錄》
2538	虞德隆	萬曆三十五年	無任何功名、官號和捐銜	無任何功名、官號和捐銜	監生	《萬曆三十五年進士登科錄》
2539	倪思輝	萬曆三十五年	無任何功名、官號和捐銜	無任何功名、官號和捐銜	無任何功名、官號和捐銜	《萬曆三十五年進士登科錄》
2540	屠玄極	萬曆三十五年	無任何功名、官號和捐銜	封主事贈太常寺少卿	南京太常寺卿管祭酒事	《萬曆三十五年進士登科錄》
2541	劉錫玄	萬曆三十五年	贈兵部右侍郎	御醫贈中書舍人	中書舍人	《萬曆三十五年進士登科錄》
2542	濮中玉	萬曆三十五年	無任何功名、官號和捐銜	無任何功名、官號和捐銜	壽官	《萬曆三十五年進士登科錄》
2543	吳暘	萬曆三十五年	無任何功名、官號和捐銜	無任何功名、官號和捐銜	無任何功名、官號和捐銜	《萬曆三十五年進士登科錄》
2544	王納諫	萬曆三十五年	無任何功名、官號和捐銜	典史	無任何功名、官號和捐銜	《萬曆三十五年進士登科錄》

〔註 131〕〔明〕薛應旂：《方山薛先生全集》卷四《因問並記》，《續修四庫全書》集部第 1343 冊，第 72 頁。

〔註 132〕〔明〕薛應旂：《方山先生文錄》卷首《方山先生文錄序》，《四庫全書存目叢書》集部第 102 冊，第 223～224 頁。

〔註 133〕萬曆《常州府志》卷一一《選舉・甲科表》，萬曆刊本。

2545	陸大受	萬曆三十五年	貢士	無任何功名、官號和捐銜	無任何功名、官號和捐銜	《萬曆三十五年進士登科錄》
2546	徐鳳翔	萬曆三十五年	無任何功名、官號和捐銜	縣丞	無任何功名、官號和捐銜	《萬曆三十五年進士登科錄》
2547	陸獻明	萬曆三十五年	無任何功名、官號和捐銜	無任何功名、官號和捐銜	無任何功名、官號和捐銜	《萬曆三十五年進士登科錄》
2548	李文郁	萬曆三十五年	無任何功名、官號和捐銜	無任何功名、官號和捐銜	無任何功名、官號和捐銜	《萬曆三十五年進士登科錄》
2549	金元嘉	萬曆三十五年	監生	監生	無任何功名、官號和捐銜	《萬曆三十五年進士登科錄》
2550	蔣謹	萬曆三十五年	無任何功名、官號和捐銜	貢生	訓導	《萬曆三十五年進士登科錄》
2551	周泰峙	萬曆三十五年	無任何功名、官號和捐銜	無任何功名、官號和捐銜	贈承德郎吏部主事	《萬曆三十五年進士登科錄》
2552	許鼎臣	萬曆三十五年	無任何功名、官號和捐銜	無任何功名、官號和捐銜	無任何功名、官號和捐銜	《萬曆三十五年進士登科錄》
2553	華敦復	萬曆三十五年	無任何功名、官號和捐銜	貢士贈文林郎	文林郎知縣	《萬曆三十五年進士登科錄》
2554	舒榮都	萬曆三十五年	無任何功名、官號和捐銜	知縣	無任何功名、官號和捐銜	《萬曆三十五年進士登科錄》
2555	錢謙益	萬曆三十八年	贈刑部郎中	嘉靖己未進士	監生	《萬曆三十八年進士登科錄》
2556	任國楨	萬曆三十八年	贈中大夫廣東布政司參政	儒官封徵仕郎累贈中大夫廣東布政司參政	中大夫廣東布政司參政	《萬曆三十八年進士登科錄》

2557	鄭振光	萬曆三十八年	光祿寺錄事	監生	封承德郎兵部武選司主事	《萬曆三十八年進士登科錄》
2558	金汝嘉	萬曆三十八年	無任何功名、官號和捐銜	累封承德郎南京兵部主事	奉政大夫南京兵部郎中	《萬曆三十八年進士登科錄》
2559	賀烺	萬曆三十八年	兵馬副指揮，封戶部主事	江西按察使	中書舍人	《萬曆三十八年進士登科錄》
2560	吳瑞徵	萬曆三十八年	四川布政司右參政	南京光祿寺良醞署署正	貢士	《萬曆三十八年進士登科錄》
2561	祝可仕	萬曆三十八年	封禮部郎中	廣西左參政進階亞中大夫	無任何功名、官號和捐銜	《萬曆三十八年進士登科錄》
2562	鄒之麟	萬曆三十八年	知縣	無任何功名、官號和捐銜	主簿	《萬曆三十八年進士登科錄》
2563	孫枝芳	萬曆三十八年	無任何功名、官號和捐銜	歲貢	無任何功名、官號和捐銜	《萬曆三十八年進士登科錄》
2564	陳於寧	萬曆三十八年	無任何功名、官號和捐銜	無任何功名、官號和捐銜	教授	《萬曆三十八年進士登科錄》
2565	王志堅	萬曆三十八年	知縣進階朝列大夫	按察司經歷累贈刑部員外郎	知府	《萬曆三十八年進士登科錄》
2566	賈允元	萬曆三十八年	庠生	無任何功名、官號和捐銜	無任何功名、官號和捐銜	《萬曆三十八年進士登科錄》
2567	佘合中	萬曆三十八年	無任何功名、官號和捐銜	贈徵仕郎	南京虎賁左衛經歷進階徵仕郎	《萬曆三十八年進士登科錄》
2568	唐暉	萬曆三十八年	無任何功名、官號和捐銜	無任何功名、官號和捐銜	無任何功名、官號和捐銜	《萬曆三十八年進士登科錄》

2569	程策	萬曆三十八年	無任何功名、官號和捐銜	無任何功名、官號和捐銜	壽官	《萬曆三十八年進士登科錄》
2570	夏嘉遇	萬曆三十八年	贈徵仕郎	安吉州同知	無任何功名、官號和捐銜	《萬曆三十八年進士登科錄》
2571	王良臣	萬曆三十八年	晉寧州同知	浙江布政司參議	陝西漢中府通判	《萬曆三十八年進士登科錄》
2572	江秉謙	萬曆三十八年	無任何功名、官號和捐銜	誥贈武略將軍	州判官	《萬曆三十八年進士登科錄》
2573	汪元哲	萬曆三十八年	無任何功名、官號和捐銜	無任何功名、官號和捐銜	國子生	《萬曆三十八年進士登科錄》
2574	陳睿謨	萬曆三十八年	無任何功名、官號和捐銜	無任何功名、官號和捐銜	無任何功名、官號和捐銜	《萬曆三十八年進士登科錄》
2575	莊廷臣	萬曆三十八年	庠生	無任何功名、官號和捐銜	無任何功名、官號和捐銜	《萬曆三十八年進士登科錄》
2576	陸燧	萬曆三十八年	無任何功名、官號和捐銜	無任何功名、官號和捐銜	無任何功名、官號和捐銜	《萬曆三十八年進士登科錄》
2577	錢士貴	萬曆三十八年	無任何功名、官號和捐銜	無任何功名、官號和捐銜	無任何功名、官號和捐銜	《萬曆三十八年進士登科錄》
2578	汪泗綸	萬曆三十八年	教諭封戶部主事	右參議	國子生	《萬曆三十八年進士登科錄》
2579	徐儀世	萬曆三十八年	無任何功名、官號和捐銜	監生	監生	《萬曆三十八年進士登科錄》
2580	張秉文	萬曆三十八年	贈禮部郎中	陝西參政	無任何功名、官號和捐銜	《萬曆三十八年進士登科錄》

2581	李一公	萬曆三十八年	無任何功名、官號和捐銜	蒲圻訓導	杭州教授	《萬曆三十八年進士登科錄》
2582	唐公靖	萬曆三十八年	無任何功名、官號和捐銜	無任何功名、官號和捐銜	無任何功名、官號和捐銜	《萬曆三十八年進士登科錄》
2583	馮汝京	萬曆三十八年	無任何功名、官號和捐銜	監生	序班	《萬曆三十八年進士登科錄》
2584	陳萬善	萬曆三十八年	無任何功名、官號和捐銜	無任何功名、官號和捐銜	無任何功名、官號和捐銜	《萬曆三十八年進士登科錄》
2585	顧起鳳	萬曆三十八年	無任何功名、官號和捐銜	贈中憲大夫湖廣襄陽縣知府	浙江按察司副使	《萬曆三十八年進士登科錄》
2586	沈有則	萬曆三十八年	敕封文林郎獲鹿縣知縣	按察司副使	翰林院修撰	《萬曆三十八年進士登科錄》
2587	徐騰芳	萬曆三十八年	無任何功名、官號和捐銜	無任何功名、官號和捐銜	無任何功名、官號和捐銜	《萬曆三十八年進士登科錄》
2588	戴元威	萬曆三十八年	無任何功名、官號和捐銜	無任何功名、官號和捐銜	無任何功名、官號和捐銜	《萬曆三十八年進士登科錄》
2589	莊起元	萬曆三十八年	無任何功名、官號和捐銜	無任何功名、官號和捐銜	無任何功名、官號和捐銜	《萬曆三十八年進士登科錄》
2590	吳奕	萬曆三十八年	封承德郎南京戶部主事	尚寶司司丞	翰林院侍讀學士贈奉直大夫	《萬曆三十八年進士登科錄》
2591	李茂英	萬曆三十八年	無任何功名、官號和捐銜	省祭	無任何功名、官號和捐銜	《萬曆三十八年進士登科錄》
2592	喬時敏	萬曆三十八年	贈中書舍人	無任何功名、官號和捐銜	無任何功名、官號和捐銜	《萬曆三十八年進士登科錄》

2593	史孔吉	萬曆三十八年	貢士	縣丞	無任何功名、官號和捐銜	《萬曆三十八年進士登科錄》
2594	王念祖	萬曆三十八年	無任何功名、官號和捐銜	無任何功名、官號和捐銜	貢士	《萬曆三十八年進士登科錄》
2595	陳世埈	萬曆三十八年	封刑部主事	刑部主事	貢士	《萬曆三十八年進士登科錄》
2596	侯震暘	萬曆三十八年	贈湖廣僉事	布政司參政	貢士	《萬曆三十八年進士登科錄》
2597	潘大儒	萬曆三十八年	無任何功名、官號和捐銜	散官	無任何功名、官號和捐銜	《萬曆三十八年進士登科錄》
2598	尹嘉賓	萬曆三十八年	無任何功名、官號和捐銜	無任何功名、官號和捐銜	無任何功名、官號和捐銜	《萬曆三十八年進士登科錄》
2599	朱國盛	萬曆三十八年	無任何功名、官號和捐銜	無任何功名、官號和捐銜	無任何功名、官號和捐銜	《萬曆三十八年進士登科錄》
2600	陳必謙	萬曆四十一年	無任何功名、官號和捐銜	無任何功名、官號和捐銜	無任何功名、官號和捐銜	據明末清初文學家歸莊所撰《工部尚書陳公行狀》載：「公諱必謙，姓陳氏，字汝遜，蘇州常熟人。高祖言，撫州知府；曾祖某；祖某；考諱希堯，以公貴，贈奉政大夫南京通政司右參議」〔註 134〕。綜上可知，陳必謙上三代直系親屬俱為純平民。
2601	徐憲卿	萬曆四十一年	無任何功名、官號和捐銜	無任何功名、官號和捐銜	無任何功名、官號和捐銜	崇禎四年進士吳偉業所撰《中憲大夫太僕寺少卿泰掖徐公暨李恭人合葬墓誌銘》載：「故太僕寺少卿徐公諱憲卿……曾祖諱文炯；祖諱經；父為敬思公諱可久……公以己酉舉於鄉，癸丑成進士」〔註 135〕。由此可知，徐憲卿上三代直系親屬俱為純平民。

〔註 134〕〔明〕歸莊：《歸玄恭遺著》卷四《工部尚書陳公行狀》，《續修四庫全書》集部第 1401 冊，第 611 頁。

〔註 135〕〔明〕吳偉業：《梅村家藏稿》卷四三《中憲大夫太僕寺少卿泰掖徐公暨李恭人合葬墓誌銘》，《續修四庫全書》集部第 1396 冊，第 246 頁。

2602	繆昌期	萬曆四十一年	無任何功名、官號和捐銜	生員	無任何功名、官號和捐銜	據繆昌期自撰《先父惕菴府君行狀》載:「吾父姓繆諱炷……曾大父怡雲府君諱玉恢……怡雲府君季子為我大父東渠府君諱桓，少有名學宮，一再試應天，不利，退而修布衣之業……三子，吾父屬最少」〔註 136〕。綜上可知，繆昌期上三代直系親屬名諱及履歷為「曾祖玉恢；祖桓，生員；父炷」。
2603	周宗建	萬曆四十一年	吏部尚書贈太子太保諡恭肅	貢士	無任何功名、官號和捐銜	據萬曆三十八年探花錢謙益所撰《文林郎福建道監察御史贈大中大夫資治少尹太僕寺卿周公神道碑銘》載:「公諱宗建，字季侯，蘇州之吳江人也。曾祖諱用，吏部尚書贈太子太保諡恭肅；祖諱式，舉人；父諱輯符」〔註 137〕。由此可知，周宗建上三代直系親屬名諱及履歷為「曾祖用，吏部尚書贈太子太保諡恭肅；祖式，貢士；父輯符」。
2604	瞿式耜	萬曆四十四年	贈通議大夫禮部左侍郎兼翰林院學士	通議大夫禮部左侍郎兼翰林院學士贈禮部尚書諡文懿	布政司參議	據瞿式耜自撰《顯考布政使司右參議達觀瞿府君行狀》載:「本貫蘇州府常熟縣……祖國賢，贈通議大夫禮部左侍郎兼翰林院學士……父景淳，通議大夫禮部左侍郎兼翰林院學士贈禮部尚書諡文懿……府君諱汝說……萬曆丁酉舉應天鄉試……辛丑賜進士出身……萬曆癸丑（41 年）春，擢廣東布政司參議……遂堅臥不出，式耜以丙辰（44 年）舉進士」〔註 138〕;《萬曆二十九年進士登科錄》也載:「瞿汝說……祖國賢，贈禮部左侍郎兼翰林院學士；父景淳，通議大夫禮部左侍郎兼翰林院學士贈禮部尚書諡文懿」〔註 139〕。綜上可知，瞿式耜上三代直系親屬名諱及履歷為

〔註 136〕〔明〕繆昌期:《從野堂叢稿》卷五《先父惕菴府君行狀》,《續修四庫全書》集部第 1373 冊，第 473～474 頁。

〔註 137〕〔明〕錢謙益:《初學集》卷六二《文林郎福建道監察御史贈大中大夫資治少尹太僕寺卿周公神道碑銘》，第 1480～1482 頁。

〔註 138〕〔明〕瞿式耜:《瞿忠宣公集》卷十《顯考布政使司右参議達觀瞿府君行狀》,《續修四庫全書》集部第 1373 冊，第 304～307 頁。

〔註 139〕《萬曆二十九年進士登科錄》,《明代登科錄彙編》第 9 冊，第 37 頁。

						「曾祖國賢，贈通議大夫禮部左侍郎兼翰林院學士；祖景淳，通議大夫禮部左侍郎兼翰林院學士贈禮部尚書諡文懿；父汝說，布政司參議」。
2605	姚希孟	萬曆四十七年	州判官	知縣	監生	據天啟二年黃道周所撰《姚文毅公碑》載：「先生諱希孟……曾祖白堤君厚，為沂州判官；厚生五溼君圭，為武陟令……五溼治武陟不二年致仕……生穎菴公汝轍，為南國子生……娶文太君……實舉先生……萬曆己未，先生舉進士」〔註140〕。由此可知，姚希孟上三代直系親屬名諱及履歷應為「曾祖厚，州判官；祖圭，知縣；父汝轍，監生」。
2606	文震孟	天啟二年	翰林院待詔	國子監博士	府同知	《文文肅公傳》載：「公諱震孟，字文起，先世橫州人。自衡屢遷，始定居於蘇。有諱森者……官至巡撫都御史，而文之族始大。林生翰林待詔徵明，徵明生國子博士彭，彭生衛輝同知贈左諭德兼侍講元發，元發生公」〔註141〕。由上可知，文震孟上三代直系親屬名諱及履歷應為「曾祖徵明，翰林院待詔；祖彭，國子監博士；父元發，府同知」。
2607	華允誠	天啟二年	知府	布政司參政	無任何功名、官號和捐銜	據《居易堂集》卷一三載《奉直大夫吏部驗封司員外郎華公暨元配談宜人合葬墓誌銘》載：「公諱允誠，字汝立，贈承德郎戶部主事諱恩為高祖，瑞州守諱舜欽為曾祖，四川參政諱諱啟直衛祖，而贈奉直大夫吏部驗封司員外郎諱復吉，則公父也……公天啟辛酉舉於鄉，壬戌即聯第春官」〔註142〕，華允誠仕至奉直大夫吏部驗封司員外郎，其父去世後獲贈如允誠官，這就說明其父生前為平民；華允誠祖華啟直中嘉靖四十一年進士，據《嘉靖四十一年進士登科錄》也載：「華

〔註140〕〔明〕黃道周：《黃石齋先生文集》卷一一《姚文毅公碑》，《續修四庫全書》集部第1384冊，第253頁。

〔註141〕〔明〕汪琬：《堯峰文鈔》卷三五《文文肅公傳》，《景印文淵閣四庫全書》第1315冊，第574頁。

〔註142〕〔清〕徐枋：《居易堂集》卷一三《奉直大夫吏部驗封司員外郎暨元配談宜人合葬墓誌銘》，《續修四庫全書》集部第1404冊，第255頁。

						啟直……祖恩，贈戶部主事；父舜欽，知府」〔註143〕。綜上可知，華允誠上三代直系親屬名諱及履歷應為「曾祖舜欽，知府；祖啟直，布政司參政；父復吉」。
2608	江用世	天啟二年	無任何功名、官號和捐銜	贈文林郎	知州	據崇禎四年進士吳偉業所撰《嘉議大夫按察司使江公墓誌銘》載：「江氏家世無為軍，始祖聚從高皇帝起兵，以功授昭信校尉，世襲浙江衛所百戶，聚子亮，升千戶，改太倉衛……亮孫英，英生二子，長都，襲世爵，次山，則公王大父也，山生復亭公天然，復亭子五人，長御史亨泉公有源，而見泉公有功……即公父也。見泉以孝廉通判寶慶府，升雲南彌勒州知州，謝病歸。公始以乙卯舉春秋第五人，壬戌成進士」〔註144〕；嘉慶《直隸太倉州志》又載：「江天然，有源父，萬曆年贈文林郎」〔註145〕。綜上可知，江用世上三代直系親屬名諱及履歷應為「曾祖山；祖天然，贈文林郎；父有功，知州」。
2609	許士柔	天啟二年	無任何功名、官號和捐銜	衛經歷	無任何功名、官號和捐銜	據萬曆三十八年探花錢謙益所撰《故南京國子監祭酒贈詹事府詹事翰林院侍讀學士石門許公合葬墓誌銘》載：「公諱士柔……祖汾，布衣居胡襄懋幕下，敘平寇勞，官神武衛經歷；父儁……不事生產，落魄好大言」〔註146〕。由該《墓誌銘》可知，許士柔上三代直系親屬名諱及履歷為「曾祖某；祖汾，衛經歷；父儁」。
2610	張有譽	天啟二年	無任何功名、官號和捐銜	廩生	知府	據萬曆四十七年進士金之俊所撰《前光祿大夫太子太保戶部尚書靜涵張公墓誌銘》載：「公諱有譽，姓張氏，號靜涵，

〔註143〕《嘉靖四十一年進士登科錄》，第57頁。

〔註144〕〔明〕吳偉業：《梅村家藏稿》卷四三《嘉議大夫按察司使江公墓誌銘》，《續修四庫全書》集部1396冊，第244頁。

〔註145〕嘉慶《直隸太倉州志》卷一五《選舉・封贈》，嘉慶刊本。

〔註146〕〔明〕錢謙益：《有學集》卷二八《故南京國子監祭酒贈詹事府詹事翰林院侍讀學士石門許公合葬墓誌銘》，上海：上海古籍出版社，1996年，第1053頁。

						其先世居無錫。曾祖諱輔，號玉溪，始占籍江陰，大父諱汝翼，號澄源，邑廩生；父諱履正，前戊戌進士，任廣信府知府……公萬曆乙卯舉鄉薦，己未捷南宮……而父訃至，號泣，馳歸抵家居喪，不出戶者三載，壬戌得殿試二甲」〔註 147〕；張有譽父張履正中萬曆二十六年進士，據《萬曆二十六年進士履歷便覽》載：「張履正……祖輔；父汝翼，廩生」〔註 148〕。綜上可知，張有譽上三代直系親屬名諱及履歷為「曾祖輔；父汝翼，廩生；父履正，知府」。
2611	盧象昇	天啟二年	贈文林郎知縣	知縣	生員	據盧象昇曾孫盧安節所編《明大司馬盧公年譜》載：「公諱象昇，姓盧氏……曾祖諱誠……邑諸生……以子贈文林郎儀封知縣；祖諱立志……歷官儀封、南康兩縣……父諱國霦，邑諸生」〔註 149〕。綜上可知，盧象昇上三代直系親屬名諱及履歷應為「曾祖誠，贈文林郎知縣；祖立志，知縣；父霦，生員」。
2612	侯峒曾	天啟五年	布政司右參政	貢士贈徵仕郎吏科給事中	給事中	據《侯忠節公年譜》載：「府君諱峒曾……居蘇州府嘉定縣南龍江之陽，自國初至今三百年矣……我高祖大參公諱堯封，顯皇帝初年為監察御史……終於福建右參政……大參公長子一貞公諱孔詔，以明經進士，贈徵仕郎吏科給事中……一貞公生我祖太常公諱震暘」〔註 150〕；又據侯峒曾所撰《先考吏科給事中卹贈太常寺少卿吳觀府君行狀》〔註 151〕，侯

〔註 147〕〔清〕金之俊《金文通公集》卷一三《前光祿大夫太子太保戶部尚書靜涵張公墓誌銘》，《續修四庫全書》集部第 1393 冊，第 147 頁。

〔註 148〕《萬曆二十六年進士履歷便覽》，第 5 頁。

〔註 149〕《明大司馬盧公年譜》，《北京圖書館藏珍本年譜叢刊》第 62 冊，第 286～287 頁。

〔註 150〕《侯忠節公年譜》，《北京圖書館藏珍本年譜叢刊》第 60 冊，第 607～608 頁。

〔註 151〕〔明〕侯峒曾：《侯忠節公全集》卷一四《先考吏科給事中恤贈太常寺少卿吳觀府君行狀》，《明別集叢刊》第 5 輯第 58 冊，第 511～514 頁。

						震暘在侯其子峒曾中進士前任職吏科給事中。綜上可知，侯峒曾上三代直系親屬名諱及履歷應為「曾祖堯封，布政司右參政；祖孔昭，貢士贈徵仕郎吏科給事中；父震暘，給事中」。
2613	胡守恆	崇禎元年	無任何功名、官號和捐銜	遇例冠帶	監生	據胡守恆門生崇禎十三年進士高承埏所撰《翰林院編修殉節贈詹事府少詹事先師胡文節公傳》載：「公諱守恆……廬州舒城人。曾祖珊，祖澤，冠帶鄉賓，父應文，太學生，以公貴，封翰林院編修。公生而穎異……天啟甲子應天鄉試中式，崇禎戊辰成進士」〔註 152〕。由此可知，胡守恆上三代直系親屬名諱及履歷為「曾祖珊；祖澤，遇例冠帶；父應文，監生」。
2614	陸朗	崇禎四年	無任何功名、官號和捐銜	無任何功名、官號和捐銜	無任何功名、官號和捐銜	《崇禎四年進士履歷便覽》
2615	王芝瑞	崇禎四年	無任何功名、官號和捐銜	庠生	無任何功名、官號和捐銜	《崇禎四年進士履歷便覽》
2616	潘曾瑋	崇禎四年	無任何功名、官號和捐銜	無任何功名、官號和捐銜	庠生	《崇禎四年進士履歷便覽》
2617	馬成名	崇禎四年	庠生	庠生	庠生	《崇禎四年進士履歷便覽》
2618	陳於泰	崇禎四年	贈官	贈官	布政司參政	《崇禎四年進士履歷便覽》
2619	吳偉業	崇禎四年	無任何功名、官號和捐銜	無任何功名、官號和捐銜	庠生	《崇禎四年進士履歷便覽》
2620	方士亮	崇禎四年	贈御史	戶部侍郎	監生	《崇禎四年進士履歷便覽》
2621	項人龍	崇禎四年	主簿	無任何功名、官號和捐銜	無任何功名、官號和捐銜	《崇禎四年進士履歷便覽》

〔註 152〕雍正《舒城縣志》卷三二《藝文志・傳》，雍正刊本。

2622	汪惟效	崇禎四年	布政司參政	知事	無任何功名、官號和捐銜	《崇禎四年進士履歷便覽》
2623	鍾震暘	崇禎四年	無任何功名、官號和捐銜	無任何功名、官號和捐銜	無任何功名、官號和捐銜	《崇禎四年進士履歷便覽》
2624	汪承詔	崇禎四年	無任何功名、官號和捐銜	無任何功名、官號和捐銜	無任何功名、官號和捐銜	《崇禎四年進士履歷便覽》
2625	張一如	崇禎四年	無任何功名、官號和捐銜	無任何功名、官號和捐銜	州判官	《崇禎四年進士履歷便覽》
2626	戴昶	崇禎四年	無任何功名、官號和捐銜	無任何功名、官號和捐銜	無任何功名、官號和捐銜	《崇禎四年進士履歷便覽》
2627	陳九一	崇禎四年	無任何功名、官號和捐銜	無任何功名、官號和捐銜	庠生	《崇禎四年進士履歷便覽》
2628	汪猶龍	崇禎四年	無任何功名、官號和捐銜	無任何功名、官號和捐銜	無任何功名、官號和捐銜	《崇禎四年進士履歷便覽》
2629	張秉貞	崇禎四年	贈禮部郎中	布政司參政	庠生	《崇禎四年進士履歷便覽》
2630	汪國士	崇禎四年	無任何功名、官號和捐銜	無任何功名、官號和捐銜	無任何功名、官號和捐銜	《崇禎四年進士履歷便覽》
2631	吳國琦	崇禎四年	無任何功名、官號和捐銜	無任何功名、官號和捐銜	庠生	《崇禎四年進士履歷便覽》
2632	夏儀	崇禎四年	贈官	兵部侍郎	庠生	《崇禎四年進士履歷便覽》
2633	戈簡	崇禎四年	無任何功名、官號和捐銜	無任何功名、官號和捐銜	無任何功名、官號和捐銜	《崇禎四年進士履歷便覽》
2634	呂一經	崇禎四年	無任何功名、官號和捐銜	無任何功名、官號和捐銜	無任何功名、官號和捐銜	《崇禎四年進士履歷便覽》

2635	凌必正	崇禎四年	贈左都御史	太子少保兵部尚書	錦衣衛千戶	《崇禎四年進士履歷便覽》
2636	趙康	崇禎四年	無任何功名、官號和捐銜	儒官	無任何功名、官號和捐銜	《崇禎四年進士履歷便覽》
2637	宋學朱	崇禎四年	南京刑部郎中	監生	庠生	《崇禎四年進士履歷便覽》
2638	沈幾	崇禎四年	無任何功名、官號和捐銜	無任何功名、官號和捐銜	無任何功名、官號和捐銜	《崇禎四年進士履歷便覽》
2639	錢位坤	崇禎四年	刑部郎中	貢生	庠生	《崇禎四年進士履歷便覽》
2640	管正傳	崇禎四年	按察司僉事	庠生	庠生	《崇禎四年進士履歷便覽》
2641	許士揚	崇禎四年	無任何功名、官號和捐銜	無任何功名、官號和捐銜	貢士	《崇禎四年進士履歷便覽》
2642	周燦	崇禎四年	光祿寺署丞	光祿寺署丞	無任何功名、官號和捐銜	《崇禎四年進士履歷便覽》
2643	孫朝讓	崇禎四年	監生	封官	封官	《崇禎四年進士履歷便覽》
2644	王夢鼐	崇禎四年	無任何功名、官號和捐銜	無任何功名、官號和捐銜	無任何功名、官號和捐銜	《崇禎四年進士履歷便覽》
2645	何謙	崇禎四年	無任何功名、官號和捐銜	庠生	無任何功名、官號和捐銜	《崇禎四年進士履歷便覽》
2646	申芝芳	崇禎四年	無任何功名、官號和捐銜	無任何功名、官號和捐銜	無任何功名、官號和捐銜	《崇禎四年進士履歷便覽》
2647	曹三用	崇禎四年	無任何功名、官號和捐銜	無任何功名、官號和捐銜	庠生	《崇禎四年進士履歷便覽》
2648	張溥	崇禎四年	贈官	贈官	太學生	《崇禎四年進士履歷便覽》
2649	錢增	崇禎四年	贈官	都察院右僉都御史	太學生	《崇禎四年進士履歷便覽》

2650	徐天麟	崇禎四年	無任何功名、官號和捐銜	無任何功名、官號和捐銜	無任何功名、官號和捐銜	《崇禎四年進士履歷便覽》
2651	杜麟徵	崇禎四年	無任何功名、官號和捐銜	贈官	布政使司布政使	《崇禎四年進士履歷便覽》
2652	張世雍	崇禎四年	無任何功名、官號和捐銜	貢士	貢士	《崇禎四年進士履歷便覽》
2653	王期升	崇禎四年	無任何功名、官號和捐銜	庠生	庠生	《崇禎四年進士履歷便覽》
2654	龔可楷	崇禎四年	庠生	贈知縣	無任何功名、官號和捐銜	《崇禎四年進士履歷便覽》
2655	卜象乾	崇禎四年	無任何功名、官號和捐銜	無任何功名、官號和捐銜	援例冠帶	《崇禎四年進士履歷便覽》
2656	韓鍾勳	崇禎四年	無任何功名、官號和捐銜	庠生	庠生	《崇禎四年進士履歷便覽》
2657	岳虞巒	崇禎四年	無任何功名、官號和捐銜	庠生	庠生	《崇禎四年進士履歷便覽》
2658	劉呈瑞	崇禎四年	無任何功名、官號和捐銜	無任何功名、官號和捐銜	無任何功名、官號和捐銜	《崇禎四年進士履歷便覽》
2659	陸自岳	崇禎四年	無任何功名、官號和捐銜	無任何功名、官號和捐銜	無任何功名、官號和捐銜	《崇禎四年進士履歷便覽》
2660	吳簡思	崇禎四年	尚寶司丞	翰林學士	大理寺少卿	《崇禎四年進士履歷便覽》
2661	劉綿祚	崇禎四年	無任何功名、官號和捐銜	無任何功名、官號和捐銜	府推官	《崇禎四年進士履歷便覽》
2662	唐錫蕃	崇禎四年	無任何功名、官號和捐銜	無任何功名、官號和捐銜	無任何功名、官號和捐銜	《崇禎四年進士履歷便覽》

2663	錢振先	崇禎四年	無任何功名、官號和捐銜	無任何功名、官號和捐銜	庠生	《崇禎四年進士履歷便覽》
2664	王孫蘭	崇禎四年	教官	庠生	教授	《崇禎四年進士履歷便覽》
2665	馬世琦	崇禎四年	贈官	知府	教授	《崇禎四年進士履歷便覽》
2666	薛寀	崇禎四年	贈官	學正	庠生	《崇禎四年進士履歷便覽》
2667	馮祖望	崇禎四年	無任何功名、官號和捐銜	無任何功名、官號和捐銜	知縣	《崇禎四年進士履歷便覽》
2668	吳其馴	崇禎四年	贈推官	禮科給事中	增例監生	《崇禎四年進士履歷便覽》
2669	曹天錫	崇禎四年	無任何功名、官號和捐銜	無任何功名、官號和捐銜	無任何功名、官號和捐銜	《崇禎四年進士履歷便覽》
2670	沈鼎科	崇禎四年	無任何功名、官號和捐銜	無任何功名、官號和捐銜	無任何功名、官號和捐銜	《崇禎四年進士履歷便覽》
2671	徐懋曙	崇禎四年	太學生	太學生	貢士	《崇禎四年進士履歷便覽》
2672	卞應聘	崇禎四年	無任何功名、官號和捐銜	無任何功名、官號和捐銜	庠生	《崇禎四年進士履歷便覽》
2673	葛樞	崇禎四年	無任何功名、官號和捐銜	廩生	廩生	《崇禎四年進士履歷便覽》
2674	賀儒修	崇禎四年	按察使	無任何功名、官號和捐銜	貢士	《崇禎四年進士履歷便覽》
2675	張夬	崇禎四年	無任何功名、官號和捐銜	無任何功名、官號和捐銜	無任何功名、官號和捐銜	《崇禎四年進士履歷便覽》
2676	于重慶	崇禎四年	都察院都事	庠生	庠生	《崇禎四年進士履歷便覽》
2677	龔銘	崇禎四年	無任何功名、官號和捐銜	無任何功名、官號和捐銜	儒官	《崇禎四年進士履歷便覽》

2678	曹宗璠	崇禎四年	司務	翰林院編修	都司經歷	《崇禎四年進士履歷便覽》
2679	于鉉	崇禎四年	贈戶部主事	都察院都事	都司斷事	《崇禎四年進士履歷便覽》
2680	史元調	崇禎四年	無任何功名、官號和捐銜	贈工部主事	工部主事	《崇禎四年進士履歷便覽》
2681	王士鑅	崇禎四年	恩榮官	庠生	貢士	《崇禎四年進士履歷便覽》
2682	夏曰瑚	崇禎四年	無任何功名、官號和捐銜	無任何功名、官號和捐銜	無任何功名、官號和捐銜	《崇禎四年進士履歷便覽》
2683	陳奮飛	崇禎四年	無任何功名、官號和捐銜	無任何功名、官號和捐銜	無任何功名、官號和捐銜	《崇禎四年進士履歷便覽》
2684	閻汝梅	崇禎四年	封布政司參政	封布政司參政	布政司參政	《崇禎四年進士履歷便覽》
2685	汪運光	崇禎四年	壽官	壽官	監生	《崇禎四年進士履歷便覽》
2686	鄭元禧	崇禎四年	無任何功名、官號和捐銜	無任何功名、官號和捐銜	無任何功名、官號和捐銜	《崇禎四年進士履歷便覽》
2687	韓如愈	崇禎四年	無任何功名、官號和捐銜	無任何功名、官號和捐銜	無任何功名、官號和捐銜	《崇禎四年進士履歷便覽》
2688	吳士講	崇禎四年	封官	封官	庠生	《崇禎四年進士履歷便覽》
2689	李清	崇禎四年	尚寶司丞	禮部尚書	庠生	《崇禎四年進士履歷便覽》
2690	易震吉	崇禎七年	無任何功名、官號和捐銜	無任何功名、官號和捐銜	無任何功名、官號和捐銜	《崇禎七年進士履歷便覽》
2691	謝鼎新	崇禎七年	庠生	署丞	州同知	《崇禎七年進士履歷便覽》
2692	淩世韶	崇禎七年	無任何功名、官號和捐銜	無任何功名、官號和捐銜	無任何功名、官號和捐銜	《崇禎七年進士履歷便覽》
2693	吳文瀛	崇禎七年	教授	庠生	教授	《崇禎七年進士履歷便覽》

2694	羅炌	崇禎七年	無任何功名、官號和捐銜	無任何功名、官號和捐銜	無任何功名、官號和捐銜	《崇禎七年進士履歷便覽》
2695	汪元兆	崇禎七年	贈官	贈官	戶部尚書	《崇禎七年進士履歷便覽》
2696	楊昌祚	崇禎七年	無任何功名、官號和捐銜	無任何功名、官號和捐銜	庠生	《崇禎七年進士履歷便覽》
2697	孫襄	崇禎七年	無任何功名、官號和捐銜	庠生	教諭	《崇禎七年進士履歷便覽》
2698	劉維仁	崇禎七年	無任何功名、官號和捐銜	無任何功名、官號和捐銜	無任何功名、官號和捐銜	《崇禎七年進士履歷便覽》
2699	蘇瓊	崇禎七年	縣丞	監生	貢士	《崇禎七年進士履歷便覽》
2700	彭慶圖	崇禎七年	無任何功名、官號和捐銜	無任何功名、官號和捐銜	增廣生	《崇禎七年進士履歷便覽》
2701	周之璵	崇禎七年	無任何功名、官號和捐銜	無任何功名、官號和捐銜	無任何功名、官號和捐銜	《崇禎七年進士履歷便覽》
2702	吳昌時	崇禎七年	知府	贈官	知縣	《崇禎七年進士履歷便覽》
2703	周大啟	崇禎七年	無任何功名、官號和捐銜	太學生	知縣	《崇禎七年進士履歷便覽》
2704	沈元龍	崇禎七年	庠生	無任何功名、官號和捐銜	增廣生	《崇禎七年進士履歷便覽》
2705	沈肩元	崇禎七年	無任何功名、官號和捐銜	無任何功名、官號和捐銜	無任何功名、官號和捐銜	《崇禎七年進士履歷便覽》
2706	朱永佑	崇禎七年	無任何功名、官號和捐銜	廩生	生員	《崇禎七年進士履歷便覽》
2707	吳國華	崇禎七年	無任何功名、官號和捐銜	廩生	庠生	《崇禎七年進士履歷便覽》

2708	楊枝起	崇禎七年	無任何功名、官號和捐銜	無任何功名、官號和捐銜	庠生	《崇禎七年進士履歷便覽》
2709	陳祖綬	崇禎七年	無任何功名、官號和捐銜	無任何功名、官號和捐銜	無任何功名、官號和捐銜	《崇禎七年進士履歷便覽》
2710	嚴栻	崇禎七年	贈官	吏部尚書	中書舍人	《崇禎七年進士履歷便覽》
2711	孫謀	崇禎七年	無任何功名、官號和捐銜	壽官	庠生	《崇禎七年進士履歷便覽》
2712	戴英	崇禎七年	太學生	增廣生	冠帶儒士	《崇禎七年進士履歷便覽》
2713	王永積	崇禎七年	翰林院編修	庠生	庠生	《崇禎七年進士履歷便覽》
2714	吳鍾巒	崇禎七年	太醫院院使	知縣	庠生	《崇禎七年進士履歷便覽》
2715	陶嘉祉	崇禎七年	壽官	贈官	知府	《崇禎七年進士履歷便覽》
2716	唐士嶸	崇禎七年	廩生	無任何功名、官號和捐銜	貢士	《崇禎七年進士履歷便覽》
2717	吳洪昌	崇禎七年	無任何功名、官號和捐銜	通政使	刑部主事	《崇禎七年進士履歷便覽》
2718	蔣拱辰	崇禎七年	無任何功名、官號和捐銜	無任何功名、官號和捐銜	無任何功名、官號和捐銜	《崇禎七年進士履歷便覽》
2719	劉自竑	崇禎七年	無任何功名、官號和捐銜	知縣	知縣	《崇禎七年進士履歷便覽》
2720	葛維恒	崇禎七年	無任何功名、官號和捐銜	無任何功名、官號和捐銜	貢士	《崇禎七年進士履歷便覽》
2721	徐葆初	崇禎七年	無任何功名、官號和捐銜	無任何功名、官號和捐銜	無任何功名、官號和捐銜	《崇禎七年進士履歷便覽》
2722	許直	崇禎七年	無任何功名、官號和捐銜	按察司經歷	監生	《崇禎七年進士履歷便覽》

2723	李長倩	崇禎七年	少師兼太子太師	太常寺少卿	知府	《崇禎七年進士履歷便覽》
2724	成友謙	崇禎七年	無任何功名、官號和捐銜	無任何功名、官號和捐銜	縣丞	《崇禎七年進士履歷便覽》
2725	楊振甲	崇禎七年	廩生	庠生	庠生	《崇禎七年進士履歷便覽》
2726	王士英	崇禎七年	無任何功名、官號和捐銜	無任何功名、官號和捐銜	無任何功名、官號和捐銜	《崇禎七年進士履歷便覽》
2727	韓獻策	崇禎七年	無任何功名、官號和捐銜	無任何功名、官號和捐銜	生員	《崇禎七年進士履歷便覽》
2728	林沖霄	崇禎七年	無任何功名、官號和捐銜	廩生	廩生	《崇禎七年進士履歷便覽》
2729	葛遇朝	崇禎七年	無任何功名、官號和捐銜	無任何功名、官號和捐銜	省祭官	《崇禎七年進士履歷便覽》
2730	朱芾煌	崇禎七年	無任何功名、官號和捐銜	散官	無任何功名、官號和捐銜	《崇禎七年進士履歷便覽》
2731	龔鼎孳	崇禎七年	無任何功名、官號和捐銜	知州	廩生	《崇禎七年進士履歷便覽》
2732	任天成	崇禎七年	無任何功名、官號和捐銜	教授	庠生	《崇禎七年進士履歷便覽》
2733	寧予慶	崇禎七年	指揮同知	尚寶司卿	庠生	《崇禎七年進士履歷便覽》
2734	錢源	崇禎十年	無任何功名、官號和捐銜	無任何功名、官號和捐銜	無任何功名、官號和捐銜	《崇禎十年進士履歷便覽》
2735	吳嘉禎	崇禎十年	庠生	庠生	無任何功名、官號和捐銜	《崇禎十年進士履歷便覽》

2736	劉若宜	崇禎十年	無任何功名、官號和捐銜	無任何功名、官號和捐銜	布政使	《崇禎十年進士履歷便覽》
2737	洪天擢	崇禎十年	贈官	贈官	行人司行人	《崇禎十年進士履歷便覽》
2738	盛王贊	崇禎十年	知府	醫士	無任何功名、官號和捐銜	《崇禎十年進士履歷便覽》
2739	吳適	崇禎十年	贈官	刑科都給事中	監生	《崇禎十年進士履歷便覽》
2740	湯有慶	崇禎十年	監生	庠生	庠生	《崇禎十年進士履歷便覽》
2741	趙玉成	崇禎十年	庠生	按察司知事	貢士	《崇禎十年進士履歷便覽》
2742	許孟卿	崇禎十年	無任何功名、官號和捐銜	無任何功名、官號和捐銜	無任何功名、官號和捐銜	《崇禎十年進士履歷便覽》
2743	趙士春	崇禎十年	布政司參議	吏部左侍郎	知府	《崇禎十年進士履歷便覽》
2744	趙士錦	崇禎十年	布政司參議	吏部左侍郎	知府	《崇禎十年進士履歷便覽》
2745	時敏	崇禎十年	庠生	庠生	庠生	《崇禎十年進士履歷便覽》
2746	蔣棻	崇禎十年	無任何功名、官號和捐銜	無任何功名、官號和捐銜	庠生	《崇禎十年進士履歷便覽》
2747	施鳳儀	崇禎十年	無任何功名、官號和捐銜	無任何功名、官號和捐銜	無任何功名、官號和捐銜	《崇禎十年進士履歷便覽》
2748	吳繼善	崇禎十年	無任何功名、官號和捐銜	無任何功名、官號和捐銜	無任何功名、官號和捐銜	《崇禎十年進士履歷便覽》
2749	孫以敬	崇禎十年	無任何功名、官號和捐銜	無任何功名、官號和捐銜	庠生	《崇禎十年進士履歷便覽》
2750	吳克孝	崇禎十年	無任何功名、官號和捐銜	無任何功名、官號和捐銜	庠生	《崇禎十年進士履歷便覽》

2751	奚士龍	崇禎十年	長沙府教授	選貢	無任何功名、官號和捐銜	《崇禎十年進士履歷便覽》
2752	章曠	崇禎十年	無任何功名、官號和捐銜	工部主事	廩生	《崇禎十年進士履歷便覽》
2753	袁定	崇禎十年	無任何功名、官號和捐銜	庠生	庠生	《崇禎十年進士履歷便覽》
2754	包爾庚	崇禎十年	監察御史	布政司都事	庠生	《崇禎十年進士履歷便覽》
2755	陳子龍	崇禎十年	無任何功名、官號和捐銜	無任何功名、官號和捐銜	工部主事	《崇禎十年進士履歷便覽》
2756	唐昌齡	崇禎十年	太學生	庠生	庠生	《崇禎十年進士履歷便覽》
2757	陸自岩	崇禎十年	庠生	庠生	貢士	《崇禎十年進士履歷便覽》
2758	毛毓祥	崇禎十年	廩生	廩生	庠生	《崇禎十年進士履歷便覽》
2759	劉憲章	崇禎十年	儒官	庠生	庠生	《崇禎十年進士履歷便覽》
2760	顧棻	崇禎十年	贈官	光祿寺署丞	貢士	《崇禎十年進士履歷便覽》
2761	侯鼎鉉	崇禎十年	封官	兵科都給事中	庠生	《崇禎十年進士履歷便覽》
2762	徐調元	崇禎十年	無任何功名、官號和捐銜	無任何功名、官號和捐銜	庠生	《崇禎十年進士履歷便覽》
2763	堵胤錫	崇禎十年	太學生	太學生	庠生	《崇禎十年進士履歷便覽》
2764	秦鏞	崇禎十年	布政使司布政使	庠生	庠生	《崇禎十年進士履歷便覽》
2765	胡時亨	崇禎十年	無任何功名、官號和捐銜	無任何功名、官號和捐銜	無任何功名、官號和捐銜	《崇禎十年進士履歷便覽》
2766	吳貞啟	崇禎十年	知府	知縣	庠生	《崇禎十年進士履歷便覽》
2767	吳春枝	崇禎十年	庠生	光祿寺署丞	戶部主事	《崇禎十年進士履歷便覽》

2768	王行儉	崇禎十年	無任何功名、官號和捐銜	庠生	庠生	《崇禎十年進士履歷便覽》
2769	吳應恂	崇禎十年	無任何功名、官號和捐銜	無任何功名、官號和捐銜	州判官	《崇禎十年進士履歷便覽》
2770	王猷	崇禎十年	無任何功名、官號和捐銜	無任何功名、官號和捐銜	無任何功名、官號和捐銜	《崇禎十年進士履歷便覽》
2771	蔣鳴玉	崇禎十年	無任何功名、官號和捐銜	無任何功名、官號和捐銜	無任何功名、官號和捐銜	《崇禎十年進士履歷便覽》
2772	張明弼	崇禎十年	無任何功名、官號和捐銜	無任何功名、官號和捐銜	無任何功名、官號和捐銜	《崇禎十年進士履歷便覽》
2773	周銓	崇禎十年	贈官	生員	生員	《崇禎十年進士履歷便覽》
2774	叚冠	崇禎十年	廩生	生員	生員	《崇禎十年進士履歷便覽》
2775	孫鼎	崇禎十年	無任何功名、官號和捐銜	無任何功名、官號和捐銜	增廣生	《崇禎十年進士履歷便覽》
2776	儲堪	崇禎十年	知縣	庠生	儒士	《崇禎十年進士履歷便覽》
2777	曹鼎臣	崇禎十年	無任何功名、官號和捐銜	廩生	庠生	《崇禎十年進士履歷便覽》
2778	王寢大	崇禎十年	無任何功名、官號和捐銜	無任何功名、官號和捐銜	無任何功名、官號和捐銜	《崇禎十年進士履歷便覽》
2779	葉士彥	崇禎十年	壽官	無任何功名、官號和捐銜	增廣生	《崇禎十年進士履歷便覽》
2780	郝錦	崇禎十年	府經歷	無任何功名、官號和捐銜	無任何功名、官號和捐銜	《崇禎十年進士履歷便覽》
2781	潘自得	崇禎十年	無任何功名、官號和捐銜	無任何功名、官號和捐銜	庠生	《崇禎十年進士履歷便覽》

2782	王景雲	崇禎十年	無任何功名、官號和捐銜	無任何功名、官號和捐銜	無任何功名、官號和捐銜	《崇禎十年進士履歷便覽》
2783	夏時泰	崇禎十三年	無任何功名、官號和捐銜	府同知	監生	《崇禎十三年進士履歷便覽》
2784	羅策	崇禎十三年	無任何功名、官號和捐銜	無任何功名、官號和捐銜	無任何功名、官號和捐銜	《崇禎十三年進士履歷便覽》
2785	楊瓊芳	崇禎十三年	無任何功名、官號和捐銜	無任何功名、官號和捐銜	儒官	《崇禎十三年進士履歷便覽》
2786	楊宗簡	崇禎十三年	無任何功名、官號和捐銜	無任何功名、官號和捐銜	庠生	《崇禎十三年進士履歷便覽》
2787	葛奇祚	崇禎十三年	太學生	無任何功名、官號和捐銜	旌表孝子	《崇禎十三年進士履歷便覽》
2788	顏渾	崇禎十三年	封中書舍人	散官	歲貢生	《崇禎十三年進士履歷便覽》
2789	宣國柱	崇禎十三年	監生	生員	生員	《崇禎十三年進士履歷便覽》
2790	方以智	崇禎十三年	封大理寺少卿	大理寺少卿	都察院右僉都御史	《崇禎十三年進士履歷便覽》
2791	馬之瑛	崇禎十三年	封太僕寺少卿	太僕寺少卿	庠生	《崇禎十三年進士履歷便覽》
2792	姚孫棐	崇禎十三年	庠生	贈知府	知府	《崇禎十三年進士履歷便覽》
2793	田有年	崇禎十三年	省祭官	無任何功名、官號和捐銜	庠生	《崇禎十三年進士履歷便覽》
2794	姚宗衡	崇禎十三年	無任何功名、官號和捐銜	無任何功名、官號和捐銜	無任何功名、官號和捐銜	《崇禎十三年進士履歷便覽》
2795	洪明偉	崇禎十三年	無任何功名、官號和捐銜	庠生	庠生	《崇禎十三年進士履歷便覽》

2796	游有倫	崇禎十三年	儒士	庠生	儒士	《崇禎十三年進士履歷便覽》
2797	張士楚	崇禎十三年	庠生	府通判	庠生	《崇禎十三年進士履歷便覽》
2798	徐律詩	崇禎十三年	楚府典儀	庠生	廩生	《崇禎十三年進士履歷便覽》
2799	翟翼	崇禎十三年	無任何功名、官號和捐銜	無任何功名、官號和捐銜	無任何功名、官號和捐銜	《崇禎十三年進士履歷便覽》
2800	胡士瑾	崇禎十三年	楚府引禮舍人	益府引禮舍人	監生	《崇禎十三年進士履歷便覽》
2801	馮士驊	崇禎十三年	贈知府	知府	按察司經歷	《崇禎十三年進士履歷便覽》
2802	董來思	崇禎十三年	無任何功名、官號和捐銜	無任何功名、官號和捐銜	庠生	《崇禎十三年進士履歷便覽》
2803	吳晉錫	崇禎十三年	封山東參政	貢士	知府	《崇禎十三年進士履歷便覽》
2804	胡周鼒	崇禎十三年	無任何功名、官號和捐銜	典史	吏目	《崇禎十三年進士履歷便覽》
2805	沈雲祚	崇禎十三年	無任何功名、官號和捐銜	庠生	訓導	《崇禎十三年進士履歷便覽》
2806	顧其言	崇禎十三年	旌表義民	廩生	無任何功名、官號和捐銜	《崇禎十三年進士履歷便覽》
2807	單恂	崇禎十三年	無任何功名、官號和捐銜	無任何功名、官號和捐銜	庠生	《崇禎十三年進士履歷便覽》
2808	李綺	崇禎十三年	贈文林郎	封文林郎	生員	《崇禎十三年進士履歷便覽》
2809	錢世貴	崇禎十三年	無任何功名、官號和捐銜	無任何功名、官號和捐銜	無任何功名、官號和捐銜	《崇禎十三年進士履歷便覽》
2810	吳方思	崇禎十三年	尚寶司丞	監生	貢士	《崇禎十三年進士履歷便覽》
2811	楊球	崇禎十三年	贈官	贈官	廩生	《崇禎十三年進士履歷便覽》

2812	趙繼鼎	崇禎十三年	無任何功名、官號和捐銜	無任何功名、官號和捐銜	無任何功名、官號和捐銜	《崇禎十三年進士履歷便覽》
2813	毛協恭	崇禎十三年	監生	無任何功名、官號和捐銜	無任何功名、官號和捐銜	《崇禎十三年進士履歷便覽》
2814	呂陽	崇禎十三年	禮部儒士	無任何功名、官號和捐銜	無任何功名、官號和捐銜	《崇禎十三年進士履歷便覽》
2815	趙玉森	崇禎十三年	無任何功名、官號和捐銜	無任何功名、官號和捐銜	無任何功名、官號和捐銜	《崇禎十三年進士履歷便覽》
2816	鄒式金	崇禎十三年	知縣	中書舍人	庠生	《崇禎十三年進士履歷便覽》
2817	周正儒	崇禎十三年	贈官	贈官	中書舍人	《崇禎十三年進士履歷便覽》
2818	路朝易	崇禎十三年	布政司參政	增廣生	庠生	《崇禎十三年進士履歷便覽》
2819	周世臣	崇禎十三年	無任何功名、官號和捐銜	無任何功名、官號和捐銜	庠生	《崇禎十三年進士履歷便覽》
2820	錢志騶	崇禎十三年	醫學正科	贈官	知府	《崇禎十三年進士履歷便覽》
2821	呂兆龍	崇禎十三年	無任何功名、官號和捐銜	旌表孝子	無任何功名、官號和捐銜	《崇禎十三年進士履歷便覽》
2822	于華玉	崇禎十三年	無任何功名、官號和捐銜	無任何功名、官號和捐銜	無任何功名、官號和捐銜	《崇禎十三年進士履歷便覽》
2823	陳臺孫	崇禎十三年	贈承德郎通判	知州	教諭	《崇禎十三年進士履歷便覽》
2824	黃廷才	崇禎十三年	無任何功名、官號和捐銜	無任何功名、官號和捐銜	無任何功名、官號和捐銜	《崇禎十三年進士履歷便覽》
2825	黃淳耀	崇禎十六年	庠生	衛經歷	無任何功名、官號和捐銜	據陳瑚於順治七年所撰《明進士陶菴黃公墓表》載：「公諱淳耀，字蘊生，姓黃氏，蘇州府嘉定縣人。祖諱世能，仕陝

						西平涼衛經歷；父諱家柱」〔註 153〕；《陶菴先生年譜》又載：「先生名淳耀，字蘊生，號陶菴，明南直隸蘇州府嘉定縣人……堂生庠生發，發生世能，以掾史授陝西平涼衛經歷，西安土賊反，以軍功歷署崇信縣知縣，安定州知州；世能生家柱，是為完初先生，娶陳氏，生子二，先生其長也」〔註 154〕；萬曆、康熙《嘉定縣志》也都載黃世能仕陝西平涼衛經歷〔註 155〕。綜上可知，黃淳耀上三代直系親屬名諱及履歷應為「曾祖發，庠生；祖世能，衛經歷；父家柱」。

〔註 153〕〔清〕陳瑚：《確菴文稿》卷一九《明進士陶菴黃公墓表》，《四庫禁燬書叢刊》集部第 184 冊，第 418 頁。

〔註 154〕〔清〕陳樹德：《陶菴先生年譜》，《北京圖書館藏珍本年譜叢刊》第 63 冊，第 437～438 頁。

〔註 155〕萬曆《嘉定縣志》卷十《選舉考・雜進》，萬曆刊本；康熙《嘉定縣志》卷一一《選舉・雜進》，康熙刊本。

附錄三　明代南直隸各府、州進士分科數量統計表

府、州名稱	蘇州	常州	松江	徽州	應天	揚州	鎮江	安慶	鳳陽	寧國	廬州	淮安	太平	池州	滁州	廣德州	徐州	和州	總數
洪武四年	0	0	0	0	0	0	0	0	1	0	0	0	0	0	0	0	1	0	2
洪武十八年	3	5	7	2	3	3	2	2	6	1	2	1	1	1	1	1	0	0	41
洪武二十一年	1	1	0	0	1	0	0	0	1	0	3	0	0	0	0	0	0	0	7
洪武二十四年	0	0	0	0	0	0	0	0	0	0	0	0	0	1	0	0	0	0	1
洪武二十七年	0	0	5	0	0	0	0	0	1	0	0	0	1	0	1	0	0	0	8
洪武三十年春	0	0	0	0	0	0	0	0	0	0	0	0	1	0	0	0	0	0	1
洪武三十年夏	0	0	0	0	0	0	0	0	0	0	0	0	0	0	0	0	0	0	0
建文二年	3	2	0	2	2	5	0	1	4	0	1	3	2	0	0	1	0	0	26
永樂二年	13	8	4	7	6	5	2	2	3	2	0	1	12	2	0	3	0	1	71

永樂四年	7	0	1	2	2	2	1	0	0	0	3	0	2	0	0	0	1	0	21
永樂九年	2	0	1	0	1	1	0	0	3	0	0	0	0	0	0	0	0	0	8
永樂十年	3	2	1	0	5	0	0	1	1	0	0	0	0	3	0	0	0	2	18
永樂十三年	7	1	8	4	11	4	0	1	2	0	3	1	3	1	1	1	0	0	48
永樂十六年	9	0	5	3	7	5	2	0	2	0	1	1	0	2	0	1	0	1	39
永樂十九年	4	1	4	0	2	1	1	1	1	2	3	1	1	1	0	0	0	0	23
永樂二十二年	6	1	3	0	7	1	1	0	2	1	3	0	0	0	0	0	0	1	26
宣德二年	2	0	1	1	0	0	0	1	2	0	2	0	0	0	0	0	0	0	9
宣德五年	5	0	0	3	0	0	0	0	0	0	1	3	0	0	0	0	0	0	12
宣德八年	4	1	0	1	1	0	0	1	0	0	0	0	0	0	1	0	0	0	9
正統元年	4	2	0	3	1	0	1	1	2	0	1	0	0	0	0	0	0	0	15
正統四年	9	3	1	0	1	0	0	0	0	0	0	1	0	0	0	0	0	0	16
正統七年	4	1	2	0	1	0	0	0	1	0	2	1	1	0	0	0	0	0	13
正統十年	8	3	6	3	1	0	1	1	0	0	3	1	1	0	0	0	0	1	29
正統十三年	10	4	6	5	2	0	2	0	0	0	0	3	1	0	1	0	0	1	35
景泰二年	10	4	5	1	8	1	0	1	1	0	3	0	1	1	0	0	0	0	36
景泰五年	10	7	13	3	11	1	1	0	1	1	2	4	4	1	0	0	0	0	59
天順元年	5	5	7	3	5	0	2	4	2	0	1	2	2	0	2	0	0	0	40
天順四年	3	7	2	2	2	3	1	0	2	0	2	0	2	0	1	0	0	0	27
天順八年	8	1	2	3	1	1	0	1	3	1	0	2	0	0	0	0	0	0	23
成化二年	9	8	7	5	8	7	0	2	1	1	1	4	0	1	2	0	0	0	56

成化五年	9	7	7	3	5	4	2	2	1	0	2	2	1	0	0	0	0	0	45
成化八年	13	7	2	4	7	1	1	0	0	2	1	1	1	0	0	0	1	0	41
成化十一年	18	9	2	1	6	3	0	3	1	0	2	2	1	1	1	0	0	0	50
成化十四年	8	4	6	12	7	1	1	0	1	1	0	5	2	1	1	2	1	0	53
成化十七年	11	5	8	4	6	2	2	1	3	1	1	2	0	0	0	0	0	0	46
成化二十年	12	11	1	8	6	3	1	1	3	1	1	1	4	0	0	0	0	0	53
成化二十三年	16	8	5	4	8	3	0	3	3	3	1	0	0	2	0	2	1	2	61
弘治三年	10	8	3	2	6	1	2	1	1	2	1	1	0	2	1	1	1	0	43
弘治六年	10	10	8	2	4	6	1	0	2	0	1	1	2	0	0	0	0	1	48
弘治九年	12	11	9	9	12	8	1	0	3	3	3	0	0	1	0	0	0	0	72
弘治十二年	13	11	4	5	4	3	0	1	2	1	0	1	1	0	0	2	0	0	48
弘治十五年	5	9	5	5	8	5	2	3	0	0	1	1	1	0	0	0	0	0	45
弘治十八年	15	4	4	5	3	8	3	2	2	2	1	3	0	0	1	0	0	0	53
正德三年	13	13	4	7	9	1	1	2	2	1	1	4	1	0	2	0	1	0	62
正德六年	15	8	5	6	7	7	2	1	1	2	1	1	0	2	0	0	0	0	58
正德九年	11	10	6	5	3	3	3	0	2	0	1	2	1	1	1	1	0	0	50
正德十二年	12	7	3	7	6	5	2	0	3	2	1	1	0	2	0	3	1	0	55
正德十六年	19	8	3	4	0	5	0	2	1	3	1	2	1	0	0	0	0	0	49
嘉靖二年	22	5	6	10	5	2	2	2	4	3	1	2	4	0	0	0	0	1	69
嘉靖五年	9	2	7	4	0	1	0	4	1	1	0	1	1	1	1	0	0	0	33
嘉靖八年	16	8	3	10	3	1	2	1	5	1	0	2	1	2	1	0	0	0	56

嘉靖十一年	13	3	2	2	6	6	3	0	3	3	2	0	1	0	0	0	0	0	44
嘉靖十四年	6	6	7	3	3	3	2	2	3	0	1	2	0	0	2	0	0	0	40
嘉靖十七年	13	4	2	6	2	1	0	0	0	1	3	2	1	0	1	0	0	0	36
嘉靖二十年	9	11	7	3	6	1	0	3	1	1	1	1	1	1	0	0	0	0	46
嘉靖二十三年	10	12	6	6	4	3	0	3	0	1	1	2	0	1	0	0	0	0	49
嘉靖二十六年	13	4	7	5	4	4	3	0	1	0	0	2	1	4	0	0	0	0	48
嘉靖二十九年	12	5	5	3	2	4	0	0	1	3	3	2	0	1	0	1	0	0	42
嘉靖三十二年	22	9	6	7	4	2	3	4	1	2	0	0	0	0	1	0	0	0	61
嘉靖三十五年	7	1	3	2	1	5	0	3	2	2	6	1	1	2	0	0	0	0	36
嘉靖三十八年	9	6	5	4	4	6	4	2	2	1	1	1	0	1	1	0	0	1	48
嘉靖四十一年	6	5	3	4	1	4	0	1	2	5	1	0	0	2	0	0	0	0	34
嘉靖四十四年	12	7	11	6	3	3	3	2	4	5	0	0	1	1	0	3	0	0	61
隆慶二年	22	9	7	6	4	3	0	2	1	3	0	1	0	2	1	0	0	0	61
隆慶五年	18	8	7	9	3	2	2	2	4	7	1		1	2	1	2	0	0	69
萬曆二年	21	9	2	5	3	3	0	2	1	1	1	1	1	2	0	0	0	0	52
萬曆五年	16	7	5	3	1	2	2	2	2	2	1	2	0	1	0	0	0	0	46
萬曆八年	12	9	1	0	4	2	6	3	1	2	1	0	0	0	2	0	1	0	44
萬曆十一年	13	8	3	4	2	0	2	2	4	5	0	0	1	0	0	0	2	0	46
萬曆十四年	20	10	2	4	3	1	2	4	0	4	2	1	0	0	1	0	1	0	55
萬曆十七年	15	13	7	6	2	2	2	1	2	2	0	3	1	0	0	0	0	0	56
萬曆二十年	9	7	5	5	4	1	4	4	2	5	1	0	1	0	0	0	0	0	48

萬曆二十三年	8	6	10	14	5	1	4	1	4	4	1	0	0	2	0	1	0	0	61
萬曆二十六年	9	5	4	7	6	4	0	5	1	6	4	0	0	2	0	1	0	0	54
萬曆二十九年	14	8	4	3	2	1	3	3	0	1	3	1	2	1	0	1	0	0	47
萬曆三十二年	9	9	8	6	4	4	5	4	0	2	2	1	2	1	0	0	1	0	58
萬曆三十五年	7	12	6	4	3	4	3	3	0	3	3	0	0	1	0	0	0	0	49
萬曆三十八年	10	10	6	4	4	1	1	2	0	4	0	0	2	1	0	0	0	0	45
萬曆四十一年	21	9	7	2	3	5	2	5	2	2	0	0	0	2	0	0	0	0	60
萬曆四十四年	11	10	7	5	2	4	2	6	1	4	2	1	2	0	0	0	0	0	57
萬曆四十七年	10	11	9	2	2	2	3	1	1	1	0	0	3	1	0	0	0	0	46
天啟二年	12	14	13	2	5	9	4	3	4	1	0	0	2	1	2	0	0	1	73
天啟五年	12	10	5	2	2	4	6	2	2	3	2	0	1	0	0	0	0	1	52
崇禎元年	11	15	5	4	5	5	8	3	4	2	4	0	1	2	1	0	0	0	70
崇禎四年	17	20	4	3	4	5	12	7	0	2	1	2	1	0	0	2	0	0	80
崇禎七年	6	12	4	3	4	6	6	3	3	3	5	2	1	1	0	0	0	0	59
崇禎十年	13	16	7	1	2	4	5	1	2	0	3	0	0	0	0	0	0	0	54
崇禎十三年	5	10	5	4	5	0	3	6	1	2	0	1	0	1	0	0	0	0	43
崇禎十六年	16	25	12	5	3	7	6	4	1	3	2	5	0	1	3	0	0	0	93
總　數	887	587	411	334	331	237	156	150	146	136	116	98	85	66	35	29	14	14	3832